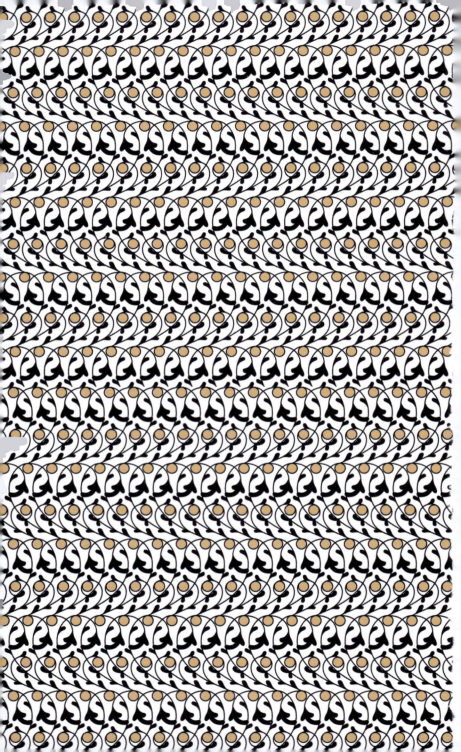

SIGMUND
FREUD
OBRAS COMPLETAS

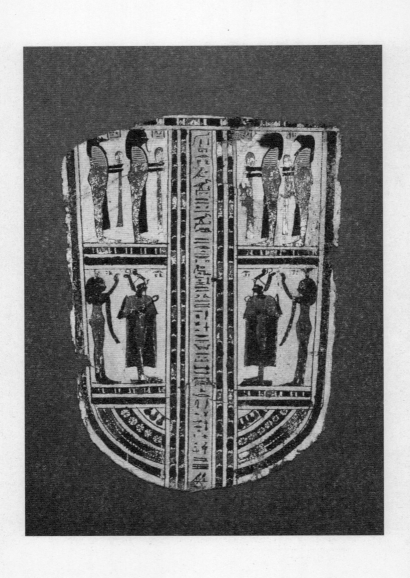

SIGMUND
FREUD
OBRAS COMPLETAS VOLUME 17
INIBIÇÃO, SINTOMA E ANGÚSTIA, O FUTURO DE UMA ILUSÃO E OUTROS TEXTOS
(1926-1929)
TRADUÇÃO PAULO CÉSAR DE SOUZA

11ª reimpressão

COMPANHIA DAS LETRAS

Copyright da tradução © 2014 by Paulo César Lima de Souza

Grafia atualizada segundo o Acordo Ortográfico da Língua Portuguesa de 1990, que entrou em vigor no Brasil em 2009.

Os textos deste volume foram traduzidos de *Gesammelte Werke*, volumes XIII, XIV e XVII (Londres: Imago, 1940, 1948 e 1941). Os títulos originais estão na página inicial de cada texto. A outra edição alemã referida é *Studienausgabe* (Frankfurt: Fischer, 2000).

Capa e projeto gráfico
warrakloureiro

Imagens das pp. 3 e 4, obras da coleção pessoal de Freud:
Cabeça de mulher, Grécia, período Clássico,
séc. IV a.C., mármore, 12 cm
Parte de urna funerária, Egito, período Ptolomaico,
332-30 a.C., 38 × 24 cm
Freud Museum, Londres.

Preparação
Célia Euvaldo

Índice remissivo
Luciano Marchiori

Revisão
Huendel Viana
Jane Pessoa

Dados Internacionais de Catalogação na Publicação (CIP)
(Câmara Brasileira do Livro, SP, Brasil)

Freud, Sigmund, 1856-1939.
    Obras completas, volume 17: Inibição, sintoma e angústia, O futuro de uma ilusão e outros textos (1926-1929) / Sigmund Freud; tradução Paulo César de Souza. — 1ª ed. — São Paulo: Companhia das Letras, 2014.

Título original: Gesammelte Werke.
ISBN 978-85-359-2420-6

1. Freud, Sigmund, 1856-1939 2. Psicanálise 3. Psicologia
4. Psicoterapia I. Título.

14-02276   CDD-150.1954

Índice para catálogo sistemático:
1. Sigmund Freud: Obras completas: Psicologia analítica   150.1954

Todos os direitos desta edição reservados à
EDITORA SCHWARCZ S.A.
Rua Bandeira Paulista, 702, cj. 32
04532-002 — São Paulo — SP
Telefone: (11) 3707-3500
www.companhiadasletras.com.br
www.blogdacompanhia.com.br
facebook.com/companhiadasletras
instagram.com/companhiadasletras
twitter.com/cialetras

SUMÁRIO

ESTA EDIÇÃO 9

INIBIÇÃO, SINTOMA E ANGÚSTIA (1926) 13

A QUESTÃO DA ANÁLISE LEIGA:
DIÁLOGO COM UM INTERLOCUTOR IMPARCIAL (1926) 124
PÓS-ESCRITO (1927) 218
APÊNDICE: CARTA SOBRE THEODOR REIK E O CHARLATANISMO 229

O FUTURO DE UMA ILUSÃO (1927) 231

O FETICHISMO (1927) 302

PSICANÁLISE (1926) 311

O HUMOR (1927) 322

UMA EXPERIÊNCIA RELIGIOSA (1928) 331

DOSTOIÉVSKI E O PARRICÍDIO (1928) 337
APÊNDICE: CARTA A THEODOR REIK 363

TEXTOS BREVES (1926-1929) 365
KARL ABRAHAM [1877-1925] 366
A ROMAIN ROLLAND NO 60º ANIVERSÁRIO 367
DISCURSO NA SOCIEDADE B'NAI B'RITH 368
APRESENTAÇÃO DE UM ARTIGO DE E. PICKWORTH FARROW 371
A ERNEST JONES NO 50º ANIVERSÁRIO 372
CARTA SOBRE ALGUNS SONHOS DE DESCARTES 373

ÍNDICE REMISSIVO 378

ESTA EDIÇÃO

Esta edição das obras completas de Sigmund Freud pretende ser a primeira, em língua portuguesa, traduzida do original alemão e organizada na sequência cronológica em que apareceram originalmente os textos.

A afirmação de que são obras completas pede um esclarecimento. Não se incluem os textos de neurologia, isto é, não psicanalíticos, anteriores à criação da psicanálise. Isso porque o próprio autor decidiu deixá-los de fora quando se fez a primeira edição completa de suas obras, nas décadas de 1920 e 30. No entanto, vários textos pré-psicanalíticos, já psicológicos, serão incluídos nos dois primeiros volumes. A coleção inteira será composta de vinte volumes, sendo dezenove de textos e um de índices e bibliografia.

A edição alemã que serviu de base para esta foi *Gesammelte Werke* [Obras completas], publicada em Londres entre 1940 e 1952. Agora pertence ao catálogo da editora Fischer, de Frankfurt, que também recolheu num grosso volume, intitulado *Nachtragsband* [Volume suplementar], inúmeros textos menores ou inéditos que haviam sido omitidos na edição londrina. Apenas alguns deles foram traduzidos para a presente edição, pois muitos são de caráter apenas circunstancial.

A ordem cronológica adotada pode sofrer pequenas alterações no interior de um volume. Os textos considerados mais importantes do período coberto pelo volume, cujos títulos aparecem na página de rosto, vêm em primeiro lugar. Em uma ou outra ocasião, são reunidos aqueles que tratam de um só tema, mas não foram publicados sucessivamente; é o caso dos artigos sobre a técnica psicanalítica, por exemplo. Por fim, os textos mais curtos são agrupados no final do volume.

Embora constituam a mais ampla reunião de textos de Freud, os dezessete volumes dos *Gesammelte Werke* foram sofrivelmente editados, talvez devido à penúria dos anos de guerra e de pós-guerra na Europa. Embora ordenados cronologicamente, não indicam sequer o ano da publicação de cada trabalho. O texto em si é geralmente confiável, mas sempre que possível foi cotejado com a *Studienausgabe* [Edição de estudos], publicada pela Fischer em 1969-75, da qual consultamos uma edição revista, lançada posteriormente. Trata-se de onze volumes organizados por temas (como a primeira coleção de obras de Freud), que não incluem vários textos secundários ou de conteúdo repetido, mas incorporam, traduzidas para o alemão, as apresentações e notas que o inglês James Strachey redigiu para a *Standard edition* (Londres, Hogarth Press, 1955-66).

O objetivo da presente edição é oferecer os textos com o máximo de fidelidade ao original, sem interpretações de comentaristas e teóricos posteriores da psicanálise, que devem ser buscadas na bibliografia sobre o tema. Informações sobre a gênese de cada obra também podem ser encontradas na literatura secundária. Para questionamentos de pontos específicos e do próprio conjunto da teoria freudiana, o leitor deve recorrer à literatura crítica de M. Macmillan, Joel Paris, F. Cioffi, J. Van Rillaer, E. Gellner e outros.

Após o título de cada texto há apenas a referência bibliográfica da primeira publicação, não a das edições subsequentes ou em outras línguas, que interessam tão somente a alguns especialistas. Entre parênteses se acha o ano da publicação original; havendo transcorrido mais de um ano entre a redação e a publicação, a data da redação aparece entre colchetes. As indicações bibliográficas do autor foram normalmente conservadas tais como ele as redigiu, isto é, não foram substituídas por edições mais recentes das obras citadas. Mas sempre é fornecido o ano da publicação, que, no caso de remissões do autor a seus próprios textos, permite que o leitor os localize sem maior dificuldade, tanto nesta como em outras edições das obras de Freud.

As notas do tradutor geralmente informam sobre os termos e passagens de versão problemática, para que o leitor tenha uma ideia mais precisa de seu significado e para justificar em alguma medida as soluções aqui adotadas. Nessas notas são reproduzidos os equivalentes achados em algumas versões estrangeiras dos textos, em línguas aparentadas ao português e ao alemão. Não utilizamos as duas versões das obras completas já aparecidas em português, das editoras Delta e Imago, pois não foram traduzidas do alemão, e sim do francês e do espanhol (a primeira) e do inglês (a segunda).

No tocante aos termos considerados técnicos, não existe a pretensão de impor as escolhas aqui feitas, como se fossem absolutas. Elas apenas pareceram as menos insatisfatórias para o tradutor, e os leitores e profissionais que empregam termos diferentes, conforme suas diferentes abordagens e percepções da psicanálise, devem sentir-se à vontade para conservar suas opções; que cada qual seja "feliz à sua maneira", como disse aquele famoso rei da Prússia, citado por Freud.

P.C.S.

INIBIÇÃO, SINTOMA E ANGÚSTIA (1926)

TÍTULO ORIGINAL: *HEMMUNG, SYMPTOM UND ANGST*. PUBLICADO PRIMEIRAMENTE COMO VOLUME AUTÔNOMO: VIENA: INTERNATIONALER PSYCHOANALYTISCHER VERLAG [EDITORA PSICANALÍTICA INTERNACIONAL], 136 PP. TRADUZIDO DE *GESAMMELTE WERKE* XIV, PP. 113-205. TAMBÉM SE ACHA EM *STUDIENAUSGABE* VI, PP. 227-308.

I

Ao descrever fenômenos patológicos, a linguagem corrente diferencia entre sintomas e inibições, mas não dá grande valor a essa distinção. Se não encontrássemos casos de doença que apresentam inibições, mas não sintomas, e se não quiséssemos saber a razão para isso, dificilmente nos preocuparíamos em delimitar os conceitos de inibição e sintoma.

Eles não se originam do mesmo solo. A inibição tem uma relação especial com a função e não significa necessariamente algo patológico, pode-se também chamar de inibição a restrição normal de uma função. Já o sintoma indica a existência de um processo patológico. Portanto, também uma inibição pode ser um sintoma. A linguagem corrente fala de inibição quando há uma simples diminuição da função, e de sintoma quando se verifica uma inusitada alteração dela ou uma nova manifestação. Muitas vezes parece ser algo arbitrário se enfatizamos o lado negativo ou o lado positivo do processo patológico, se caracterizamos seu resultado como sintoma ou como inibição. Mas isso é realmente desprovido de interesse, e nossa colocação inicial do problema não se revela bastante fecunda.

Como a inibição é tão ligada conceitualmente à função, pode-se ter a ideia de investigar as diversas funções do Eu para ver de que formas se manifesta seu distúrbio em cada uma das afecções neuróticas. Para esse estudo comparativo escolhemos a função sexual, a nutrição, a locomoção e o trabalho profissional.

a) A função sexual está sujeita a muitos transtornos, a maioria dos quais tem o caráter de inibições simples. Estas são classificadas como impotência psíquica. O desempenho sexual normal pressupõe um desenvolvimento bastante complicado, o transtorno pode se apresentar em qualquer ponto desse desenvolvimento. Eis os principais estágios da inibição no homem: o afastamento da libido no início do processo (desprazer psíquico), a ausência da preparação física (falta de ereção), a abreviação do ato (*ejaculatio praecox*), que também pode ser descrita como sintoma, a interrupção do mesmo antes do desfecho natural (ausência de ejaculação), a não ocorrência do efeito psíquico (da sensação de prazer do orgasmo). Outros distúrbios decorrem dos vínculos entre a função [sexual] e condições especiais de natureza perversa ou fetichista.

A existência de um laço entre inibição e angústia não pode nos escapar por muito tempo. Várias inibições são claramente renúncias à função, pois o exercício desta produziria angústia. É frequente, na mulher, o medo*

---

* No original, *Angst*, palavra que significa tanto "medo" como "angústia" — algo que o leitor deve ter presente ao longo de todo este trabalho, em que os dois termos serão usados alternadamente (cf. capítulo sobre *Angst* em Paulo César de Souza, *As palavras de Freud*, São Paulo: Companhia das Letras, 2ª ed. revista, 2010). De modo semelhante, *Hemmung*, normalmente traduzido por "inibição", também admite os sentidos de "impedimento, entrave, estorvo, freio", e seu verbo cognato, *hemmen*, pode ser vertido por "obstruir, reter, refrear, dificultar, tolher" etc. Um bom exemplo, tomado de outra área, é *Hemmschuh*, que significa "sapata do freio" na engenharia mecânica (*Schuh* = "sapato"; corresponde ao

da função sexual; nós o incluímos na histeria, do mesmo modo que o sintoma defensivo do nojo, que originalmente surge como reação a posteriori ao ato sexual experimentado passivamente, e mais tarde se apresenta com a simples ideia do ato. Também grande número de atos obsessivos se revela como precauções e garantias contra a experiência sexual, sendo de natureza fóbica, portanto.

Nisso não progredimos muito na compreensão do tema; notamos apenas que procedimentos bastante diversos são utilizados para perturbar a função: 1) o mero afastamento da libido, que parece provocar mais facilmente aquilo que denominamos uma inibição pura; 2) a piora no cumprimento da função; 3) a dificultação desta graças a condições especiais e sua modificação pelo desvio para outras metas; 4) sua prevenção através de medidas de segurança; 5) sua interrupção mediante o desenvolvimento da angústia, quando seu começo não pode mais ser impedido; e, por fim, 6) uma reação a posteriori, que protesta e busca desfazer o acontecido, se a função foi mesmo realizada.

b) O mais frequente distúrbio da função da nutrição é a falta de vontade de comer, devido à retirada da libido. O aumento da vontade de comer também não é raro; a compulsão de comer, que busca justificar-se pelo medo de passar fome, é pouco estudada. O sintoma do vômito nos é conhecido como defesa histérica contra a alimenta-

---

inglês *shoe*, tendo a mesma pronúncia). [As notas chamadas por asteriscos e as interpolações às notas do autor, entre colchetes, são de autoria do tradutor. As notas do autor são sempre numeradas.]

ção. A recusa de comer, em consequência da angústia, é própria de estados psicóticos (delírio de envenenamento).

c) A locomoção é inibida pela falta de vontade de andar ou fraqueza para andar, em vários estados neuróticos; o impedimento histérico se serve da paralisia do aparelho motor ou gera uma suspensão específica dessa função dele (abasia). Especialmente características são as dificuldades impostas à locomoção, ao se introduzirem condições cuja inobservância produz angústia (fobia).

d) A inibição do trabalho, que frequentemente é objeto de tratamento como sintoma isolado, mostra-nos prazer diminuído, ou pior execução, ou manifestações reativas como fadiga (desmaio, vômitos), quando o indivíduo é forçado a prosseguir o trabalho. A histeria obriga a suspensão do trabalho ao gerar paralisias de órgãos e de funções, cuja existência é incompatível com a realização do trabalho. A neurose obsessiva perturba o trabalho ao afastar continuamente dele o indivíduo e fazê-lo desperdiçar tempo com atrasos e repetições.

Esse resumo poderia incluir outras funções, mas nada mais obteríamos com isso. Não iríamos além da superfície dos fenômenos. Então vamos nos decidir por uma concepção que não deixe muito de misterioso no conceito de inibição, dizendo que esta exprime uma *limitação funcional do Eu*, limitação que pode ter causas muito diversas. Conhecemos vários dos mecanismos desse abandono de função, assim como uma tendência geral que ele tem.

Nas inibições específicas é mais fácil notar essa tendência. A análise mostra que, se atividades como tocar piano, escrever ou mesmo andar são atingidas por inibições neuróticas, a razão para isso está numa erotização excessiva dos órgãos requeridos para essas funções, os dedos e os pés. De modo bastante geral, adquirimos o entendimento de que a função do órgão subordinada ao Eu fica prejudicada quando aumenta sua "erogenidade",* sua significação sexual. Ele age, então — se nos for permitida a comparação um tanto burlesca —, como uma cozinheira que já não quer trabalhar junto ao fogão, pois o dono da casa começou a entreter relações amorosas com ela. Se o ato de escrever, que consiste em verter o líquido de um tubo num pedaço de papel branco, assume o significado simbólico do coito, ou se o ato de andar torna-se o substituto simbólico de pisotear o corpo da mãe Terra, deixa-se de escrever e de andar, pois seria como realizar o ato sexual proibido. O Eu renuncia a estas funções que lhe cabem, para não ter de efetuar nova repressão, *para evitar um conflito com o Id*.

Outras inibições se acham claramente a serviço da autopunição, como não raro sucede com as inibições da atividade profissional. O Eu não pode fazer certas coisas, pois elas lhe trariam vantagens e êxitos, o que o severo Super-eu lhe proíbe. Então o Eu renuncia também a essas realizações, *para não entrar em conflito com o Super-eu*.

---

* No original, *Erogeneität*, substantivo correspondente ao adjetivo *erogen*, "erógeno".

As inibições mais gerais do Eu obedecem a outro mecanismo, de natureza simples. Quando o Eu é solicitado por uma tarefa psíquica particularmente difícil, como, por exemplo, um luto, uma enorme supressão de afeto, ou a necessidade de refrear fantasias sexuais que emergem continuamente, ele se empobrece de tal forma, no tocante à energia disponível, que tem de reduzir seu dispêndio em muitos lugares simultaneamente, como um especulador que imobiliza seu dinheiro nos seus empreendimentos. Um exemplo instrutivo dessa forte inibição geral de curta duração eu pude observar num doente obsessivo que, em situações que claramente deveriam produzir uma explosão de raiva, sucumbia a uma fadiga paralisante que durava um ou vários dias. A partir daí deve ser possível encontrar uma via para compreender a inibição geral que caracteriza os estados de depressão, incluindo o mais grave deles, a melancolia.

Sobre as inibições podemos dizer, concluindo, que são limitações das funções do Eu, por precaução ou devido ao empobrecimento de energia. Agora é fácil perceber em que a inibição e o sintoma se distinguem um do outro. O sintoma já não pode ser descrito como um processo que ocorre dentro do Eu ou que age sobre ele.

II

As principais características da formação de sintomas foram estudadas há muito tempo e — assim esperamos — enunciadas de forma inatacável. O sintoma é indício e substituto de uma satisfação instintual que não aconteceu, é consequência do processo de repressão. Esta procede do Eu, que — por solicitação do Super-eu, eventualmente — não deseja colaborar num investimento instintual despertado no Id. Através da repressão, o Eu obtém que a ideia portadora do impulso desagradável seja mantida fora da consciência. A análise demonstra, com frequência, que a ideia foi conservada como formação inconsciente. Até esse ponto tudo estaria claro, mas logo têm início as dificuldades não solucionadas.

As descrições que até agora fizemos do que sucede na repressão destacaram expressamente a exclusão da consciência, mas deixaram dúvidas em outros pontos. Surgiu a questão de qual seria o destino do impulso instintual ativado no Id que busca a satisfação. A resposta, indireta, foi que mediante o processo da repressão o prazer que se espera da satisfação é transformado em desprazer, e então nos vimos diante do problema de como o desprazer poderia resultar de uma satisfação instintual. Esperamos esclarecer a questão afirmando especificamente que, devido à repressão, o pretendido desenvolvimento excitatório no interior do Id não se realiza, o Eu consegue inibi-lo ou desviá-lo. Então desaparece o enigma da "transformação do afeto" na repressão. Mas assim fazemos ao Eu a concessão de que pode exercer tamanha influência sobre os processos do Id, e devemos averiguar como esta surpreendente demonstração de poder se torna possível.

Penso que o Eu adquire essa influência devido a suas íntimas relações com o sistema perceptivo, que, afinal, constituem sua essência e proporcionam a base para sua diferenciação do Id. A função desse sistema, que denominamos *Pcp-Cs*, é ligada ao fenômeno da consciência; ele recebe excitações não apenas de fora, mas também do interior, e, mediante as sensações de prazer-desprazer que dessas direções o atingem, procura guiar todos os desenvolvimentos psíquicos de acordo com o princípio do prazer. Nós tendemos a imaginar o Eu como impotente contra o Id, mas, quando ele se opõe a um processo instintual no Id, precisa apenas dar um *sinal de desprazer* para realizar sua intenção, com a ajuda da quase todo-poderosa instância do princípio do prazer. Se, por um momento, consideramos esta situação de forma isolada, podemos ilustrá-la com um exemplo de outra esfera. Tomemos um Estado em que determinada facção luta contra uma medida que, aprovada, corresponderia às inclinações da massa. Tal facção apodera-se então da imprensa, com esta influencia a soberana "opinião pública" e impede que ocorra a aprovação planejada.

Tal resposta leva a outras questões. De onde vem a energia que é utilizada na produção do sinal de desprazer? O caminho nos é indicado pela ideia de que a defesa contra um processo interior indesejado poderia ocorrer seguindo o modelo da defesa contra um estímulo exterior, de que o Eu toma a mesma linha de defesa tanto contra o perigo interno como contra o externo. No caso do perigo externo, o organismo empreende uma tentativa de fuga, inicialmente retira o investimento da percepção do que é perigoso; depois enxerga um meio mais eficaz: realizar ações musculares tais que a percepção do perigo se torne impossível mesmo que não haja a recusa de percebê-lo, ou seja, subtrair-se ao campo de ação do perigo. A repressão equivale a essa tentativa de fuga. O Eu retira o investimento (pré-consciente) do representante de instinto* a ser reprimido e o aplica na liberação de desprazer (angústia). O problema de como surge a angústia na repressão pode não ser simples; mas temos o direito de nos apegar à ideia de que o Eu é a genuína sede da angústia, e de rejeitar a concepção anterior de que a energia de investimento do impulso reprimido é transformada automaticamente em angústia. Se antes me expressei desse modo, forneci uma descrição fenomenológica, não uma exposição metapsicológica.

Disso procede esta nova pergunta: como é possível, do ponto de vista econômico, que um simples processo de retirada e descarga como a retração do investimento pré-consciente do Eu produza desprazer ou angústia, que por nossas premissas podem apenas resultar de um

---

* No original, *Triebrepräsentanz* — nas versões estrangeiras consultadas: *representación instintiva*, *representante de pulsión*, *rappresentanza pulsionale*, *représentance pulsionelle*, *psychical representative of the impulse*, *instinctual representative*, *drive-representamen* (com nota), *driftrepresentant*. Além daquelas normalmente utilizadas — duas em espanhol, da Biblioteca Nueva e da Amorrortu, a italiana da Boringhieri e a inglesa da *Standard edition* — pudemos dispor da versão francesa orientada por J. Laplanche (PUF), da primeira tradução inglesa, de Joan Riviere (em *Great Books of the Western World*, v. 54), da mais recente inglesa, de John Reddick (Penguin), e da holandesa da editora Boom; como sempre, elas são citadas por ordem decrescente de proximidade ao português e, havendo mais de uma num idioma, por ordem cronológica. Cf. notas relativas a *Triebrepräsentanz* e alguns outros termos compostos da "metapsicologia" freudiana no v. 12 destas *Obras completas*, pp. 59, 78, 86, 100, 115, 125.

investimento intensificado? Respondo que essa sequência causal não deve ser explicada economicamente, a angústia não é gerada novamente na repressão, e sim reproduzida como um estado afetivo, segundo uma imagem mnêmica já existente. Mas, se indagamos também pela origem dessa angústia — como dos afetos em geral —, abandonamos o terreno inconteste da psicologia e adentramos a área fronteiriça da fisiologia. Os estados afetivos incorporaram-se à psique como precipitados de antiquíssimas vivências traumáticas, e são despertados como símbolos mnêmicos* quando situações análogas ocorrem. Quero dizer que não errei ao compará-los aos ataques histéricos, adquiridos depois e de forma individual, e considerá-los modelos normais desses ataques. No ser humano e nas criaturas a ele aparentadas, o ato do nascimento, sendo a primeira vivência individual da angústia, parece ter dado traços característicos à expressão da angústia. Mas, embora reconhecendo esse nexo, não devemos superestimá-lo, nem esquecer que um símbolo afetivo é uma necessidade biológica na situação de perigo e de toda forma teria sido criado. Além disso, não me parece justificado supor que em cada irrupção de angústia sucede, na psique, algo que equivale a uma reprodução da situação do nascimento. Nem mesmo é certo que os ataques histéricos, que originalmente são dessas reproduções traumáticas, mantenham duradouramente esse caráter.

---

* O conceito de "símbolo mnêmico" (*Erinnerungssymbol*, em que *Erinnerung* = "recordação") é explicado nas últimas páginas da primeira das *Cinco lições de psicanálise* (1910).

Como expliquei em outro lugar,* as repressões com que deparamos no trabalho terapêutico são, na maioria, casos de *pós*-repressão. Elas pressupõem *repressões primordiais* sucedidas anteriormente, que exercem influência sobre a nova situação. Sabe-se ainda muito pouco sobre esse pano de fundo e esses estágios anteriores da repressão. Corre-se o risco de superestimar o papel do Super-eu na repressão. Por ora não é possível dizer se a emergência do Super-eu marca o limite entre repressão primordial e pós-repressão. As primeiras irrupções de angústia — bastante intensas — ocorrem, de toda maneira, antes da diferenciação do Super-eu. É perfeitamente plausível que fatores quantitativos, como a intensidade muito grande da excitação e a ruptura da proteção contra estímulos, sejam as causas imediatas das repressões primordiais.

A referência à proteção contra estímulos nos recorda, à maneira de uma senha, que as repressões aparecem em duas situações diferentes — a saber, quando um impulso instintual desagradável é despertado por uma percepção externa, e quando emerge no interior sem que haja essa provocação. Mais adiante retornaremos a essa diferença. Mas a proteção contra estímulos existe apenas para estímulos externos, não para exigências instintuais internas.

Enquanto estudamos a tentativa de fuga do Eu permanecemos afastados da formação de sintomas. O sintoma se origina do impulso instintual prejudicado pela repressão. Quando o Eu, pela utilização do sinal de des-

* No ensaio "A repressão", de 1915.

prazer, alcança seu propósito de suprimir completamente o impulso instintual, nada aprendemos sobre como isso ocorre. Descobrimos algo apenas a partir dos casos que devem ser designados como repressões mais ou menos malogradas.

Pode-se dizer então, de maneira geral, que o impulso instintual, apesar da repressão, encontrou um substituto, mas um bastante atrofiado, deslocado, inibido, e que já não é reconhecível como uma satisfação. Quando [esse impulso substituto] é concretizado não há sensação de prazer; em vez disso, tal concretização assume o caráter de coerção. Ao assim rebaixar a satisfação a um sintoma, a repressão mostra seu poder ainda em outro ponto. O processo substitutivo tem a descarga dificultada possivelmente pela motilidade; mesmo quando isso não sucede, ele tem de se esgotar na alteração do próprio corpo e não pode se estender ao mundo exterior; é-lhe interditado se converter em ação. Como sabemos, na repressão o Eu trabalha sob a influência da realidade externa e, por isso, exclui que o processo substitutivo ocorra com sucesso nesta realidade.

O Eu domina tanto o acesso à consciência como a passagem à ação no mundo exterior. Na repressão ele exerce seu poder nas duas direções: o representante do instinto vem a experimentar um lado de sua manifestação de poder, e o impulso instintual, o outro lado. É o caso de nos perguntarmos, então, como o reconhecimento do poder do Eu se harmoniza com a descrição da posição desse *Eu* que esboçamos em *O Eu e o Id* [1923]. Nele traçamos um quadro da dependência do Eu para com o Id e o Super-eu, revelamos sua impotência e suscetibilidade à angústia perante os dois, sua arrogância penosamente mantida. Esse juízo encontrou forte eco na literatura psicanalítica. Inúmeras vozes insistiram na fraqueza do Eu em relação ao Id, do elemento racional em relação ao demoníaco em nós, e puseram-se a transformar essa afirmação num dos pilares de uma "visão de mundo" psicanalítica. Mas a compreensão do modo de agir da repressão não deveria impedir que justamente um analista adotasse partido tão extremo?

Não sou a favor da fabricação de visões do mundo. Isso deve ser deixado para os filósofos, que confessadamente acham inexequível a jornada da existência sem um guia de viagem como esse, que informa sobre tudo. Aceitemos humildemente o desprezo com que eles nos olham, do alto de sua sublime carência. Mas, como também não podemos negar nosso orgulho narcísico, acharemos consolo na reflexão de que todos esses "guias de existência" envelhecem rapidamente, de que é justamente nosso trabalho miúdo, estreito e míope que torna necessárias novas edições deles, e de que inclusive os mais modernos desses guias são tentativas de achar substituto para o velho catecismo, tão cômodo e tão completo. Sabemos que até agora a ciência pôde lançar muito pouca luz sobre os enigmas deste mundo; o barulho dos filósofos nada mudará isso, apenas a paciente continuação do trabalho que tudo subordina à exigência de certeza pode gradualmente produzir mudança. Ao cantar na escuridão, o andarilho nega seu medo, mas nem por isso enxerga mais claro.

III

Voltando ao problema do Eu, a aparente contradição [entre sua força e a fraqueza ante o Id] se deve a que tomamos muito rigidamente as abstrações e ora destacamos um lado, ora o outro, num complicado estado de coisas. A separação entre Eu e Id parece justificada, uma determinada constelação de elementos nos obriga a fazê-la. Por outro lado, o Eu é idêntico ao Id, é apenas uma parte diferenciada deste. Se pensamos nessa parte em contraposição ao todo, ou se realmente ocorreu um divórcio entre os dois, então a fraqueza do Eu fica evidente para nós. No entanto, se ele permanece ligado ao Id, indistinguível deste, então sua força aparece. Semelhante é a relação entre o Eu e o Super-eu; em muitas situações eles convergem, na maioria das vezes podemos distinguir um do outro apenas quando se produz uma tensão, um conflito entre os dois. No caso da repressão, torna-se decisivo o fato de o Eu ser uma organização, mas o Id, não; o Eu é justamente a parte organizada do Id. Seria totalmente injustificado imaginar o Eu e o Id como dois campos opostos; pela repressão, o Eu buscaria suprimir uma parte do Id, então o restante do Id correria em auxílio do atacado e mediria forças com o Eu. Isso pode ocorrer com frequência, mas certamente não é a situação inicial da repressão; via de regra, o impulso instintual a ser reprimido permanece isolado. Se o ato da repressão nos mostra a força do Eu, atesta igualmente a sua impotência e o caráter não influenciável dos impulsos instintuais do Id. Pois o processo* transformado em sintoma pela repressão afirma então sua existência fora da organização do Eu e independentemente dela. E não apenas ele, mas todos os seus derivados gozam da mesma prerrogativa de "extraterritorialidade", digamos, e, quando se encontram de forma associativa com partes da organização do Eu, cabe perguntar se não atraem estas para si, expandindo-se com esse ganho obtido à custa do Eu. Numa analogia que há muito nos é familiar, o sintoma se compara a um corpo estranho que incessantemente gera estímulos e reações no tecido em que se incrustou.** Ocorre, é certo, que a luta defensiva contra o impulso instintual desagradável termine com a formação do sintoma; até onde vemos, tal é possível principalmente na conversão histérica, mas via de regra o desenvolvimento é outro; após o primeiro ato de repressão há uma longa e quase interminável sequência, a luta contra o impulso instintual tem prosseguimento na luta contra o sintoma.

Essa luta defensiva secundária nos mostra duas facetas — de expressão contraditória. De um lado, a natureza do Eu o obriga a fazer algo que temos de ver como tentativa de recuperação ou conciliação. O Eu é uma organização, baseia-se no livre intercâmbio e na possibilidade de influência recíproca das partes que o compõem, sua energia dessexualizada revela ainda sua origem no empenho por ligação e união, e essa compul-

---

* *Vorgang*, que também pode ser traduzido por "evento".
** Cf. *Estudos sobre a histeria* (1895), cap. 4, seção 3.

são à síntese aumenta à medida que o Eu se desenvolve. É compreensível, então, que o Eu busque eliminar a estranheza e o isolamento do sintoma, utilizando todas as possibilidades de vinculá-lo a si de alguma forma e de incorporá-lo à sua organização mediante esses vínculos. Sabemos que tal empenho já influencia o ato da formação de sintoma. Exemplo clássico disso são os sintomas histéricos, que claramente se nos revelaram como compromissos entre a necessidade de satisfação e a necessidade de castigo. Como satisfações de uma exigência do Super-eu, tais sintomas participam do Eu desde o início, enquanto, por outro lado, constituem posições e locais de irrupção do reprimido na organização do Eu; são, por assim dizer, postos fronteiriços de ocupação* mista. Valeria a pena investigar cuidadosamente se todos os sintomas histéricos primários são estruturados assim. Em seguida, o Eu se comporta como se fosse guiado por esta consideração: o sintoma já está presente e não pode ser eliminado; agora é necessário haver-se com esta situação e dela tirar a melhor vantagem possível. Ocorre uma adaptação ao pedaço do mundo interior alheio ao Eu, representado pelo sintoma, tal como normalmente o Eu a realiza diante do mundo exterior. Nunca faltam ensejos para isso. A existência do sintoma talvez ocasione certo impedimento da capacidade, com o qual se pode atenuar uma exigência do Super-

---

* "Ocupação": é outro significado do termo *Besetzung*, que nos textos psicanalíticos se traduz por "investimento"; cf. capítulo sobre a tradução de *Besetzung* em *As palavras de Freud*, op. cit.

-eu ou rejeitar uma demanda do mundo exterior. Desse modo o sintoma gradualmente se torna o representante de importantes interesses, adquire valor para a afirmação de si, entrelaça-se cada vez mais intimamente com o Eu, torna-se imprescindível para ele. Apenas em casos muito raros o processo de enquistamento de um corpo estranho repete algo assim. Pode-se também exagerar o significado dessa adaptação secundária ao sintoma, dizendo que o Eu o adquire apenas para gozar de suas vantagens. Isso equivaleria a sustentar que um veterano de guerra teve a perna amputada para depois viver da aposentadoria, sem trabalhar.

Outras configurações de sintomas — a da neurose obsessiva e a da paranoia — tornam-se bastante valiosas para o Eu, não porque lhe proporcionem vantagens, mas porque lhe trazem uma satisfação narcísica que não obteria de outra forma. Os sistemas construídos pelos neuróticos obsessivos lisonjeiam seu amor-próprio com a ilusão de que, por serem particularmente limpos ou escrupulosos, são indivíduos melhores que os demais; os delírios da paranoia oferecem, à perspicácia e à fantasia desses doentes, um campo de atividade que não pode ser facilmente substituído.

De tudo o que foi mencionado resulta aquilo que conhecemos como o *benefício (secundário) da doença**

---

* "Benefício da doença" (*Krankheitsgewinn*, literalmente "ganho da doença") é um conceito discutido na 24ª das *Conferências introdutórias à psicanálise* (1916-7) e numa longa nota acrescentada em 1923 a "Fragmento da análise de um caso de histeria" ("Caso Dora", 1905, cap. I). As edições estrangeiras consultadas o tradu-

no tocante à neurose. Ela favorece o esforço do Eu em incorporar o sintoma e aumenta a fixação deste. Quando buscamos prestar ajuda analítica ao Eu em sua luta contra o sintoma, vemos que esses laços conciliatórios entre Eu e sintoma atuam do lado das resistências, e não é fácil rompê-los.

Os dois procedimentos que o Eu adota contra o sintoma acham-se realmente em contradição. O outro é de caráter menos amigável, prossegue na linha da repressão. Mas parece que não podemos acusar o Eu de incoerência. Ele é pacífico e gostaria de incorporar o sintoma, de acolhê-lo dentro de seu conjunto. O transtorno parte do sintoma, que, como verdadeiro substituto e derivado do impulso reprimido, continua a desempenhar o papel deste, renova constantemente sua exigência de satisfação, assim obrigando o Eu a novamente emitir o sinal de desprazer e se dispor para a defesa.

A luta defensiva secundária contra o sintoma assume várias formas, decorre em diferentes cenários e recorre a meios variados. Não poderemos dizer muita coisa sobre ela se não tomarmos como objeto de investigação os diversos casos de formação de sintoma. Nisso teremos ocasião de abordar o problema da angústia, que há muito percebemos como a nos espreitar em se-

---

zem por: *ventaje de la enfermedad*, *ganancia de la enfermedad*, *tornaconto della malattia*, *bénéfice·de·maladie* (esses dois pontos são uma peculiaridade da tradução francesa dirigida por J. Laplanche) *epinosic gain*, *gain from illness*, *illness-gain* (com nota), *ziektewinst*.

gundo plano. É aconselhável partir dos sintomas gerados pela neurose histérica; ainda não estamos preparados para os pressupostos da formação de sintomas na neurose obsessiva, na paranoia e em outras neuroses.

IV

Consideremos, em primeiro lugar, uma zoofobia histérica infantil — por exemplo, a fobia de cavalos do "pequeno Hans", um caso certamente típico em seus traços principais.[1] Já à primeira vista percebemos que num caso real de doença neurótica a situação é bem mais complicada do que podíamos imaginar enquanto lidávamos com abstrações. É preciso algum trabalho para resolver qual é o impulso reprimido, qual o seu sintoma substitutivo e onde se acha o motivo da repressão.

O pequeno Hans se recusava a sair à rua, porque tinha medo do cavalo. Esse é o material bruto do caso. Qual é o sintoma: o desenvolvimento da angústia, a escolha do objeto da angústia, a renúncia ao livre movimento ou várias dessas coisas ao mesmo tempo? Onde está a satisfação que ele proíbe a si mesmo? Por que ele tem de se proibi-la?

Inicialmente pode-se responder que o caso não é tão enigmático. O incompreensível medo dos cavalos é o sintoma, a incapacidade de sair à rua é uma inibição,

---

[1] "Análise da fobia de um garoto de cinco anos", 1909.

uma restrição que o Eu impõe a si próprio, para não despertar o sintoma da angústia. Vê-se que a explicação deste último ponto é claramente correta, e essa inibição não será considerada na discussão subsequente. Quanto ao sintoma presumível, um conhecimento ligeiro do caso não nos mostra sequer sua verdadeira expressão. Como percebemos numa inquirição mais precisa, não se trata de uma angústia indeterminada ante um cavalo, mas da angustiada expectativa de que será mordido por ele. De fato, esse conteúdo busca subtrair-se à consciência e ser substituído pela fobia indeterminada, em que apenas a angústia e seu objeto aparecem. Seria esse conteúdo, então, o núcleo do sintoma?

Não faremos nenhum progresso enquanto não considerarmos toda a situação psíquica do menino, tal como ela se desvenda no curso do trabalho analítico. Ele se acha na ciumenta e hostil postura edípica diante do pai, o qual, porém, ama intensamente, quando a mãe não surge como causa de discórdia. Um conflito de ambivalência, portanto: um amor fundamentado e um ódio não menos justificado, ambos dirigidos para a mesma pessoa. Sua fobia tem de ser uma tentativa de solucionar esse conflito. Tais conflitos gerados pela ambivalência são muito frequentes, e deles conhecemos outro desenlace típico, em que um dos dois impulsos em luta, geralmente o afetuoso, fortalece-se bastante, enquanto o outro desaparece. Apenas o caráter exagerado e compulsivo da afeição nos revela que tal postura não é a única presente, que ela está sempre em guarda para manter suprimido seu contrário, e nos leva a imaginar* um processo que caracterizamos de repressão por *formação reativa* (no Eu). Casos como o do pequeno Hans não evidenciam tal formação reativa; claramente, há caminhos diversos para sair de um conflito de ambivalência.

Outra coisa percebemos com segurança nesse meio-tempo. O impulso instintual que sofre a repressão é um impulso hostil em relação ao pai. Obtivemos a prova disso, na análise, ao rastrear a origem da ideia do cavalo que morde. Hans viu um cavalo cair, também viu cair e se ferir um amigo com quem brincava de "cavalinho". A análise nos autorizou a imaginar em Hans o desejo de que o pai caísse e se machucasse como o cavalo e o amiguinho. As relações entre isso e a partida de alguém por ele observada fazem supor que o desejo de eliminação do pai também teve expressão menos hesitante. Mas tal desejo equivale à intenção de eliminá-lo ele próprio, ao impulso homicida do complexo de Édipo.

---

* "Imaginar": no original, *konstruieren*, que literalmente significa "construir". As versões estrangeiras consultadas empregam: [omissão na antiga tradução espanhola], *construir, costruire, construire, postulate*, idem, idem, *construeren*. Seria possível manter a tradução literal, para enfatizar o uso freudiano do termo (cf. o título de um dos seus últimos ensaios, "Konstruktionen in der Analyse", de 1937), mas no presente contexto ela nos parece muito forçada.
Os dicionários alemão-português de Udo Schau (ed. Porto) e de L. Tochtrop (Globo) oferecem apenas "construir", mas o alemão-espanhol de Slaby, Grossmann e Illig, bem mais volumoso, traz também *diseñar, proyectar, trazar*. Também no parágrafo seguinte o verbo é traduzido por "imaginar", e "impulso instintual" é uma versão não muito feliz para *Triebregung*, a mesma adotada na *Standard* inglesa (mas não tão infeliz quanto a alternativa "moção pulsional"), sendo que na mesma frase "impulso" é versão literal de *Impuls*.

Até o momento não há ligação entre esse impulso reprimido e seu substituto, que supomos existir na fobia de cavalos. Simplifiquemos agora a situação psíquica do pequeno Hans, dispensando o fator infantil e a ambivalência; digamos que ele seja um jovem servente de uma casa, enamorado da patroa e que goza de certas demonstrações de afeto por parte dela. É seguro que odeia o patrão, mais poderoso que ele, e bem gostaria de sabê-lo afastado. A consequência mais natural dessa situação é que ele tema a vingança desse patrão, que nele se desenvolva um estado de angústia diante dele — exatamente como a fobia do pequeno Hans diante do cavalo. Isto significa que não podemos caracterizar como sintoma a angústia dessa fobia; se o pequeno Hans, enamorado de sua mãe, demonstrasse medo diante do pai, não teríamos o direito de lhe atribuir uma neurose, uma fobia. Estaríamos diante de uma reação afetiva perfeitamente compreensível. O que a torna uma neurose é unicamente outra característica: a substituição do pai pelo cavalo. Esse deslocamento, portanto, produz aquilo que pode ser denominado sintoma. Ele é aquele outro mecanismo que permite a resolução do conflito de ambivalência sem a ajuda da formação reativa. É tornado possível ou facilitado pelo fato de os traços congênitos do modo de pensar totêmico ainda serem facilmente reanimados nessa tenra idade. O fosso entre animais e seres humanos ainda não é reconhecido, certamente não é tão enfatizado como vem a ser depois. O homem adulto, admirado mas também temido, acha-se ainda no mesmo plano que o grande animal, que a criança inveja em tantas coisas, mas contra o qual é admoestada, já que pode ser perigoso. Portanto, o conflito da ambivalência não é resolvido na mesma pessoa, mas contornado, por assim dizer, voltando-se um de seus dois impulsos para outra pessoa como objeto substitutivo.

Até aqui tudo está claro para nós, mas em outro ponto a análise da fobia do pequeno Hans nos decepcionou inteiramente. A distorção que constitui a formação do sintoma não é feita no representante (o conteúdo ideativo) do impulso instintual a ser reprimido, mas em um completamente diferente dele, que corresponde apenas a uma reação ao que é realmente desagradável. Estaria mais de acordo com nossa expectativa se o pequeno Hans tivesse desenvolvido, no lugar do medo ante os cavalos, uma inclinação a maltratar cavalos, a bater neles, ou tivesse claramente manifestado o desejo de vê-los caindo, se machucando, porventura estrebuchando até morrer (a agitação das pernas).* Algo assim apareceu de fato em sua análise, mas não se destacava absolutamente na neurose, e — curiosamente — se ele tivesse dirigido essa hostilidade apenas contra os cavalos e não contra o pai, como sintoma principal, não julgaríamos de forma nenhuma que ele sofria de uma neurose. Então alguma coisa está errada, seja em nossa concepção da repressão, seja em nossa definição de um sintoma. Algo nos chama a atenção de imediato, naturalmente: se o pequeno Hans se comportasse realmente dessa for-

---

* Cf. "Caso do pequeno Hans", cap. II.

ma em relação aos cavalos, o caráter do impulso chocante, agressivo, não teria sido mudado pela repressão, apenas seu objeto.

Sem dúvida, há casos em que a repressão não faz mais do que isso; mas na gênese da fobia do pequeno Hans ocorreu mais. O quanto mais, é algo que percebemos a partir de um trecho de outra análise.

Já vimos que o pequeno Hans expressou, como conteúdo de sua fobia, a ideia de ser mordido por um cavalo. Ora, depois pudemos saber algo sobre a gênese de outro caso de fobia animal, em que um lobo era o animal temido, mas tinha igualmente o significado de substituto do pai.[2] Após um sonho que a análise conseguiu elucidar, desenvolveu-se nesse garoto o medo de ser devorado por um lobo, como um dos sete cabritinhos do conto de fadas. O fato de o pai do pequeno Hans haver comprovadamente brincado de cavalinho com ele fora determinante na escolha do animal gerador da angústia, certamente. Assim também se pôde estabelecer, de maneira no mínimo bastante provável, que o pai do paciente russo — que fez análise comigo quando já tinha mais de vinte anos de idade — havia imitado um lobo nas brincadeiras com o filho, ameaçando devorá-lo. Desde então encontrei um terceiro caso, o de um jovem americano que não chegou a desenvolver uma fobia de animal, mas que justamente por isso ajuda a compreender os outros casos. Sua excitação sexual fora despertada por uma fantástica história in-

2 *História de uma neurose infantil* [1918].

fantil que lhe haviam lido, de um chefe tribal árabe que perseguia um indivíduo feito de substância comestível (o *gingerbread man*),* a fim de devorá-lo. Ele próprio se identificava com esse homem comestível, o chefe árabe era facilmente reconhecível como substituto do pai e essa fantasia tornou-se o primeiro fundamento de sua atividade autoerótica. Mas a ideia de ser devorado pelo pai é típico e antiquíssimo material da infância; são de conhecimento geral analogias do campo da mitologia (Cronos) e da vida animal.

Apesar desses antecedentes, a ideia é tão estranha para nós que apenas com dificuldade a admitimos numa criança. Tampouco sabemos se ela realmente significa o que parece exprimir, e não compreendemos como pode se tornar objeto de uma fobia. A observação analítica nos traz a informação necessária, porém. Ela nos ensina que a ideia de ser devorado pelo pai é a expressão, degradada de forma regressiva, de um impulso terno passivo: o de ser tomado como objeto de amor pelo pai, no sentido do erotismo genital. A história subsequente do caso [do paciente russo] não deixa dúvida quanto à natureza correta dessa interpretação. É verdade que o impulso genital já não revela nenhum traço de sua intenção terna quando é expresso na linguagem da fase de transição superada, entre a organização libidinal oral e a sádica. Além disso, trata-se apenas de uma substituição do representante [psíquico] por uma expressão

---

* Literalmente, "homem de bolo de gengibre"; também designa um biscoito de gengibre com formato de pessoa.

regressiva ou de uma verdadeira degradação regressiva do impulso genitalmente orientado dentro do Id? Não parece nada fácil decidir. A história clínica do "Homem dos Lobos" russo favorece resolutamente a segunda, a mais séria possibilidade, porque a partir do sonho decisivo ele se conduz de modo "malcriado", atormentador, sádico, desenvolvendo uma autêntica neurose obsessiva logo em seguida. De toda forma, percebemos que a repressão não é o único meio de que o Eu dispõe para se defender de um impulso instintual desagradável. Se ele consegue levar o instinto à regressão, prejudica-o mais fortemente, no fundo, do que seria possível através da repressão. No entanto, às vezes faz a repressão suceder à regressão obtida.

O caso do Homem dos Lobos e aquele um tanto mais simples do pequeno Hans suscitam várias outras reflexões, mas duas coisas inesperadas já percebemos agora. Não há dúvida de que o impulso instintual reprimido nessas fobias é um impulso hostil ao pai. Pode-se dizer que ele é reprimido mediante o processo de transformação no contrário;* no lugar da agressividade contra o pai surge a agressividade — a vingança — do pai contra a própria pessoa. Como, de toda forma, tal agressividade tem raízes na fase libidinal sádica, basta-lhe apenas alguma degradação até o estágio oral, que em Hans é apenas insinuado pela ideia de ser mordido,

---

* Cf. "Os instintos e seus destinos" (1914), no v. 12 destas *Obras completas*, onde o termo empregado, porém, é "reversão" (*Verkehrung*), em vez de "transformação" (*Verwandlung*).

mas no russo é vivamente apresentado no temor de ser devorado. Além disso, a análise também permite constatar, sem sombra de dúvida, que outro impulso instintual sucumbiu simultaneamente à repressão, o impulso oposto, de natureza terna e passiva em relação ao pai, que já havia alcançado o nível da organização libidinal genital (fálica). Esse outro parece inclusive ser o mais importante para o desfecho final do processo de repressão, ele experimenta a regressão mais pronunciada, tem influência decisiva no conteúdo da fobia. Portanto, ali onde começamos por investigar um só impulso instintual temos de reconhecer a convergência de dois desses processos. Os dois impulsos instintuais atingidos — a agressividade sádica em relação ao pai e a postura terna e passiva diante dele — formam um par de opostos; mais ainda: apreciando corretamente a história do pequeno Hans, percebemos que com a formação de sua fobia também foi abolido o terno investimento objetal relativo à mãe, algo não revelado pelo conteúdo da fobia. Trata-se, no caso de Hans — no paciente russo isso é muito menos claro —, de um processo de repressão que atinge quase todos os componentes do complexo de Édipo, os impulsos hostil e afetuoso em relação ao pai, e o afetuoso no tocante à mãe.

Essas são complicações indesejáveis para nós, que queríamos apenas estudar casos simples de formação de sintoma em decorrência de repressão, e com esse objetivo nos voltamos para as primeiras e aparentemente mais transparentes neuroses da infância. Em vez de uma única repressão deparamos com uma série delas, e além disso lidamos com a regressão. Talvez tenhamos aumentado a confusão ao pretender pôr no mesmo saco as duas análises de fobias animais disponíveis, a do pequeno Hans e a do Homem dos Lobos. Determinadas diferenças entre elas são agora evidentes para nós. Apenas do pequeno Hans pode-se dizer com segurança que a sua fobia deu conta dos dois principais impulsos do complexo de Édipo, o impulso agressivo para com o pai e o bastante afetuoso em relação à mãe. É certo que também havia o impulso afetuoso em relação ao pai, ele teve um papel na repressão de seu oposto; mas não podemos demonstrar que era forte o bastante para suscitar uma repressão, nem que tenha desaparecido depois. Hans parece ter sido um garoto normal, com o assim chamado complexo de Édipo "positivo". É possível que os fatores que não encontramos atuassem nele também, mas não temos como evidenciá-los, até o material de nossas análises mais exaustivas tem lacunas, nossa documentação é incompleta. No paciente russo o defeito está em outro lugar; sua relação com o objeto feminino foi perturbada por uma sedução precoce, o lado passivo, feminino, acha-se nele bastante desenvolvido, e a análise de seu sonho com os lobos não revela muito da agressividade pretendida contra o pai, fornecendo, isto sim, provas inequívocas de que a repressão diz respeito à atitude passiva, afetuosa para com o pai. Também aqui não se exclui a participação de outros fatores, mas eles não sobressaem. Se, apesar dessas diferenças entre os dois casos, que quase vêm a ser uma contraposição, o resultado final — a fobia — é praticamente o mesmo, temos de buscar a explicação para isso em outro lugar; ela vem da segunda conclusão de nosso pequeno estudo comparado. Acreditamos conhecer o móvel da repressão nos dois casos, e vemos seu papel confirmado pelo curso que toma o desenvolvimento das duas crianças. É o mesmo nos dois casos, o medo de uma castração ameaçada. É por medo da castração que o pequeno Hans abandona a agressividade para com o pai; seu medo de que um cavalo o morda pode ser entendido, de maneira não forçada, como medo de um cavalo morder-lhe o genital, de castrá-lo. Mas por medo da castração também o pequeno russo renuncia ao desejo de ser amado pelo pai como objeto sexual, pois compreendeu que tal relação teria por pressuposto que ele sacrifique seu genital, aquilo que o diferencia das mulheres. Ambas as formas do complexo de Édipo — a normal, ativa, e a invertida — fracassam devido ao complexo da castração. A angustiada ideia do russo, de ser devorado por um lobo, não contém alusão nenhuma à castração, distanciou-se muito da fase fálica mediante a regressão oral, é verdade; mas a análise de seu sonho torna qualquer outra prova supérflua. É também um sólido triunfo da repressão o fato de nada mais, no teor da fobia, aludir à castração.

Eis agora o resultado inesperado: nos dois casos, o móvel da repressão é o medo da castração; os conteúdos do medo,[*] ser mordido por um cavalo e ser devorado por

---

[*] "Conteúdos do medo": *Angstinhalte*. O tradutor da mais recente versão inglesa, John Reddick, recorre a uma paráfrase para verter

um lobo, são substitutos distorcidos do conteúdo "ser castrado pelo pai". Foi esse que sofreu verdadeiramente a repressão. No russo ele era expressão de um desejo que não pôde subsistir em face da revolta da masculinidade; em Hans exprimia uma reação que transformou a agressividade em seu oposto. Mas o afeto da angústia, que constitui a essência da fobia, não vem do processo de repressão, não vem dos investimentos libidinais dos impulsos reprimidos, mas da instância repressora mesma; a angústia da fobia de animal é o medo da castração inalterado, ou seja, um medo realista,* angústia ante um perigo propriamente ameaçador ou considerado real. Aqui é a angústia que gera a repressão, e não, como julguei anteriormente, a repressão que gera a angústia.

Não é agradável lembrar, mas tampouco adianta negar: muitas vezes sustentei que o representante instintual é distorcido, deslocado etc. pela repressão, mas a

---

essa expressão: "*the particular* notions *attaching to the individuals' fear*" ("as *noções* particulares ligadas ao medo dos indivíduos"), e justifica-se numa nota que é pertinente reproduzir aqui (parte dela): "O problema está no uso especial que Freud faz do termo *Inhalt* (plural *Inhalte*). Na utilização comum ele significa apenas 'conteúdo(s)', de um livro ou de um pote de doces, por exemplo. Mas 'conteúdos' indica algo *objetivo*, ao passo que Freud geralmente usa a palavra para designar a *leitura* que o sujeito faz de sua psique, as noções ou 'sentidos' subjetivos que ligamos aos fenômenos psíquicos — o medo [*fear*], no caso" ("Inhibition, symptom, and fear", em *Beyond the Pleasure Principle and Other Writings*, Londres: Penguin, 2003, p. 26). Esse termo — que também traduzimos por "teor" — aparecerá outras vezes ao longo deste ensaio.
* "Medo realista": *Realangst*; ver também nota sobre a tradução de *Angst*, acima, p. 15.

libido do impulso instintual é transformada em angústia. A investigação das fobias, que seria a mais indicada para demonstrar essa tese, não a confirma, portanto; parece, isto sim, contradizê-la diretamente. A angústia da fobia animal é o medo da castração sentido pelo Eu, a da agorafobia (algo que foi menos estudado) parece ser medo da tentação, que em sua gênese deve estar relacionado ao medo da castração. Até onde podemos enxergar hoje, a maioria das fobias remonta a essa angústia do Eu ante as exigências da libido. A postura angustiada do Eu é sempre o elemento primário e instigador da repressão. A angústia não provém jamais da libido reprimida. Se eu tivesse me contentado em dizer que aparece um montante de angústia em vez da esperada manifestação da libido, após a repressão, não teria nada a retirar atualmente. A descrição é correta, e entre a força do impulso a ser reprimido e a intensidade da angústia resultante existe a correspondência que afirmei. Mas confesso que acreditava fornecer mais que uma mera descrição, supunha haver percebido o processo metapsicológico da conversão direta da libido em angústia — algo que hoje não posso mais sustentar. Naquele tempo também não pude explicar como se realiza tal transformação.

Mas de onde tirei a ideia dessa conversão? Do estudo das neuroses, quando ainda estávamos longe de distinguir entre processos do Eu e processos do Id.[*]

---

[*] Cf. "Sobre os motivos para separar da neurastenia, como 'neurose de angústia', um determinado complexo de sintomas" (1895 [1894]).

Vi que certas práticas sexuais como *coitus interruptus*, excitação frustrada e abstinência forçada geram ataques de angústia e uma predisposição geral à angústia; sempre, portanto, que a excitação sexual é inibida, detida ou desviada em seu caminho para a satisfação. Como a excitação sexual é expressão de impulsos instintuais libidinais, não parecia muito ousado supor que a libido se transforma em angústia por influência dessas perturbações. Essa observação é válida ainda hoje; por outro lado, não há como rejeitar que a libido dos processos do Id experimenta perturbação, instigada pela repressão; ainda pode ser correto, então, que na repressão se forme angústia a partir do investimento libidinal dos impulsos instintuais. Mas como harmonizar esse resultado com o outro, segundo o qual a angústia das fobias é uma angústia do Eu, que nasce no Eu, não procede da repressão, e sim a provoca? Isso parece uma contradição, e nada fácil de ser resolvida. A redução das duas fontes da angústia a uma só não é algo simples. Pode tentar fazê-lo com a suposição de que o Eu, na situação do coito perturbado, da excitação interrompida, da abstinência, pressente perigos e a eles reage com angústia, mas isso não nos leva adiante. Por outro lado, nossa análise das fobias não parece pedir correção. *Non liquet!**

---

* Literalmente, "Não é claro", "Não convence": antiga fórmula jurídica utilizada quando as provas não eram conclusivas.

V

Propusemo-nos estudar a formação de sintomas e a luta secundária do Eu contra os sintomas, mas evidentemente não tivemos sorte ao escolher para isso as fobias. A angústia predominante no quadro dessas afecções parece-nos agora uma complicação que obscurece a questão. Há muitas neuroses em que não há indício de angústia. A autêntica histeria de conversão é desse tipo, mesmo seus sintomas mais graves não são acompanhados de angústia. Apenas esse fato já nos aconselharia a não ver uma relação muito firme entre angústia e formação de sintomas. De resto, as fobias se acham tão próximas das histerias de conversão que me senti autorizado a classificá-las de "histerias de angústia". Mas ainda ninguém pôde indicar as condições que determinam se um caso toma a forma de uma histeria de conversão ou de uma fobia, ou seja, ninguém averiguou as condições para o desenvolvimento da angústia.

Os mais frequentes sintomas da histeria de conversão — paralisia motora, contração, ação involuntária ou descarga, dor, alucinação — são processos de investimento duradouros ou intermitentes, o que gera novas dificuldades para a explicação. Na verdade, não se sabe muito sobre esses sintomas. Mediante a análise pode-se saber qual processo de excitação perturbado eles substituem. Em geral se verifica que eles próprios têm participação nele, como se toda a energia deste tivesse se concentrado nessa parte. A dor estava presente na situação em que ocorreu a repressão; a alucinação era, naquele momento, percepção; a paralisia motora é a defesa contra uma ação que deveria ter sido executada naquela situação, mas foi inibida; a contração costuma ser o deslocamento de uma inervação muscular que então se destinava a outra parte do corpo; a convulsão, expressão de um arrebatamento afetivo que se subtraiu ao controle normal do Eu. Varia notavelmente a sensação de desprazer que acompanha o surgimento dos sintomas. Naqueles duradouros, deslocados para a motilidade, como paralisias e contrações, ela está, em geral, inteiramente ausente; o Eu se comporta, em relação a eles, como se não tivesse nenhum envolvimento; nos sintomas intermitentes e nos da esfera sensorial há, via de regra, nítidas sensações de desprazer, que no caso de sintoma de dor podem chegar a um grau excessivo. É muito difícil descobrir, em meio a essa variedade, o fator que torna possíveis essas diferenças e, no entanto, permite explicá-las de modo coerente. Na histeria de conversão também há poucos indícios da luta do Eu contra o sintoma já formado. Apenas quando a suscetibilidade à dor de uma parte do corpo se torna sintoma ela é capacitada a desempenhar um duplo papel. Quando essa parte é tocada externamente, o sintoma de dor aparece tão seguramente como quando a situação patogênica por ela representada é ativada internamente de modo associativo, e o Eu adota precauções para evitar que o sintoma seja despertado por percepções externas. Não podemos discernir de onde vem a peculiar opacidade da formação de sintomas na histeria de conversão, mas ela nos fornece um motivo para abandonar esse terreno infecundo. Voltamo-nos para a neurose obsessiva, na esperança de nela aprender mais sobre a formação de sintomas.

Os sintomas da neurose obsessiva são, em geral, de dois tipos, e de tendências opostas. Ou são interdições, medidas de precaução, penitências, de natureza negativa, portanto; ou, pelo contrário, satisfações substitutivas, frequentemente em camuflagem simbólica. Desses grupos, o mais velho é o negativo, defensivo, punitivo; com o prolongamento da doença, no entanto, prevalecem as satisfações que zombam de toda defesa. A formação de sintomas obtém um triunfo quando consegue mesclar a proibição e a satisfação, de forma que o mandamento ou proibição originalmente defensivo adquire também o significado de uma satisfação; para isso, frequentemente se recorre a vias de ligação bastante artificiais. Nessa realização mostra-se a tendência à síntese que já atribuímos ao Eu. Em casos extremos, a maioria dos sintomas do paciente adquire, além do seu sentido original, também aquele diretamente contrário, um atestado do poder da ambivalência que, não sabemos por quê, tem grande papel na neurose obsessiva. No caso mais grosseiro o sintoma é em dois tempos, ou seja, ao ato que realiza determinado preceito segue-se imediatamente outro que o cancela ou anula, embora ainda não ouse efetuar o que lhe é contrário.

Duas impressões surgem de imediato deste breve panorama dos sintomas obsessivos. A primeira é que aí se trava uma contínua luta contra o reprimido, cada vez mais desfavorável às forças repressoras; a segunda, que Eu e Super-eu participam enormemente da formação dos sintomas.

A neurose obsessiva é provavelmente o mais interessante e recompensador objeto da investigação analítica, mas como problema ainda não foi superada. Se queremos penetrar mais profundamente em sua natureza, temos de admitir que ainda não podemos dispensar hipóteses incertas e conjecturas não provadas. A situação de partida da neurose obsessiva é provavelmente a mesma da histeria: a necessidade de defender-se das exigências libidinais do complexo de Édipo. Também parece haver, em cada neurose obsessiva, uma funda camada de sintomas histéricos formados bastante cedo. Depois, no entanto, sua configuração é alterada decisivamente por um fator constitucional. A organização genital da libido se revela fraca e pouco resistente. Quando o Eu dá início a seu empenho defensivo, o primeiro resultado obtido é que a organização genital (da fase fálica) é recuada, totalmente ou em parte, ao anterior estágio sádico-anal. Esse fato da regressão permanece determinante para tudo o que se segue.

Ainda outra possibilidade pode merecer consideração. Talvez a regressão não seja consequência de um fator constitucional, mas sim temporal. Não ocorreria porque a organização genital da libido resultou muito frágil, mas porque a oposição do Eu começou muito cedo, ainda em pleno vigor da fase sádica. Tampouco nessa questão me arrisco a fazer uma afirmação segura, mas a observação analítica não favorece essa hipótese.

Mostra, isto sim, que na virada para a neurose obsessiva já se alcançou o estágio fálico. Além disso, essa neurose irrompe numa idade posterior à da histeria (o segundo período da infância, após a instauração da época de latência), e num caso de desenvolvimento bem tardio dessa afecção, que tive ocasião de estudar, mostrou-se claramente que uma real depreciação da vida genital — até então intacta — criou condições para a regressão e o surgimento da neurose obsessiva.[3]

A explicação metapsicológica para a regressão eu enxergo numa "disjunção de instintos",[*] no afastamento dos componentes eróticos que, com o início da fase genital, haviam se agregado aos investimentos destrutivos da fase sádica.

Ao forçar a regressão, o Eu obtém seu primeiro sucesso na luta defensiva contra as exigências da libido. Nisso é pertinente fazermos a distinção entre a tendência mais geral da "defesa" e a "repressão", que constitui apenas um dos mecanismos de que a defesa se utiliza. De forma talvez ainda mais clara do que em casos normais e histéricos, na neurose obsessiva percebemos o complexo da castração como o motor da defesa, e tendências do complexo de Édipo como o alvo da defesa. Achamo-nos agora no início do período de latência, caracterizado pela dissolução do complexo de Édipo, pela criação

---

[3] Cf. "A predisposição à neurose obsessiva", 1913.
[*] *Triebentmischung*; cf. nota sobre o termo em nossas traduções de *O Eu e o Id* (1923) e "A negação" (1925), no volume 16 destas *Obras completas*.

ou consolidação do Super-eu e pelo estabelecimento de barreiras éticas e estéticas no Eu. Esses processos vão além da medida normal na neurose obsessiva; à destruição do complexo de Édipo junta-se a degradação regressiva da libido, o Super-eu se torna particularmente rigoroso e inclemente, o Eu desenvolve, em obediência ao Super-eu, elevadas formações reativas: conscienciosidade, compaixão, asseio. Com severidade implacável — e, portanto, nem sempre bem-sucedida — condena-se a tentação de prosseguir a masturbação infantil, que agora se apoia em ideias regressivas (sádico-anais), mas que representa a parte não subjugada da organização fálica. Há uma contradição interna no fato de justamente no interesse de preservar a masculinidade (medo da castração) ser impedida a atividade masculina, mas também essa contradição é apenas exacerbada na neurose obsessiva, ela já se encontra na forma normal de eliminação do complexo de Édipo. Todo excesso contém o gérmen de sua própria abolição, o que é confirmado também na neurose obsessiva, pois justamente a masturbação suprimida consegue, sob a forma de atos obsessivos, aproximar-se cada vez mais da satisfação. As formações reativas no Eu do neurótico obsessivo, que percebemos como exageros da formação normal do caráter, podem ser caracterizadas como um novo mecanismo de defesa, ao lado da regressão e da repressão. Elas parecem não existir ou ser bem mais fracas na histeria. Olhando para trás, chegamos a uma conjectura do que seria peculiar ao processo de defesa da histeria. Parece que ele se limita à repressão: o Eu se afasta do impulso instintual desagradável, deixa-o tomando seu curso no inconsciente e não mais participa de seu destino. É verdade que isso não pode ser invariavelmente correto, pois conhecemos o caso em que o sintoma histérico é, ao mesmo tempo, o cumprimento de uma punição requerida pelo Super-eu, mas pode descrever uma característica geral do comportamento do Eu na histeria.

Podemos simplesmente admitir como fato que na neurose obsessiva se forma um Super-eu tão forte, ou podemos considerar que o traço fundamental dessa afecção é a regressão libidinal, e procurar relacionar a esta o caráter do Super-eu. Realmente, o Super-eu, originando-se do Id, não pode furtar-se à regressão e à disjunção que ali ocorreram. Não seria de admirar que ele se tornasse mais duro, mais atormentador e mais inclemente do que no desenvolvimento normal.

Durante o período de latência, a defesa contra a tentação masturbatória parece ser a tarefa principal. Essa luta produz uma série de sintomas, que retornam de forma típica nas mais diferentes pessoas e costumam ter o caráter de um cerimonial. É lamentável que ainda não tenham sido reunidos e sistematicamente analisados; sendo as primeiras realizações da neurose, lançariam mais luz sobre o mecanismo de formação de sintomas nela empregado. Já exibem os traços que numa doença posterior e mais severa surgirão de modo fatídico: alojam-se em atividades que depois serão realizadas como que automaticamente — ir dormir, banhar-se, vestir-se, locomover-se —, tendem à repetição e ao desperdício de tempo. Por que acontece assim é algo que ainda não compreendemos; a sublimação de componentes erótico-anais tem nisso um papel importante.

A puberdade constitui um divisor de águas no desenvolvimento da neurose obsessiva. A organização genital, interrompida na infância, reinicia-se com grande vigor. Mas sabemos que o desenvolvimento sexual da infância também estabelece a direção do recomeço que se dá na puberdade. Assim, por um lado os impulsos agressivos dos primeiros tempos são novamente despertados; e, por outro lado, uma porção maior ou menor dos novos impulsos libidinais — todos eles, nos casos ruins — toma as vias assinaladas pela regressão, surgindo como intenções agressivas e destrutivas. Graças a essa camuflagem das tendências eróticas e às poderosas formações reativas no Eu, a luta contra a sexualidade passa a ser travada sob a bandeira da ética. O Eu se rebela, surpreso, contra as demandas cruéis e violentas que lhe são enviadas à consciência desde o Id, e não suspeita que nisso está combatendo desejos eróticos, entre os quais alguns que normalmente não teriam seu veto. O severíssimo Super-eu insiste mais energicamente na supressão da sexualidade, depois que ela adota formas tão repulsivas. Desse modo, na neurose obsessiva o conflito é exacerbado em duas direções: aquilo que exerce a defesa se torna mais intolerante, aquilo que deve sofrê-la se torna mais insuportável; ambas as coisas por influência do mesmo fator, a regressão libidinal.

Uma objeção a várias de nossas premissas estaria no fato de que a ideia obsessiva desagradável se torna consciente. Não há dúvida, porém, de que antes ela experimentou o processo da repressão. Na maioria dos casos, o autêntico teor* do impulso instintual agressivo não é conhecido do Eu. É necessária boa dose de trabalho analítico para torná-lo consciente. O que penetra na consciência é, via de regra, apenas um sucedâneo distorcido, ou de uma imprecisão onírica, borrada, ou tornado irreconhecível por uma camuflagem absurda. Quando a repressão não corrói o conteúdo do impulso instintual agressivo, certamente elimina o caráter afetivo que o acompanha. Assim, a agressão não aparece para o Eu como um impulso,** mas sim, conforme dizem os pacientes, como um mero "pensamento" que os deixaria frios.*** O mais curioso é que não é esse o caso.

Ocorre que o afeto não considerado na percepção da ideia obsessiva aparece em outro lugar. O Super-eu se comporta como se não tivesse havido repressão, como se o impulso agressivo lhe fosse conhecido em seu teor exato e com seu pleno caráter afetivo, e trata o Eu com base nessa premissa. O Eu, que, por um lado, sabe-se inocente, deve, por outro lado, perceber que tem um sentimento de culpa e carregar uma responsabilidade

---

* "O autêntico teor": *der eigentliche Wortlaut* — nas traduções consultadas: *el verdadero sentido, el texto genuino, l'enunciato preciso, l'énoncé véritable, the actual text, the actual wording, the real purport, de eigenlijke woordelijke inhoud.*
** *Impuls*, no original; na maioria das vezes, "impulso" é a tradução dada a *Regung* nesta edição.
*** Cf., a propósito, "Observações sobre um caso de neurose obsessiva" ["O Homem dos Ratos", 1909], parte I, seção C (nota) e início da parte II.

que não pode explicar para si mesmo. O enigma que isso nos coloca, porém, não é tão grande como parece à primeira vista. A conduta do Super-eu é inteiramente compreensível, a contradição dentro do Eu apenas demonstra que ele fechou-se para o Id mediante a repressão, enquanto permaneceu totalmente acessível às influências vindas do Super-eu.[4] A pergunta de por que o Eu não procura se furtar à tormentosa crítica do Super-eu perde a razão de ser com a informação de que isso realmente ocorre em grande número de casos. Há também neuroses obsessivas sem nenhuma consciência de culpa; até onde podemos compreender, o Eu poupa a si mesmo a percepção desta mediante uma nova série de sintomas, atos de penitência, restrições autopunitivas. Ao mesmo tempo, esses sintomas constituem satisfações de impulsos instintuais masoquistas, que também foram reforçados pela regressão.

A diversidade de manifestações da neurose obsessiva é tão grande que ainda não conseguimos fornecer uma síntese coerente de todas as suas variações. Há o empenho em extrair correlações típicas, mas há sempre o temor de fechar os olhos a outras regularidades não menos importantes.

Já descrevi a tendência geral da formação de sintomas na neurose obsessiva. Ela consiste em dar cada vez mais espaço à satisfação substitutiva, às expensas da frustração. Graças ao pendor do Eu para a síntese, os

---

4 Cf. Reik, *Geständniszwang und Strafbedürfnis* [A compulsão à confissão e a necessidade de castigo], 1925, p. 51.

mesmos sintomas que originalmente significavam restrições do Eu assumem depois o sentido de satisfações, e é inegável que este último significado se torna pouco a pouco o mais influente. O resultado desse processo, que cada vez mais se aproxima de um completo fracasso do empenho defensivo inicial, é um Eu bastante restrito, obrigado a buscar suas satisfações nos sintomas. O deslocamento das relações de força em favor da satisfação pode levar a um desfecho temido: a paralisia da vontade do Eu, que encontra, para cada decisão, incitamentos mais ou menos tão fortes de um lado e do outro. O agudíssimo conflito entre Eu e Super-eu, que desde o início governa essa afecção, pode estender-se a ponto de nenhuma das atividades do Eu — incapaz de exercer a mediação — poder escapar do envolvimento nesse conflito.

VI

Durante essas lutas podemos observar duas atividades do Eu que formam sintomas e merecem particular interesse, pois são claramente sub-rogados da repressão, podendo assim ilustrar muito bem sua tendência e sua técnica. Talvez seja lícito ver o aparecimento dessas técnicas auxiliares e substitutivas como prova de que a execução da repressão propriamente dita encontra dificuldades. Tais variações da repressão talvez se tornem mais compreensíveis se tivermos em conta que na neurose obsessiva o Eu é cenário da formação de sintomas muito mais do que na histeria, que esse Eu se apega tenazmente à sua relação com a realidade e com a consciência, empregando para isso todos os seus recursos intelectuais, e que a atividade mesma do pensamento aparece superinvestida, erotizada.

As duas técnicas a que nos referimos são a *anulação do acontecido** e o *isolamento*. A primeira tem um vasto campo de aplicação e remonta a muito atrás. Ela é, digamos, magia negativa; procura, através de um simbolismo motor, "fazer desaparecer" não as consequências de um evento (impressão, vivência), mas ele próprio. Usando essa expressão, aludimos ao papel que essa técnica desempenha não somente na neurose, mas também nas ações mágicas, nos costumes populares e nas cerimônias religiosas. Na neurose obsessiva encontramos a anulação do acontecido primeiramente nos sintomas de dois tempos, em que o segundo ato cancela o primeiro, como se nada tivesse ocorrido, quando, na realidade, ambos aconteceram. A intenção de anular o aconteci-

---

* *"Anulação do acontecido"*: no original, *Ungeschehenmachen* (substantivado com a maiúscula), literalmente "fazer (tornar) não acontecido, desfazer o acontecido" — nas versões estrangeiras consultadas: *"dehacer lo sucedido"*, el anular lo acontecido (com o original entre chaves), *il rendere non avvenuto, le rendre non avenu, undoing what has been done,* idem (com nota), *obliteration of past events* (com nota), *ongedaan maken*. No mesmo parágrafo, "fazer desaparecer" traduz *wegblasen*, que literalmente significa "fazer desaparecer soprando"; as versões consultadas apresentam: *suprimir, hacer desaparecer, soffiar via, enlever en soufflant dessus, blow away,* idem, *vanish into thin air, 'wegblaʒen'*. O novo tradutor inglês inclui a seguinte nota sobre a expressão "simbolismo motor", que surge na mesma frase do termo anterior: "A expressão de Freud (*motorische Symbolik*) é fácil de traduzir — mas não tão fácil de entender".

do é o segundo motivo básico do cerimonial neurótico obsessivo. A primeira é a prevenção, a adoção de medidas para que algo não suceda ou não se repita. Nota-se com facilidade a diferença: as medidas preventivas são racionais, as "anulações do acontecido" são de natureza mágica, irracional. Devemos supor, naturalmente, que essa segunda causa é a mais antiga, tendo origem na atitude animista ante o mundo ao redor. O empenho em desfazer o acontecido tem sua forma atenuada, menos distante do que é normal, na decisão de tratar um evento como *non arrivé* [não acontecido]; mas então nada se faz contra ele, a pessoa não faz caso nem do evento nem de suas consequências, enquanto na neurose procura-se cancelar o passado mesmo, reprimi-lo por via motora. Tal tendência pode também explicar a frequente compulsão à *repetição* que há nessa neurose, repetição na qual se reúnem várias intenções conflitantes. O que não aconteceu de maneira conforme ao desejo é tornado não acontecido mediante a repetição de outra maneira, e a isso juntam-se todos os motivos para se deter nessas repetições. No decorrer da neurose, a tendência de tornar não acontecida uma vivência traumática se revela frequentemente como um motivo de primeira ordem na formação de sintomas. Assim descobrimos, inesperadamente, uma nova técnica, motora, de defesa — ou, como podemos afirmar aqui, de modo menos impreciso — de repressão.

A outra das novas técnicas que estamos descrevendo é a do *isolamento*, peculiar à neurose obsessiva. Diz respeito igualmente à esfera motora, e consiste no fato de após um acontecimento desagradável, e também após a pessoa haver feito algo significativo no contexto da neurose, introduzir-se uma pausa em que nada mais pode suceder, em que nenhuma percepção é feita e nenhuma ação é realizada. Essa conduta, inicialmente estranha, logo nos revela seu vínculo com a repressão. Sabemos que é possível, na histeria, relegar à amnésia uma impressão traumática. Na neurose obsessiva frequentemente não se consegue fazer isso, a vivência não é esquecida, mas é despojada de seu afeto e suas relações associativas são suprimidas ou interrompidas, de modo que ela se acha como que isolada e também não é reproduzida no curso da atividade do pensamento. O efeito desse isolamento é o mesmo que há na repressão com amnésia. Essa técnica, então, é reproduzida nos isolamentos da neurose obsessiva, mas ali é também intensificada de forma motora, com intenção mágica. O que assim é mantido separado é justamente o que se acha unido de modo associativo, o isolamento motor deve garantir a interrupção do nexo no pensamento. Um pretexto para esse procedimento da neurose é dado pelo processo normal da concentração: o que nos parece relevante como impressão, como tarefa, não deve ser perturbado pelas solicitações simultâneas de outras atividades mentais ou ocupações. Mas já na pessoa normal a concentração é utilizada para manter à distância não somente o que não importa, o que é alheio, mas sobretudo o que é oposto e inapropriado. É sentido como o elemento mais perturbador aquilo que originalmente se achava ligado e no curso do desenvolvimento foi separado, como, por exemplo, as manifestações de ambivalência do complexo paterno na relação com Deus ou os movimentos dos órgãos excretores nas excitações amorosas. Assim, normalmente o Eu tem de realizar um grande trabalho de isolamento ao dirigir o curso dos pensamentos, e nós sabemos que no exercício da técnica analítica temos de ensinar o Eu a renunciar a esta função, de resto inteiramente justificada.

Segundo a experiência de todos nós, para os neuróticos obsessivos é particularmente difícil obedecer à regra psicanalítica fundamental. Provavelmente graças à elevada tensão conflituosa entre seu Super-eu e seu Id, o Eu é mais alerta e faz isolamentos mais agudos. Durante o trabalho do pensamento ele tem de se defender de muitas coisas, da intrusão de fantasias inconscientes, da manifestação das tendências ambivalentes. Não lhe é permitido relaxar, acha-se continuamente pronto para a luta. Ele favorece esta compulsão a concentrar e isolar através das ações mágicas de isolamento, que como sintomas se tornam tão evidentes e adquirem muita importância prática, mas naturalmente são inúteis em si, e têm o caráter de um cerimonial.

No entanto, ao assim procurar evitar associações, conexões de pensamentos, o Eu obedece a um dos mais antigos mandamentos da neurose obsessiva, o tabu do *toque*. Quando nos perguntamos por que a evitação do contato, do toque, do contágio tem papel tão grande na neurose, tornando-se o conteúdo de sistemas tão complicados, a resposta que alcançamos é que o toque, o contato físico, é o objetivo imediato tanto do investimento objetal agressivo como do afetuoso. Eros quer o contato, pois busca a união, a abolição das barreiras espaciais entre o Eu e o objeto amado. Mas também a destrutividade, que antes da invenção das armas de ação à distância só podia ocorrer de perto, pressupõe necessariamente o toque físico, a apreensão manual. "Tocar numa mulher" tornou-se, em alemão, um eufemismo para sua utilização como objeto sexual. "Não tocar no membro" é a frase com que se proíbe a satisfação autoerótica. Como a neurose obsessiva foi inicialmente hostil ao toque erótico e depois, após a regressão, ao toque mascarado de agressão, nenhuma outra coisa foi tão proibida para ela, nada prestou-se tão bem para tornar-se o centro de um sistema de interdição. Mas o isolamento é a suspensão de toda possibilidade de contato, o meio de subtrair uma coisa a qualquer contato, e, quando o neurótico isola também uma impressão ou uma atividade mediante uma pausa, ele nos dá a entender, simbolicamente, que não quer que os pensamentos relativos a ela entrem em contato associativo com outros.

Eis até onde chegam nossas investigações sobre a formação de sintomas. Talvez não valha a pena resumi-las; permaneceram inconclusivas e incompletas, pouco trouxeram que já não fosse conhecido antes. Seria inútil examinar a formação de sintomas em outras doenças que não as fobias, a histeria de conversão e a neurose obsessiva; sabe-se muito pouco sobre elas. Já a consideração conjunta dessas três neuroses faz aparecer um grave problema, cuja abordagem não admite adiamento. Para todas três, a destruição do complexo de Édipo é o ponto de partida; em todas três, supomos, o medo da castração é o motor da oposição do Eu. Mas apenas nas fobias esse medo se torna aparente, é confessado abertamente. Que é feito dele nas outras duas formas, como o Eu consegue se furtar a essa angústia? O problema se complica ainda mais quando lembramos a possibilidade mencionada acima, de que a angústia proceda, por uma espécie de fermentação, do próprio investimento libidinal perturbado em seu curso; e, além disso, está estabelecido que o medo da castração é o único motor da repressão (ou defesa)? Se pensamos nas neuroses das mulheres, temos de pôr isso em dúvida, pois, por mais seguramente que se constate nelas o complexo da castração, não se pode falar propriamente de um medo da castração quando esta já foi consumada.

VII

Retornemos às fobias infantis de animais; afinal, compreendemos esses casos melhor do que todos os outros. Portanto, nelas o Eu precisa atuar contra um investimento libidinal do Id (investimento do complexo de Édipo positivo ou do negativo), pois compreendeu que aceitá-lo acarretaria o perigo da castração. Já abordamos isso, e agora temos ocasião de esclarecer uma dúvida que nos ficou dessa primeira discussão. Devemos supor que no pequeno Hans (ou seja, num caso de complexo de Édipo positivo) é o impulso terno diante da mãe ou aquele agressivo em relação ao pai que provoca a defesa por parte do Eu? Em termos práticos não parece fazer diferença, sobretudo porque os dois impulsos determinam um ao outro, mas há um interesse teórico na questão, pois apenas a corrente afetuosa dirigida à mãe pode ser vista como puramente erótica. Aquela agressiva depende essencialmente do instinto de destruição, e sempre acreditamos que na neurose o Eu se defende das solicitações da libido, não das dos outros instintos. De fato, vemos que após a formação da fobia a ligação terna à mãe como que desaparece, é liquidada pela repressão, e a formação de sintomas (substitutiva) ocorre com o impulso agressivo. No caso do Homem dos Lobos as coisas são mais simples, o impulso reprimido é realmente erótico, a atitude feminina diante do pai, e é com esse impulso que também ocorre a formação de sintomas.

É quase de envergonhar que ainda tenhamos dificuldades na apreensão de fatos fundamentais após tão longo trabalho, mas propusemo-nos nada simplificar e nada esconder. Se não conseguimos ver claramente, ao menos vejamos precisamente o que não está claro. O que está nos atrapalhando é, ao que tudo indica, uma irregularidade no desenvolvimento de nossa teoria dos instintos. Começamos por seguir as organizações da libido, do estágio oral ao sádico-anal e desse ao genital, e nisso equiparamos todos os componentes do instinto sexual. Mais tarde, o sadismo mostrou-se como representante de outro instinto, contrário a Eros. A nova concepção de dois grupos de instintos parece destruir a anterior, de fases sucessivas de organização libidinal. Mas não precisamos inventar o expediente que nos leve a sair dessa dificuldade. Há muito ele se ofereceu a nós: quase nunca lidamos com impulsos instintuais puros, e sim com amálgamas dos dois instintos em diferentes proporções. O investimento objetal sádico tem também o direito de ser tratado como um investimento libidinal, as organizações da libido não necessitam ser revisadas, o impulso agressivo em relação ao pai pode muito bem se tornar objeto de repressão, tanto quanto o impulso terno diante da mãe. Mas deixemos de lado, como matéria para reflexão futura, a possibilidade de que repressão seja um processo que tem relação especial com a organização genital da libido, de que o Eu recorra a outros métodos de defesa quando tem de se defender da libido em outros estágios de organização. Um caso como o do pequeno Hans não nos permite uma conclusão; é certo que nele se dá conta de um impulso agressivo mediante a repressão, mas isso depois que a organização genital é alcançada.

Desta vez não perderemos de vista a relação com a angústia. Dissemos que tão logo o Eu reconhece o perigo de castração, ele dá o sinal de angústia e inibe, através da instância prazer-desprazer, e de um modo que não compreendemos em maior profundidade, o iminente processo de investimento no Id. Simultaneamente ocorre a formação da fobia. O medo da castração adquire outro objeto e uma expressão deformada: ser mordido por um cavalo (ser devorado por um lobo), em vez de ser castrado pelo pai. A formação substitutiva tem duas vantagens óbvias: a primeira, o fato de que evita o conflito da ambivalência, pois o pai é também um objeto amado; a segunda, o fato de que permite ao Eu cessar com o desenvolvimento da angústia. Pois a angústia da fobia é facultativa, surge apenas quando seu objeto é alvo da percepção. O que é inteiramente correto, já que apenas então se acha presente a situação de perigo. Não há como temer a castração por um pai ausente. Ora, não é possível remover o pai; ele aparece quando quer. Se é substituído pelo animal, no entanto, basta fugir à visão, isto é, à presença do animal, para estar livre do perigo e do medo. Desse modo, o pequeno Hans impõe a seu Eu uma restrição, produz a inibição de sair, para não encontrar cavalos. Para o pequeno russo é ainda mais cômodo, quase não constitui um sacrifício, para ele, não mais dar uma olhada em certo volume ilustrado. Se sua malvada irmã não lhe mostrasse repetidamente a fotografia do lobo em pé, que estava nesse livro, ele poderia sentir-se salvo de seu medo.

Certa vez atribuí à fobia o caráter de uma projeção, pelo fato de ela substituir um perigo interno, instintual, por um externo, perceptivo. Isso tem a vantagem de o indivíduo poder proteger-se do perigo externo fugindo e evitando a percepção, ao passo que não há fuga ante o perigo interno. Minha observação não é incorreta, mas se mantém na superfície. A exigência instintual não é um perigo em si, mas apenas por acarretar um real perigo externo, a castração. Assim, o que ocorre na fobia, no fundo, é um perigo externo ser substituído por outro. O fato de o Eu, na fobia, poder escapar à angústia evitando algo ou desenvolvendo um sintoma de inibição harmoniza-se muito bem com a concepção de que essa angústia é apenas um sinal afetivo e de que nada se alterou na situação econômica.

A angústia das fobias de animais é, portanto, uma reação afetiva do Eu ao perigo; e o perigo que nelas é sinalizado é aquele da castração. A única diferença em relação à angústia realista — que o Eu manifesta normalmente em situações de perigo — é que o conteúdo do medo permanece inconsciente, só vindo a se tornar consciente numa deformação.

Creio que a mesma concepção se mostrará válida igualmente nas fobias de adultos, ainda que o material trabalhado pela neurose seja mais abundante e haja alguns outros fatores na formação de sintomas. No fundo, é a mesma coisa. O agorafóbico impõe a seu Eu uma restrição, para escapar a um perigo instintual. Esse perigo é a tentação de ceder a seus desejos eróticos, com o que suscitaria novamente, como na infância, o perigo da castração ou algum outro análogo. Ofereço, como simples exemplo, o caso de um homem jovem que se tornou agorafóbico porque temia ceder às incitações das prostitutas e adquirir sífilis como punição.

Bem sei que muitos casos apresentam estrutura mais complicada, e que muitos outros impulsos instintuais reprimidos podem confluir na fobia, mas estes são apenas de natureza auxiliar e, em geral, ligaram-se posteriormente ao núcleo da neurose. A sintomatologia da agorafobia é complicada pelo fato de que o Eu não se contenta em renunciar a algo; ele realiza algo mais, a fim de retirar da situação o perigo. Esse algo mais consiste, habitualmente, numa regressão temporal aos anos de infância (em caso extremo, até o útero materno, a um tempo em que se estava protegido dos perigos que agora ameaçam), e apresenta-se como a condição em que a renúncia não precisa ocorrer. Assim, o agorafóbico pode sair à rua quando, como uma criança pequena, é acompanhado por alguém de sua confiança. A mesma consideração também pode lhe permitir sair só, desde que não se afaste de casa mais do que certa distância, e não vá a locais que não conhece bem e onde não é conhecido das pessoas. A escolha dessas especificações é influenciada pelos fatores infantis que o governam mediante sua neurose. Totalmente inequívoca, mesmo não havendo essa regressão infantil, é a fobia de ficar só, em que se pretende, no fundo, escapar à tentação de se masturbar solitariamente. A condição para essa regressão infantil é, naturalmente, a distância temporal da infância.

Por via de regra, a fobia se estabelece depois que o indivíduo sofre, em determinadas circunstâncias — na rua, no trem, na solidão — um ataque de angústia pela primeira vez. A angústia é então excluída, mas reaparece sempre que falta a condição protetora. O mecanismo da fobia presta bons serviços como meio de defesa, e tem grande tendência à estabilidade. Com frequência, mas não necessariamente, há uma continuação da luta defensiva, que passa a dirigir-se contra o sintoma.

O que aprendemos sobre a angústia nas fobias se aplica igualmente à neurose obsessiva. Não é difícil reduzir a situação da neurose obsessiva àquela da fobia. Nesta, o motor de toda formação de sintomas posterior é claramente a angústia do Eu perante seu Super-eu. A hostilidade do Super-eu é a situação de perigo a que o Eu tem de subtrair-se. Nisso não há o menor traço de projeção, o perigo é completamente internalizado. Mas, se nos perguntamos o que o Eu teme por parte do Super-eu, impõe-se o entendimento de que o castigo do Super-eu é um prosseguimento do castigo da castração. Tal como o Super-eu é o pai que se tornou impessoal, assim também o medo da castração pelo pai transformou-se em angústia social indeterminada ou angústia da consciência.* Mas esse medo é oculto; o Eu se subtrai a ele executando, de forma obediente, os mandamentos, preceitos e penitências que lhe são impostos. Se é impedido de fazê-lo, logo há um mal-estar extremamente penoso, no qual podemos enxergar o equivalente da angústia e que os próprios doentes equiparam à angústia. Nossa conclusão é a seguinte, portanto. A angústia é a reação à situação de perigo; dela é poupado o Eu ao fazer algo para evitar a situação ou subtrair-se a ela. Poder-se-ia dizer, então, que os sintomas são criados para evitar o desenvolvimento da angústia, mas isso não nos leva a enxergar profundamente. É mais correto dizer que os sintomas são criados para evitar a *situação de perigo* que é sinalizada pelo desenvolvimento da angústia. Nos casos até aqui examinados, porém, esse perigo era a castração ou algo dela derivado.

* Cf. *O mal-estar na civilização*, cap. VII e VIII.

Se a angústia é a reação do Eu ao perigo, cabe então conceber a neurose traumática, que frequentemente sucede a um perigo mortal que o indivíduo experimentou, como consequência direta do medo da morte ou medo pela vida, deixando de lado as dependências do Eu e a castração. Foi o que fez a maioria dos observadores das neuroses traumáticas da última guerra,[*] tendo-se anunciado triunfantemente que fora obtida a prova de que uma ameaça ao instinto de conservação pode produzir uma neurose, sem nenhuma participação da sexualidade e sem consideração pelas complicadas hipóteses da psicanálise. De fato, é muito de lamentar que não exista uma única análise aproveitável de uma neurose traumática. Não porque iria contradizer a importância etiológica da sexualidade — há muito essa contradição foi eliminada com a introdução do narcisismo, que situa o investimento libidinal do Eu na mesma categoria dos investimentos objetais e sublinha a natureza libidinal do instinto de conservação —, mas porque perdemos, com a falta dessas análises, a mais valiosa oportunidade para conclusões decisivas sobre a relação entre angústia e formação de sintomas. Após tudo o que sabemos sobre a estrutura das neuroses mais simples da vida cotidiana, é bastante improvável que uma neurose venha a produzir-se apenas graças ao fato objetivo do perigo, sem participação das camadas inconscientes mais profundas do aparelho psíquico. Mas não existe, no inconsciente, um conteúdo que equivalha ao nosso conceito

---

[*] A Primeira Guerra Mundial.

de aniquilação da vida. A castração torna-se imaginável, digamos, pela experiência cotidiana de separar-se do conteúdo do intestino e mediante a perda do seio materno vivenciada no desmame; mas algo semelhante à morte nunca foi vivenciado nem, como no desmaio, deixou traço demonstrável. Por isso me atenho à conjectura de que o medo da morte deve ser compreendido como algo análogo ao medo da castração, e a situação a que o Eu reage é a de ser abandonado pelo Super-eu protetor — pelas forças do destino —, de modo que não há mais segurança contra todos os perigos. Há a considerar também que nas vivências que levam à neurose traumática é rompida a proteção contra estímulos externos e quantidades muito grandes de excitação se aproximam do aparelho psíquico, de maneira que uma segunda possibilidade se apresenta: a angústia não apenas é sinalizada como afeto, mas também é produzida como algo novo nas condições econômicas da situação.

Com essa última observação, de que o Eu foi preparado para a castração por repetidas perdas de objetos, adquirimos uma nova concepção da angústia. Até aqui nós a enxergamos como sinal afetivo do perigo, mas agora, tratando-se tão frequentemente do perigo da castração, ela nos parece constituir a reação a uma perda, a uma separação. Ainda que várias coisas possam ser imediatamente aduzidas contra essa conclusão, salta-nos à vista uma notável correlação. A primeira experiência angustiante, ao menos para os seres humanos, é o nascimento, e ele significa objetivamente a separação da mãe, pode ser comparado a uma castração da mãe (segundo a equação criança = pênis). Seria bastante satisfatório se a angústia, como símbolo de uma separação, se repetisse a cada separação posterior, mas infelizmente somos impedidos de utilizar essa concordância pelo fato de o nascimento não ser vivido subjetivamente como separação da mãe, pois ela é totalmente desconhecida, como objeto, do feto completamente narcisista. Outra objeção será que conhecemos as reações afetivas a uma separação e que as sentimos como dor e luto, não como angústia. No entanto, lembremo-nos de que, ao discutir o luto,* também não pudemos compreender por que ele é tão doloroso.

VIII

Vamos parar e refletir. O que buscamos é um entendimento** que nos leve à natureza da angústia, um critério que distinga o que é verdadeiro e errado acerca dela. Mas isso não é coisa fácil, a angústia é algo difícil de apreender. Até aqui obtivemos tão só visões contraditórias, entre as quais não era possível fazer uma escolha des-

---

* Cf. "Luto e melancolia", 1917.
** "Entendimento": uma das várias traduções possíveis para *Einsicht*; as oito versões estrangeiras consultadas têm outras sete opções (o termo holandês equivale ao alemão): *conocimiento, intelección, formula conclusiva, manière de voir, idea, something, decisive insight, inzicht*; cf. nota sobre a tradução do termo em Nietzsche, *Além do bem e do mal*, trad. Paulo César de Souza, São Paulo: Companhia das Letras, 1992, nota 67.

preconcebida. Agora sugiro fazermos de outra forma: vamos imparcialmente reunir tudo o que podemos dizer sobre a angústia, sem esperar chegar a uma nova síntese.

A angústia é, em primeiro lugar, algo que se sente. Nós a denominamos um estado afetivo, embora também não saibamos o que é um afeto. Como sensação, ela tem caráter obviamente desprazeroso, mas isso não esgota seus atributos; nem todo desprazer pode ser denominado angústia. Há outras sensações de caráter desprazeroso (tensões, dor, tristeza), e a angústia precisa ter outras particularidades além dessa. Conseguiremos entender as diferenças entre esses vários afetos desprazerosos?

De todo modo, alguma coisa podemos extrair da sensação da angústia. Seu caráter desprazeroso parece ter um traço particular. Isso é difícil de demonstrar, mas provável; não seria algo de chamar a atenção. Além dessa peculiaridade dificilmente isolável, no entanto, percebemos na angústia sensações físicas mais definidas, que relacionamos a determinados órgãos. Como não nos interessa aqui a fisiologia da angústia, basta que mencionemos uns poucos representantes dessas sensações, os mais frequentes e mais nítidos sendo os relacionados aos órgãos respiratórios e ao coração. Eles são prova de que inervações motoras, ou seja, processos de descarga, participam do fenômeno geral da angústia. A análise dos estados de angústia revela, portanto: 1) um caráter desprazeroso específico; 2) reações de descarga; 3) percepções destas.

Os pontos dois e três já nos trazem uma diferença em relação aos estados similares como, por exemplo, o luto ou a dor. Nesses não há manifestações motoras; quando estas estão presentes, evidenciam-se não como partes integrantes do todo, mas como consequências ou reações a ele. A angústia, portanto, é um estado desprazeroso especial, com reações de descarga em trilhas específicas. Seguindo nossa concepção geral, acreditaremos que na base da angústia exista um aumento da excitação que, por um lado, gera o caráter desprazeroso e, por outro lado, alivia-a com as descargas mencionadas. Mas esse resumo puramente fisiológico não poderá nos satisfazer; ficamos tentados a supor que há um fator histórico que une firmemente as sensações e as inervações da angústia. Em outras palavras, que o estado de angústia é a reprodução de uma vivência que encerrava as condições para tal aumento da excitação e para a descarga em trilhas específicas, e que é desse modo que o desprazer da angústia adquire seu caráter próprio. No ser humano, tal vivência prototípica é o nascimento, e por isso nos inclinamos a ver no estado de angústia uma reprodução do trauma do nascimento.

Mas nada, no que dissemos, confere à angústia uma posição excepcional entre os estados afetivos. Pensamos que também os outros afetos são reproduções de experiências antigas, de importância vital, eventualmente pré-individuais, e os comparamos, como ataques histéricos universais, típicos, inatos, aos acessos adquiridos mais recentemente e de forma individual que são próprios da neurose histérica, cuja origem e significado como símbolos mnemônicos tornaram-se claros mediante a análise. Naturalmente seria desejável poder comprovar essa concepção numa série de outros afetos, algo de que estamos longe atualmente.

Fazer a angústia remontar ao evento do nascimento suscita objeções imediatas, de que é preciso defender-se. A angústia é provavelmente uma reação comum a todos os organismos superiores, o nascimento é vivido apenas pelos mamíferos, e é questionável que signifique um trauma para todos eles. Portanto existe angústia sem o modelo do nascimento. Essa objeção, porém, ignora as fronteiras entre biologia e psicologia. Justamente porque a angústia tem de cumprir uma função indispensável em termos biológicos, como reação ao estado de perigo, pode ter sido estabelecida de forma diferente em diferentes seres vivos. Tampouco sabemos se em organismos mais distantes do ser humano ela envolve as mesmas sensações e inervações que no ser humano. Isso não impede, portanto, que a angústia tome o processo do nascimento por modelo no ser humano.

Se tal é a estrutura e a procedência da angústia, a questão seguinte seria: qual a sua função, e em que ocasiões é reproduzida? A resposta parece plausível e inevitável. A angústia surgiu como reação a um estado de *perigo*, e agora é reproduzida sempre que um estado desses se apresenta.

Nisso há algo a se notar, porém. Provavelmente as inervações do estado de angústia original também tinham significado e propósito, tal como as ações musculares do primeiro ataque histérico. Querendo esclarecer o ataque histérico, basta procurar a situação em que aqueles movimentos eram parte de uma ação justificada. Assim, durante o nascimento é provável que a inervação, dirigindo-se para os órgãos respiratórios, preparasse a atividade dos pulmões, e que a aceleração das batidas do coração atuasse contra o envenenamento do sangue. Naturalmente, não há essa adequação a um propósito quando o estado de angústia é depois reproduzido como afeto, assim como não existe no ataque histérico repetido. Quando o indivíduo se acha numa nova situação de perigo, pode ser despropositado responder com o estado de angústia, com a reação a um perigo anterior, em vez de optar pela reação agora adequada. No entanto, a adequação ao fim pode novamente se evidenciar quando a situação de perigo é reconhecida como iminente e sinalizada pela irrupção da angústia. Então a angústia pode ser imediatamente substituída por medidas mais apropriadas. Portanto, de imediato se distinguem duas possibilidades para o surgimento da angústia: uma inapropriada, quando há uma nova situação de perigo; a outra, apropriada, para sinalizar e evitar esta situação.

Mas o que é um "perigo"? No ato do nascimento há um perigo objetivo para a conservação da vida, sabemos o que isso significa na realidade. Mas psicologicamente isso nada nos diz. O perigo do nascimento não tem ainda um conteúdo psíquico. Certamente não podemos pressupor, no feto, algo que de algum modo se assemelhe a um conhecimento da possibilidade de um desfecho fatal para sua existência. O feto não pode notar senão um imenso distúrbio na economia de sua libido narcísica. Grandes quantidades de excitação chegam até ele, produzindo novas sensações de desprazer, vários órgãos conquistam investimentos elevados, algo como um prelúdio do investimento objetal que logo começará; o que, em tudo isso, será utilizado como sinal distintivo de uma "situação de perigo"?

Infelizmente sabemos muito pouco a respeito da compleição psíquica* do recém-nascido, para responder diretamente a essa questão. Não posso nem mesmo garantir a validade da descrição que acabo de fazer. É fácil dizer que o recém-nascido repetirá o afeto da angústia em todas as situações que lhe recordarem o evento do nascimento. Mas o ponto decisivo é saber o que o faz se recordar e o que ele recorda.

Não nos resta senão estudar as ocasiões em que o lactente ou a criança um pouco mais velha se dispõe para o desenvolvimento da angústia. Em seu livro *O trauma do nascimento*,[5] Otto Rank fez uma vigorosa tentativa de demonstrar as relações entre as primeiras fobias da criança e a impressão deixada pelo nascimento, mas não posso dizer que seja uma obra bem-sucedida. É possível fazer-lhe duas objeções. Primeiro, baseia-se no pressuposto de que a criança, ao nascer, recebe determinadas impressões sensoriais, sobretudo de natureza

---

* "Compleição psíquica": *seelische Verfassung*, no original — nas versões consultadas: *esquema mental, conformación anímica, condizione psichica, état animique, mental constitution, mental make-up, psychic make-up, psychische toestand.*
[5] Rank, *Das Trauma der Geburt und seine Bedeutung für die Psychoanalyse* [O trauma do nascimento e seu significado para a psicanálise], *Internationale Psychoanalytische Bibliothek* XIV, 1924.

visual, cuja recorrência pode provocar a lembrança do trauma do nascimento e, assim, a reação de angústia. Essa hipótese é inteiramente infundada e bastante improvável; não se pode crer que a criança retenha, do processo do nascimento, mais do que sensações tácteis e de natureza geral. Quando, mais tarde, ela vem a mostrar medo de pequenos animais que desaparecem em buracos ou deles saem, isso acontece, conforme Rank, devido à percepção de uma analogia — que, porém, não se evidencia para a criança. Segundo, ao considerar tais situações de angústia posteriores, Rank vê como fator operante, conforme sua necessidade, ou a lembrança da existência intrauterina feliz ou a da perturbação traumática desta, e com isso estão abertas as comportas para a arbitrariedade na interpretação. Casos específicos desse medo infantil contradizem frontalmente a aplicação do princípio de Rank. Quando a criança é deixada sozinha na escuridão, seria de esperar que respondesse com satisfação a esse restabelecimento da situação intrauterina, e quando o fato de que justamente então reage com angústia é relacionado à lembrança da perturbação daquela felicidade, não é mais possível ignorar o que existe de forçado nessa tentativa de explicação.

Sou levado à conclusão de que as fobias da primeira infância não podem ser diretamente referidas à impressão deixada pelo ato do nascimento e até agora se esquivaram a toda explicação. Certa predisposição à angústia é algo inequívoco no bebê. Ela não é mais intensa logo após o nascimento, diminuindo então aos poucos, mas sim aparece apenas depois, com o avanço do desenvolvimento psíquico, e mantém-se por determinado período da infância. Quando tais fobias precoces se estendem além desse período, criam a suspeita de um transtorno neurótico, embora estejamos longe de entender sua relação com as posteriores neuroses evidentes da infância.

Apenas alguns casos da manifestação da angústia na infância nos são compreensíveis; a eles precisaremos nos ater. Quando, por exemplo, a criança está sozinha ou na escuridão, ou depara com uma pessoa desconhecida no lugar da que lhe é familiar (a mãe). Esses três casos se reduzem a uma só condição, a falta da pessoa amada (ansiada). Com isso acha-se livre o caminho para o entendimento da angústia e para a resolução das contradições que parecem ligar-se a ela.

A imagem mnemônica* da pessoa ansiada é intensamente investida, sem dúvida; no início de forma alucinatória, provavelmente. Mas isso não produz resultado, e então é como se o anseio se transmutasse em angústia. Tem-se mesmo a impressão de que essa angústia seria uma expressão de perplexidade, como se aquele ser ainda pouco desenvolvido não soubesse fazer nada melhor com esse investimento de anseio. A angústia aparece, então, como reação à falta do objeto, e duas analogias se nos apresentam: que também o medo da castração tem

---

* "Imagem mnemônica": como frequentemente ocorre na tradução de termos científicos alemães para o português, o adjetivo de origem grega faz o conceito parecer mais difícil do que é na realidade: o termo original, *Erinnerungsbild*, designa simplesmente a imagem (*Bild*) guardada na lembrança (*Erinnerung*); no caso, é a imagem da mãe que a criança conserva.

por conteúdo a separação de um objeto bastante estimado e que a angústia mais primordial (o "medo primevo" do nascimento) origina-se na separação da mãe.

Outra reflexão nos conduz além dessa ênfase na perda do objeto. Se o bebê exige ter a percepção da mãe, isso ocorre porque sabe, por experiência, que ela satisfaz rapidamente todas as suas necessidades. A situação que ele avalia como perigosa, contra a qual deseja estar garantido, é a da insatisfação, do *aumento da tensão gerada pela necessidade*, diante da qual é impotente. Acho que considerado dessa maneira tudo se ordena. A situação de insatisfação, em que magnitudes de estímulo alcançam nível desprazeroso, não sendo controladas mediante utilização psíquica e descarga, deve ser análoga à vivência do nascimento para o bebê, uma repetição da situação de perigo. Comum a ambas é a perturbação econômica gerada pelo aumento das magnitudes de estímulo a pedir solução, sendo esse fator, portanto, o autêntico núcleo do "perigo". Em ambos os casos há a reação de angústia, que no bebê ainda se mostra adequada, pois a descarga via músculos respiratórios e vocais solicita a mãe, tal como antes incitou a atividade dos pulmões para afastar os estímulos internos. Não é preciso que o bebê tenha conservado, de seu nascimento, outra coisa além dessa forma de assinalar o perigo.

Tendo-se constatado que um objeto externo apreensível pela percepção pode pôr fim à situação perigosa que lembra o nascimento, o teor do perigo se desloca da situação econômica para sua condição, a perda do objeto. A falta da mãe torna-se o perigo; tão logo este surge, o bebê dá o sinal de angústia, ainda antes que se instale a temida situação econômica. Essa transformação constitui um primeiro grande avanço no desvelo pela autoconservação, e ao mesmo tempo compreende a transição do automático e involuntário ressurgimento da angústia para a sua deliberada reprodução como sinal de perigo.

Nos dois aspectos, como fenômeno automático e como sinal salvador, a angústia revela-se produto do desamparo* psíquico do bebê, que é a contrapartida evidente de seu desamparo biológico. Não requer interpretação psicológica a notável coincidência de que tanto a angústia do nascimento como a angústia do bebê são determinadas pela separação da mãe; explica-se biologicamente de forma simples, pelo fato de a mãe, que antes atendera todas as necessidades do feto mediante os mecanismos de seu corpo, prosseguir com esta função também após o nascimento, em parte com outros meios. Há bem mais continuidade entre vida intrauterina e primeira infância do que nos faz crer a notável ruptura do ato do nascimento. O objeto psíquico materno substitui, para a criança, a situação biológica do feto. Mas não devemos esquecer que na vida intrauterina a mãe não era um objeto, que naquele tempo não havia objetos.

É fácil ver que nesse contexto não há espaço para uma ab-reação do trauma do nascimento, e que não é

---

* "Desamparo": no original, *Hilflosigkeit*; nas versões estrangeiras consultadas: *desamparo, desvalimiento, impotenza, désaide, helplessness* [nas três de língua inglesa], *hulpeloosheid*.

possível achar outra função da angústia que não a de sinal para evitar a situação de perigo. Mas a perda do objeto como condição da angústia tem alcance maior. Também a forma seguinte da angústia, o medo da castração que aparece na fase fálica, é uma angústia de separação, ligada à mesma condição. Nela o perigo é a separação do genital. Num raciocínio que parece inteiramente justificado, Ferenczi nos permite notar uma clara linha relacionando este e os conteúdos anteriores da situação de perigo. A alta apreciação narcísica do pênis pode alegar que a posse desse órgão envolve a garantia de uma reunificação com a mãe (a substituta da mãe) no ato do coito. A subtração desse membro equivale a uma nova separação da mãe; significa, portanto, ser abandonado, desprotegido, a uma tensão desprazerosa gerada pela necessidade (como no nascimento). Mas a necessidade de que se teme a intensificação é agora especializada, da libido genital, não é mais geral como no período da primeira infância. Acrescento que a fantasia do retorno ao útero materno é o sucedâneo do coito para o homem impotente (inibido pela ameaça de castração). Pode-se dizer, seguindo Ferenczi, que esse indivíduo, que pretendeu fazer-se representar por seu órgão genital para retornar ao útero materno, agora substitui regressivamente o órgão por toda a sua pessoa.

Os progressos no desenvolvimento da criança, sua crescente independência, a mais clara diferenciação de seu aparelho psíquico em várias instâncias, o surgimento de novas necessidades, não podem deixar de influir sobre o conteúdo da situação de perigo. Acompanhamos a mudança desta, da perda do objeto materno à castração, e vemos que o passo seguinte é ocasionado pelo poder do Super-eu. Com a impessoalização da instância parental, da qual se temia a castração, o perigo se torna mais indeterminado. A angústia da castração evolui para angústia de consciência, angústia social. Agora já não é tão fácil dizer o que a angústia teme.* A fórmula "separação, exclusão da horda" diz respeito somente àquela porção ulterior do Super-eu que se desenvolveu apoiando-se em modelos sociais, não ao núcleo do Super-eu, que corresponde à instância parental introjetada. Expresso de maneira mais geral, é a raiva, o castigo do Super-eu, a perda do amor deste, que o Eu avalia como perigo e a que responde com o sinal de angústia. Pareceu-me que a variante final dessa angústia ante o Super-eu é a angústia diante da morte (pela vida), o medo da projeção do Super-eu nos poderes do destino.

Uma vez atribuí certo valor à explicação de que o investimento retirado no curso da repressão é que seria utilizado para descarga da angústia. Hoje isso não me parece digno de atenção. A diferença está em que antes eu acreditava que o medo sempre surgia automaticamente, por um processo econômico, enquanto a atual concepção da angústia como um sinal emitido pelo Eu para influir sobre a instância prazer-desprazer nos torna independentes dessa coação econômica. Naturalmente, não há o que dizer contra a suposição de que o Eu utili-

---

* Também no original a frase é insólita: "*Es ist jetzt nicht mehr so leicht anzugeben, was die Angst befürchtet*".

za, para despertar o afeto, precisamente a energia liberada ao ser retirada no curso da repressão; mas tornou-se irrelevante saber com que porção de energia isso ocorre.

Outra tese que lancei precisa ser examinada à luz dessa nova concepção. Trata-se da afirmação de que o Eu é propriamente a sede da angústia;* acho que ela se mostrará correta. De fato, não temos motivo para atribuir ao Super-eu qualquer manifestação de angústia. Quando se fala de "angústia do Id", porém, não há o que contradizer, deve-se apenas corrigir uma expressão canhestra. A angústia é um estado afetivo que, naturalmente, pode ser sentido apenas pelo Eu. O Id não pode ter angústia como o Eu; não é uma organização, não pode julgar situações de perigo. Por outro lado, ocorre frequentemente que no Id se preparem ou se realizem processos que induzem o Eu à geração de angústia; de fato, provavelmente as primeiríssimas repressões, e também a maioria daquelas posteriores, são motivadas por tal angústia do Eu em relação a determinados processos do Id. Nisso temos boas razões para novamente distinguir entre dois casos: aquele em que algo sucede no Id que ativa uma das situações de perigo para o Eu, assim levando-o a dar o sinal de angústia para que haja a inibição, e o outro caso, em que se

---

* Está claro que "sede", nessa frase, designa "assento, morada, matriz", sendo pronunciada com o primeiro "e" aberto ("séde"), e não deve ser confundida com o desejo ou necessidade de beber, em que esse "e" é fechado. A tendência de suprimir os acentos diferenciais, que há anos — ou décadas — predomina entre os legisladores de nosso idioma, tem dificultado a percepção das nuances ou diferenças entre os termos.

produz no Id a situação análoga ao trauma do nascimento, na qual automaticamente se chega à reação de angústia. Os dois casos podem ser aproximados se enfatizamos que o segundo corresponde à primeira, original situação de perigo, e o primeiro, a uma das condições para a angústia dela derivadas posteriormente; ou, relacionando-os às afecções que efetivamente sucedem: o segundo caso se verifica na etiologia das neuroses "atuais", o primeiro é característico das psiconeuroses.

Vemos, então, que não é necessário desvalorizar nossas pesquisas anteriores, mas apenas estabelecer uma relação entre elas e as perspectivas mais recentes. É inegável que, havendo abstinência, transtorno indevido no curso da excitação sexual, desvio desta quando de seu processamento psíquico, a angústia se origina diretamente da libido, ou seja, estabelece-se aquele estado de desamparo do Eu ante uma enorme tensão gerada pela necessidade, o qual, como no nascimento, resulta na geração de angústia; e nisso há novamente a possibilidade — plausível, mas pouco relevante — de que justamente o excesso de libido não utilizada ache descarga na geração de angústia. Vemos que no terreno dessas neuroses "atuais" desenvolvem-se psiconeuroses com muita facilidade, o que pode significar que o Eu faz tentativas de furtar-se à angústia, que aprendeu a manter suspensa por algum tempo, e atá-la por meio da formação de sintomas. A análise das neuroses de guerra traumáticas — nome que, porém, cobre afecções bastante diversas — provavelmente mostraria que um bom número delas partilha traços das neuroses "atuais".

Ao expor como as diferentes situações de perigo se desenvolveram a partir do seu protótipo, o nascimento, de maneira nenhuma pretendíamos afirmar que toda condição posterior para a angústia simplesmente invalida a anterior. É certo que os avanços no desenvolvimento do Eu contribuem para depreciar e descartar a situação de perigo anterior, de modo que podemos dizer que a cada fase do desenvolvimento caberia certa condição para a angústia. O perigo do desamparo psíquico se adéqua ao período de vida em que o Eu é imaturo, assim como o perigo da perda do objeto corresponde à dependência dos primeiros anos da infância, o perigo da castração, à fase fálica, a angústia ante o Super-eu, à época de latência. Mas todas essas situações de perigo e condições para a angústia podem subsistir uma ao lado da outra e induzir o Eu à reação de angústia também em épocas posteriores àquela adequada. É possível que também haja relações estreitas entre a situação de perigo que tem efeito e a forma da neurose subsequente.[6]

---

[6] Após a diferenciação entre Eu e Super-eu, era inevitável que também nosso interesse nos problemas da repressão experimentasse novo alento. Até então nos contentávamos em abordar os aspectos do fenômeno que diziam respeito ao Eu: o afastamento da consciência e da motilidade e a formação substitutiva (de sintomas); quanto ao impulso instintual mesmo, supúnhamos que permanecia inalterado no inconsciente por tempo indefinido. Agora nosso interesse se volta para as vicissitudes do [elemento] reprimido, e suspeitamos que essa sobrevivência inalterada e inalterável não seja algo natural, talvez nem sequer habitual. O impulso instintual original é certamente inibido e desviado de sua meta pela repressão. Mas permaneceu ele no inconsciente de forma rudimen-

Quando, numa passagem anterior desta investigação, descobrimos a importância do perigo de castração em várias afecções neuróticas, advertimos a nós mesmos para não superestimar esse fator, já que não poderia ser decisivo para o sexo feminino, que é certamente mais predisposto à neurose. Agora vemos que não há o perigo de considerarmos o medo da castração o único motor dos processos defensivos que conduzem à neurose. Expus, em outro ensaio, como o desenvolvimento da menina é guiado para o investimento afetuoso do objeto pelo complexo da castração. Precisamente na mulher a situação de perigo que consiste na perda do objeto parece ter permanecido a mais efetiva. É lícito fazermos, em sua condição para a angústia, a pequena modificação de que já não se trata da falta ou da perda

---

tar, mostrando-se resistente às influências da vida, alteradoras e depreciadoras? Existem ainda aqueles velhos desejos, de cuja existência a psicanálise nos informou? A resposta parece fácil e segura: os velhos desejos reprimidos têm de subsistir no inconsciente, já que ainda vemos em atuação seus derivados, os sintomas. Mas ela não é suficiente, não permite decidir entre duas possibilidades: se o velho desejo agora atua apenas através de seus derivados, aos quais transferiu toda a sua energia de investimento, ou se ele próprio também se conserva ainda. Se o seu destino foi exaurir-se no investimento de seus derivados, há ainda uma terceira possibilidade: a de que ele tenha sido reavivado pela regressão no curso da neurose, por mais intempestivo que seja atualmente. Estas considerações não devem ser tidas como supérfluas; muitas coisas, tanto na vida psíquica normal como na patológica, parecem requerer que sejam lançadas estas questões. Em meu estudo sobre a dissolução do complexo de Édipo [1924] pude notar a diferença entre a mera repressão e a efetiva anulação de um velho impulso-desejo.

real do objeto, mas da perda do amor do objeto. Como é indubitável que a histeria tem maior afinidade com as mulheres, assim como a neurose obsessiva tem com os homens, cabe supor que a condição para a angústia que é a perda do amor desempenha na histeria um papel semelhante à ameaça de castração nas fobias e à angústia ante o Super-eu na neurose obsessiva.

IX

O que agora resta a fazer é considerar as relações entre formação de sintomas e geração de angústia.

Duas opiniões sobre o tema parecem bastante difundidas. Uma diz que a própria angústia é sintoma da neurose; a outra, que há uma relação bem mais íntima entre as duas. Segundo esta, toda formação de sintomas seria realizada apenas para evitar a angústia; os sintomas atam a energia psíquica que de outro modo seria descarregada como angústia, de maneira que a angústia seria o fenômeno básico e problema principal da neurose.

A segunda afirmação se justifica ao menos em parte, como demonstram alguns exemplos marcantes. Se abandonarmos uma pessoa agorafóbica na rua, após, tê-la acompanhado, ela terá um ataque de angústia. Se impedirmos um neurótico obsessivo de lavar as mãos após tocar em algo, ele será presa de uma angústia quase insuportável. É claro, então, que a condição de ser acompanhado e o ato obsessivo de lavar as mãos têm o propósito e também o resultado de prevenir tais acessos de angústia. Nesse sentido, toda inibição que o Eu impõe a si próprio pode ser denominada sintoma.

Como fizemos a geração de angústia remontar à situação de perigo, preferiremos dizer que os sintomas são criados para subtrair o Eu à situação de perigo. Sendo impedida a formação de sintomas, o perigo realmente aparece, ou seja, produz-se aquela situação análoga ao nascimento, em que o Eu se encontra desamparado ante exigências instintuais cada vez maiores — a primeira e primordial condição para a angústia. Em nossa concepção, os laços entre angústia e sintoma se revelam menos estreitos do que se imaginou, consequência do fato de havermos interposto entre eles o fator da situação de perigo. Podemos acrescentar que a geração de angústia preludia a formação de sintomas, que é mesmo um pressuposto necessário dela, pois se o Eu não despertasse a instância prazer-desprazer pela geração de angústia não adquiriria o poder para sustar o ameaçador processo gestado no Id. Nisso é evidente a tendência de limitar a um mínimo a geração de angústia, de empregar a angústia apenas como sinal, pois de outra forma o desprazer que o processo instintual ameaça produzir seria apenas sentido em outro lugar, o que não seria um êxito conforme a intenção do princípio do prazer, embora suceda com frequência nas neuroses.

A formação de sintomas tem, portanto, o resultado concreto de anular a situação de perigo. Ela tem dois aspectos: um deles, que permanece oculto para nós, produz no Id a alteração pela qual o Eu é subtraído ao perigo; o outro, apresentado abertamente, mostra o que ela criou no lugar do processo instintual afetado, a formação substitutiva.

Mas deveríamos nos expressar mais corretamente, atribuindo ao processo defensivo o que acabamos de dizer sobre a formação de sintomas e utilizando essa expressão mesma como sinônimo de formação substitutiva. Parece claro, então, que o processo defensivo é análogo à fuga mediante a qual o Eu se subtrai a um perigo que ameaça de fora, que constitui uma tentativa de fuga ante um perigo instintual. As dúvidas quanto a essa comparação nos ajudarão a esclarecer melhor as coisas. Primeiro, pode-se objetar que a perda do objeto (a perda do amor do objeto) e a ameaça de castração são perigos que vêm de fora, assim como um animal feroz, digamos; ou seja, não são perigos instintuais. Mas não se trata do mesmo caso. Um lobo provavelmente nos atacaria qualquer que fosse nossa conduta em relação a ele; mas uma pessoa amada não nos negaria seu amor, e não seríamos ameaçados de castração, se não nutríssemos determinados sentimentos e propósitos em nosso interior. Dessa maneira, esses impulsos instintuais se tornam condições para o perigo externo e, assim, perigosos eles mesmos; e podemos então combater o perigo externo adotando medidas contra o perigo interno. Nas fobias de animais o perigo ainda parece ser sentido inteiramente como externo, assim como experimenta um deslocamento externo no sintoma. Na neurose obsessiva ele é bem mais interiorizado, a porção de angústia ante o Super-eu que é a angústia social representa ainda o sucedâneo interno de um perigo externo, a outra porção, a angústia da consciência, é inteiramente endopsíquica.

Uma segunda objeção diz que, ao tentar fugir de um ameaçador perigo externo, tudo o que fazemos é aumentar a distância física entre nós e o que nos ameaça. Não nos pomos em defesa contra o perigo, não procuramos mudar algo nele, como seria o caso se nos voltássemos contra o lobo com um pedaço de pau ou atirássemos nele com uma arma. Mas o processo de defesa parece consistir em mais do que uma tentativa de fuga. Ele intervém no curso instintual ameaçador, suprime-o de alguma forma, desvia-o de sua meta, tornando-o assim inócuo. Essa objeção parece irrefutável, temos de levá-la em conta. Achamos que provavelmente existem processos de defesa que é lícito comparar a uma tentativa de fuga, ao passo que em outros o Eu se defende de maneira bem mais ativa, empreende enérgicas ações contrárias. Isto se a comparação entre a defesa e a fuga não for prejudicada pelo fato de o Eu e o instinto no Id serem partes da mesma organização e não existências distintas como o lobo e o menino, de modo que toda espécie de conduta por parte do Eu terá de influir no processo instintual e alterá-lo de alguma forma.

Estudando as condições para a angústia, vimos o comportamento defensivo do Eu numa transfiguração racional, por assim dizer. Cada situação de perigo corresponde a certo período de vida ou fase de desenvolvimento, e parece justificar-se para ele. No começo da infância, o indivíduo realmente não se acha equipado para lidar psiquicamente com grandes quantidades de excitação, que lhe chegam de fora ou de dentro. Em determinado período da vida, o que realmente mais importa é que as pessoas de que dependemos não nos retirem seu terno cuidado. Quando o menino vê o pai poderoso como rival no tocante à mãe, e se torna cônscio de suas inclinações agressivas para com ele e suas intenções sexuais relativas à mãe, tem razão em temê-lo, e o medo de ser castigado por ele pode, reforçado filogeneticamente, manifestar-se como medo da castração. Com o ingresso na vida social, o medo do Super-eu, a consciência, torna-se um imperativo, e a ausência desse fator, uma fonte de graves conflitos e perigos etc. Mas justamente a isso relaciona-se um novo problema.

Procuremos, por um instante, substituir o afeto da angústia por outro, a dor, por exemplo. Achamos inteiramente normal que uma menina, aos quatro anos de idade, chore penosamente quando sua boneca é quebrada; aos seis anos, quando a professora lhe faz uma recriminação; aos dezesseis, quando o namorado não lhe dá atenção; e aos vinte e cinco, talvez, quando lhe morre um filho. Cada uma dessas condições para a dor tem seu tempo e acaba quando ele passa; as derradeiras, definitivas, mantêm-se por toda a vida. Ficaríamos surpresos se essa garota, já sendo mulher e mãe, chorasse por uma quinquilharia danificada. Mas é assim que se comportam os neuróticos. Todas as instâncias para o controle de estímulos em amplas áreas acham-se desenvolvidas há muito tempo em seu aparelho psíquico, eles são adultos o bastante para satisfazer por si próprios a maioria de suas necessidades, há muito sabem que a castração não é mais utilizada como castigo, porém se comportam como se ainda existissem as velhas situações de perigo, mantêm-se apegados a todas as velhas condições da angústia.

A resposta a isso será um tanto laboriosa. Antes de tudo, será preciso discriminar os fatos. Em grande número de casos as velhas condições para a angústia realmente perdem vigência, depois de já terem produzido reações neuróticas. As fobias que crianças pequenas têm de ficar sós, da escuridão e de pessoas estranhas — que são quase consideradas normais — geralmente desaparecem após alguns anos, os pequenos as "deixam para trás", como se diz de vários transtornos da infância. As frequentes fobias de animais têm o mesmo destino, muitas das histerias de conversão infantis não têm prosseguimento depois. Atos cerimoniais ocorrem muito frequentemente no período de latência, e apenas uma percentagem mínima desses casos evolui para uma neurose plena mais adiante. As neuroses infantis são — segundo as observações que fizemos em crianças da cidade, de raça branca e submetidas às altas exigências da civilização — episódios regulares do desenvolvimento, embora ainda recebam muito pouca atenção. Os sinais da neurose infantil não deixam de estar presentes em *nenhum* neurótico adulto, mas as crianças que os mostram estão longe de tornarem-se todas elas neuróticas mais tarde. Portanto, condições para a angústia devem ter sido abandonadas no decorrer da maturação, e situações de perigo devem ter perdido sua importância. Além disso, algumas dessas situações de perigo sobrevivem em épocas posteriores ao modificar e adequar a estas a condição para a angústia. Assim, por exemplo, o medo da castração se conserva sob a máscara da fobia de sífilis, após o indivíduo saber que a castração não é mais habitual como punição para a entrega aos apetites sexuais, mas que, por outro lado, graves doenças ameaçam a liberdade instintual. Outras condições para a angústia, como as do medo ao Super-eu, não se acham absolutamente fadadas à dissolução, devendo acompanhar o indivíduo por toda a vida. O neurótico distingue-se das pessoas normais, então, por exacerbar enormemente as reações a esses perigos. Por fim, também o fato de ser adulto não oferece proteção suficiente contra o retorno da traumática situação angustiosa original. Deve haver, para cada indivíduo, um limite além do qual seu aparelho psíquico fracassa em lidar com as quantidades de excitação que requerem aviamento.*

Essas pequenas retificações não podem absolutamente alterar o fato aqui discutido, de que muitas pessoas permanecem infantis em seu comportamento diante do perigo e não superam condições para a angústia

---

* "Aviamento": *Erledigung*, do verbo *erledigen*, que significa "aviar, resolver, despachar", e também "eliminar"; os primeiros sentidos nos parecem mais pertinentes, no uso que Freud faz do termo (aqui e em outros lugares), e por isso discordamos dos tradutores que recorrem a este último. Eis o que as versões consultadas apresentam: *que se necesitan utilizar, que aguardan trámite, che pretendono di essere liquidati, requérant liquidation,* which require to be disposed of, idem, *that require urgent processing,* om afwerking vragende [que requer terminação].

já caducadas. Questionar isso significaria questionar o fato da neurose, pois tais pessoas são justamente as denominadas neuróticas. Mas como isso é possível? Por que todas as neuroses não são episódios do desenvolvimento que têm fim quando é alcançada a fase seguinte? De onde vem o elemento duradouro dessas reações ao perigo? De onde vem a prerrogativa que o afeto da angústia parece ter em relação a todos os outros, de ser o único a provocar reações que se distinguem das outras como anormais e que, sendo inadequadas, contrapõem-se ao fluxo da vida? Em outras palavras, mais uma vez nos achamos subitamente diante do velho enigma: de onde vem a neurose, qual o seu móvel último e que lhe é peculiar? Após décadas de esforços analíticos, esse problema ainda se apresenta diante de nós, incólume como no início.

X

A angústia é a reação ao perigo. Afinal, não se pode afastar a ideia de que, se o afeto da angústia é capaz de obter posição excepcional na economia psíquica, isso está relacionado à essência do perigo. Mas os perigos são humanamente universais, são os mesmos para todos os indivíduos. Aquilo de que necessitamos, e que não temos à disposição, é um fator que torne compreensível como são selecionados os indivíduos capazes de submeter o afeto da angústia ao funcionamento psíquico normal, apesar de sua peculiaridade, ou que determine quem deve fracassar nessa tarefa. Conheço duas tentativas de descobrir tal fator; é natural que cada uma delas possa ter uma acolhida, já que prometem satisfazer uma necessidade incômoda. A primeira foi empreendida por Alfred Adler; reduzida a seu âmago, ela afirma que as pessoas que fracassam em lidar com a tarefa imposta pelo perigo são aquelas a quem a inferioridade dos órgãos reserva dificuldades muito grandes. Sendo correto que *Simplex siggilum veri* [a simplicidade é o selo da verdade], teríamos de saudar esta solução como uma salvação. Mas, muito pelo contrário, a crítica dos últimos dez anos demonstra a total insuficiência dessa explicação — que, além disso, ignora toda a riqueza do material descoberto pela psicanálise.

A segunda tentativa foi feita por Otto Rank em 1923, no livro *O trauma do nascimento*. Seria injusto compará-la à tentativa de Adler em algum outro ponto além desse que destacamos, pois ela permanece no terreno da psicanálise, a cujas ideias dá prosseguimento, e deve ser reconhecida como legítimo esforço para resolver os problemas analíticos. Na relação entre indivíduo e perigo, Rank não faz caso da fraqueza de órgãos do indivíduo, atentando, isto sim, na variável intensidade do perigo. O processo do nascimento é a primeira situação de perigo, a convulsão econômica por ele produzida se torna o modelo da reação de angústia. Já acompanhamos a linha de desenvolvimento que une essa primeira situação de perigo e condição de angústia a todas aquelas posteriores, e vimos que todas mantêm algo em comum, pois, em certo sentido, todas constituem uma separação da mãe, primeiro apenas do ponto de vista biológico, depois no sentido de uma direta perda do objeto e, mais tarde, de uma perda por vias indiretas. A descoberta desse grande nexo é um indubitável mérito da construção [*Konstruktion*] de Rank. Ora, o trauma do nascimento atinge cada indivíduo com intensidade diferente, a veemência da reação de angústia varia com a força do trauma, e, de acordo com Rank, essa grandeza inicial da angústia gerada é que determina se o indivíduo poderá dominá-la algum dia, se se tornará neurótico ou normal.

Não é nossa tarefa criticar detalhadamente as teses de Rank, apenas examinar se contribuem para a solução do nosso problema. Sua formulação — de que se tornam neuróticos aqueles que, devido à força do trauma do nascimento, jamais conseguem ab-reagir inteiramente este — é muito discutível teoricamente. Não se sabe direito o que significa ab-reagir o trauma. Entendendo isso literalmente, chega-se à conclusão insustentável de que quanto maior a frequência e a intensidade com que o neurótico reproduz o afeto da angústia, tanto mais se aproxima ele da saúde. Foi por contrariar dessa forma a realidade que abandonei, tempos atrás, a teoria da ab-reação, que teve papel importante na [prática da] catarse. A ênfase na força variável do trauma do nascimento não deixa espaço para a justificada postulação da constituição hereditária como fator etiológico. Pois aquela é um fator orgânico, que em relação a esta atua como um elemento do acaso e depende ela mesma de muitas influências que devem ser chamadas casuais — a oportuna ajuda prestada no nascimento, por exemplo. A teoria de Rank deixa de considerar tanto fatores constitucionais como filogenéticos. No entanto, querendo-se dar espaço para a importância da constituição, através da modificação [da teoria], por exemplo, de que interessaria antes em que grau o indivíduo reage à intensidade variável do trauma do nascimento, então a teoria seria despojada de sua importância e o fator introduzido seria relegado a um papel secundário. O que decide se a neurose será o desenlace está em outro âmbito — desconhecido, como dissemos.

Dificilmente favorece a teoria de Rank o fato de o homem ter em comum com os outros mamíferos o processo do nascimento, enquanto lhe cabe, como prerrogativa entre os animais, uma especial predisposição para a neurose. A principal objeção, porém, é de que ela paira no ar, em vez de sustentar-se em observações garantidas. Não há boas investigações que mostrem de forma indubitável a correlação entre um nascimento difícil e prolongado e o desenvolvimento da neurose, ou que apenas as crianças que assim nasceram exibem os fenômenos da ansiedade* da primeira infância de modo mais duradouro ou mais intenso que outras.

---

* "Ansiedade": tradução que aqui se dá a *Ängstlichkeit*, substantivo formado a partir de *ängstlich* ("temeroso, angustiado, ansioso"), naturalmente relacionado a *Angst* (aqui vertido por "angústia" ou "medo", como se disse numa nota anterior); as versões consultadas o traduzem por: *angustia, estado de angustia, ansietà, anxiété, apprehensiveness,* idem, *anxiety* (sendo que *Angst* é traduzida por *fear*), *angstigheid*.

Admitindo-se que partos induzidos e partos fáceis para a mãe tenham possivelmente o significado de traumas severos para a criança, permanece válido exigir que os nascimentos que levam à asfixia tenham de evidenciar com certeza as consequências pretendidas. Uma vantagem da etiologia de Rank seria o fato de dar proeminência a um fator suscetível de verificação com o material da experiência; enquanto não se faz tal verificação, é impossível julgar seu valor.

Por outro lado, não posso partilhar a opinião de que a teoria de Rank contradiz a importância etiológica dos instintos sexuais, até agora sempre reconhecida na psicanálise; pois ela diz respeito somente à relação do indivíduo com a situação de perigo, deixando em aberto o bom expediente de que quem não foi capaz de dominar os perigos iniciais fracassa também nas situações de perigo sexual que vêm a surgir, e desse modo é impelido para a neurose.

Portanto, não creio que a tentativa de Rank nos traga a resposta ao problema das causas da neurose, e acho que ainda não é possível determinar em que medida ela talvez contribua para a solução do problema. Se as pesquisas revelarem que o parto difícil não influi na predisposição à neurose, tal contribuição deverá ser considerada mínima. É de temer que a necessidade de achar uma "causa última" específica e tangível para a condição neurótica nunca será satisfeita. O caso ideal, pelo qual os médicos provavelmente anseiam ainda hoje, seria o do bacilo que se pode isolar e cultivar, e que, injetado em qualquer indivíduo, produz sempre a mesma afecção. Ou, um tanto menos fantástico: substâncias químicas cuja administração poderia gerar ou eliminar certas neuroses. Mas é pequena a probabilidade de soluções tais para o problema.

O que a psicanálise nos permite dizer é menos simples e menos satisfatório. Nisso tenho apenas coisas há muito conhecidas para repetir, nada de novo para acrescentar. Quando o Eu consegue defender-se de um impulso instintual perigoso, mediante o processo da repressão, por exemplo, é certo que inibe e danifica essa parte do Id, mas também lhe dá simultaneamente um quê de independência e renuncia a um quê de sua soberania. Isso vem da natureza da repressão, que é fundamentalmente uma tentativa de fuga. O reprimido se acha então "à margem",* excluído da grande organização do Eu, sujeito apenas às leis que vigoram no âmbito do inconsciente. Caso se altere a situação de perigo, de sorte que o Eu não tenha motivo para a defesa contra um novo impulso instintual análogo ao reprimido, tornam-se manifestas as consequências da restrição do Eu. O novo curso instintual se dá sob influência do automatismo — eu preferiria dizer: da compulsão à repetição —, ele percorre os mesmos caminhos do que foi reprimido antes, como se a situação de perigo ultrapassada ainda existisse. Assim, o fator que fixa na repressão é a com-

---

* "À margem": no original, *vogelfrei* — nas versões consultadas: [omissão na antiga tradução espanhola]; *proscrito*; *proscritto*; *hors la loi* [com nota sobre o termo]; *as it were, outlawed*; *as it were, an outlaw*; *beyond the pale*; *vogelvrij*.

pulsão à repetição do Id inconsciente, que normalmente é eliminada apenas pela função livremente móvel do Eu. De vez em quando o Eu pode conseguir derrubar as barreiras da repressão que ele próprio ergueu, recuperar sua influência sobre o impulso instintual e guiar o novo curso instintual no sentido da alterada situação de perigo. O fato é que muito frequentemente malogra, que não pode fazer suas repressões retrocederem. Relações quantitativas podem ser determinantes para o desfecho dessa luta. Em alguns casos temos a impressão de que a decisão é inevitável, a atração regressiva do impulso reprimido e a força da repressão sendo tão grandes que o novo impulso tem de obedecer à compulsão de repetição. Em outros casos percebemos a contribuição de outro jogo de forças, a atração do modelo original reprimido é fortalecida pela repulsão por parte das dificuldades reais que se contrapõem a algum outro curso do novo impulso instintual.

Assim ocorre a fixação na repressão e se mantém a situação de perigo não mais atual, o que é provado pelo simples fato da terapia analítica, modesto em si, mas teoricamente inestimável. Quando, na análise, prestamos ao Eu o auxílio que pode pô-lo em condições de eliminar suas repressões, ele readquire seu poder sobre o Id reprimido e pode deixar os impulsos instintuais tomarem seu curso como se as velhas situações de perigo não mais existissem. O que assim obtemos condiz com o raio de ação normal da nossa atividade médica. Por via de regra, nossa terapia deve se contentar em produzir, de maneira mais rápida, mais confiável e com menor aplicação de esforço, o bom desenlace que espontaneamente ocorreria em circunstâncias favoráveis.

As considerações anteriores nos dizem que são relações *quantitativas* que não podem ser diretamente apontadas, mas apenas inferidas, que determinam se as velhas situações de perigo são preservadas ou não, se as neuroses infantis têm ou não prosseguimento. Dos fatores envolvidos na causação das neuroses, que criaram as condições nas quais as forças psíquicas se enfrentam, três se destacam em nossa compreensão: um biológico, um filogenético e um puramente psicológico. O biológico é a longa fase de desamparo e dependência do bebê humano. A existência intrauterina do ser humano mostra-se relativamente breve, comparada à da maioria dos animais; ele é trazido ao mundo menos "pronto" do que eles. Por isso a influência do mundo real externo é reforçada, a diferenciação do Eu em relação ao Id é logo promovida, os perigos do mundo externo têm sua importância elevada, e o valor do único objeto capaz de proteger contra esses perigos e tomar o lugar da vida intrauterina perdida é bastante aumentado. Portanto, o fator biológico dá origem às primeiras situações de perigo e cria a necessidade de ser amado, que jamais abandona o ser humano.

O segundo fator, o filogenético, é apenas inferido por nós; um fato notável do desenvolvimento da libido nos leva a supô-lo. Vemos que a vida sexual do ser humano não se desenvolve de maneira contínua do início até a maturação, como a da maioria dos animais que lhe são próximos, mas que, após um primeiro florescimento que dura até os cinco anos de idade, sofre uma enérgica interrupção, para depois começar novamente na puberdade, retomando os germens infantis. Achamos que deve ter ocorrido, entre as vicissitudes da espécie humana, algo importante, que deixou essa interrupção do desenvolvimento sexual como precipitado histórico.* A significação patogênica desse fator é demonstrada pelo fato de as exigências instintuais dessa sexualidade infantil serem, na maioria, tratadas como perigo pelo Eu e rechaçadas, de modo que os posteriores impulsos sexuais da puberdade, que deveriam ser conformes ao Eu,** correm o perigo de sucumbir à atração dos modelos infantis originais e acompanhá-los na repressão. Nisso deparamos com a mais direta etiologia das neuroses. É digno de nota que o primeiro contato com as exigências da sexualidade tenha, sobre o Eu, efeito semelhante ao do prematuro encontro com o mundo exterior.

O terceiro fator, o psicológico, deve ser buscado numa imperfeição de nosso aparelho psíquico relacionada justamente à sua diferenciação em um Eu e um Id, ou seja, também remonta, em última instância, à influência do mundo exterior. Atentando para os perigos da realidade, o Eu é obrigado a pôr-se em defesa contra

---

* Em *O Eu e o Id* (1923, parte III), a referida "vicissitude" por que passou a espécie humana é explicitada: seria a Era Glacial. Sobre o termo "precipitado" como versão literal de *Niederschlag*, ver nota do tradutor no v. 16 destas *Obras completas*, p. 94.
** "Conformes ao Eu": *Ichgerecht*; nas versões consultadas: *egosintónicos*, *acordes con el yo*, *in sintonia con l'Io*, *conformes au moi*, *ego--syntonic*, idem, *ego-accordant* (com nota), *Ik-adequat*.

certos impulsos instintuais do Id, a tratá-los como perigos. Mas o Eu não pode proteger-se de perigos instintuais internos de modo tão eficaz como de uma porção da realidade que lhe é alheia. Sendo ele mesmo ligado intimamente ao Id, pode rechaçar o perigo instintual somente restringindo sua própria organização e admitindo a formação de sintomas em compensação por prejudicar o instinto. Renovando-se a pressão do instinto rechaçado, surgem para o Eu todas as dificuldades conhecidas como sofrimento neurótico.

Até o momento não vai além disso, creio, o nosso conhecimento sobre a natureza e as causas da neurose.

XI COMPLEMENTOS

Ao longo desta discussão foram abordados vários temas que tiveram de ser prematuramente abandonados e que agora serão reunidos, a fim de receber o quinhão de atenção a que têm direito.

A. MODIFICAÇÃO DE OPINIÕES ANTERIORES

a) RESISTÊNCIA E CONTRAINVESTIMENTO

Algo importante na teoria da repressão é que ela não constitui um evento único, mas requer, isto sim, uma permanente aplicação de esforço. Se esta cessasse, o instinto reprimido, ao qual continuamente afluem reforços de suas fontes, tornaria a encetar o mesmo caminho do qual foi afastado, a repressão fracassaria ou teria de ser repetida indefinidamente. Assim, a natureza constante do instinto solicita que o Eu garanta a ação defensiva através de um esforço permanente. É esta ação para salvaguardar a repressão que sentimos como *resistência* no tratamento analítico. Resistência pressupõe o que denominei *contrainvestimento*. Na neurose obsessiva esse contrainvestimento é claramente notado. Ali ele se mostra como alteração do Eu, como formação reativa no Eu, pelo reforço da atitude que é o oposto da direção instintual a ser reprimida (compaixão, escrupulosidade, asseio). Tais formações reativas da neurose obsessiva são exacerbações de traços de caráter normais desenvolvidos durante o período de latência. É bem mais difícil apontar o contrainvestimento na histeria, onde, conforme a expectativa teórica, é igualmente imprescindível. Também nela é inequívoco certo grau de alteração do Eu através de formação reativa, e em algumas circunstâncias ele é tão evidente que se impõe como o principal sintoma da doença. Dessa maneira é resolvido, por exemplo, o conflito da ambivalência na histeria; o ódio a uma pessoa amada é sofreado por um excesso de ternura e de ansiedade por ela. Mas é preciso enfatizar que, à diferença do que ocorre na neurose obsessiva, tais formações reativas não têm a natureza geral de traços de caráter, limitando-se a relações muito específicas. A mulher histérica, por exemplo, pode tratar de modo excessivamente afetuoso os filhos que no fundo odeia, mas isso não significa que seja mais amorosa em geral do que outras mulheres, nem mais afetuosa com outras crianças. Na histeria, a formação reativa se atém firmemente a determinado objeto, não se arvorando em predisposição geral do Eu. É algo característico da neurose obsessiva justamente essa generalização, o afrouxamento das relações objetais, a facilitação do deslocamento na escolha do objeto.

Outra espécie de contrainvestimento parece mais adequada à natureza peculiar da histeria. O impulso instintual reprimido pode ser ativado (novamente investido) de dois lados: de dentro, por um fortalecimento do instinto a partir de suas fontes de excitação internas; e de fora, pela percepção de um objeto desejado pelo instinto. O contrainvestimento histérico se volta preferencialmente para fora, contra percepções perigosas; toma a forma de uma vigilância especial, que evita, através de restrições do Eu, situações em que inevitavelmente surgiriam tais percepções, e que, se estas ocorrem ainda assim, consegue subtraí-las à atenção da pessoa. Autores franceses (como Laforgue)* distinguiram recentemente essa operação da histeria com o termo "escotomização". Mais ainda que na histeria, essa técnica de contrainvestimento é evidente nas fobias, em que o interesse do indivíduo se concentra em tomar a maior distância possível da percepção temida. O contraste na direção do contrainvestimento, entre histeria e

---

* René Laforgue, *Verdrängung und Skotomisation* [Repressão e escotomização], *Internationale Zeitschrift für Psychoanalyse*, 1926, v. 12, pp. 54-65. O termo "escotomização" é discutido por Freud no artigo "O fetichismo", de 1927.

fobias de um lado e neurose obsessiva de outro, parece significativo, embora não seja absoluto. Ele nos permite supor que haja um nexo mais íntimo entre a repressão e o contrainvestimento externo, assim como entre a regressão e o contrainvestimento interno (alteração do Eu através de formação reativa). A defesa contra uma percepção perigosa é aliás, uma tarefa comum a todas as neuroses. Diferentes proibições e mandamentos da neurose obsessiva servem ao mesmo propósito.

Já vimos, em ocasião anterior,* que a resistência que temos de superar na análise é exercida pelo Eu, que se atém a seus contrainvestimentos. É difícil, para o Eu, voltar sua atenção para percepções e ideias que até então ele teve por preceito evitar, ou reconhecer como seus impulsos que representam o completo oposto daqueles que lhe são familiarmente próprios. Nossa luta contra a resistência na análise fundamenta-se nessa concepção que dela fazemos. Tornamos a resistência consciente ali onde, como sucede com frequência, ela própria é inconsciente devido ao nexo com o reprimido; contrapomos-lhe argumentos lógicos quando é ou depois que se torna consciente, prometemos vantagens e prêmios ao Eu quando este renuncia à resistência. Logo, não há o que duvidar ou retificar no tocante à resistência do Eu. Mas podemos nos perguntar se ela cobre inteiramente o estado de coisas que deparamos na análise. Pois notamos que o Eu ainda acha dificuldades para fazer retrocederem as repressões, mesmo após haver decidido aban-

---

* Em *O Eu e o Id* (1923), final do cap. I.

donar suas resistências, e denominamos "elaboração" a fase de exaustivo empenho que se segue a tal decisão louvável. Agora cabe reconhecer o fator dinâmico que torna necessária e compreensível tal elaboração. Dificilmente será outro que não este: após a remoção da resistência do Eu, ainda há que superar o poder da compulsão à repetição, a atração dos modelos inconscientes sobre o processo instintual reprimido; e não há por que não designar esse fator como *resistência do inconsciente*. Não fiquemos desanimados com essas retificações; elas são bem-vindas quando acrescentam algo à nossa compreensão, e não são nenhuma vergonha quando não refutam, mas enriquecem o conhecimento anterior, eventualmente limitando uma generalização muito vasta ou ampliando um entendimento muito estreito.

Não se deve supor que com esta retificação tenhamos obtido um panorama completo dos tipos de resistência que encontramos na análise. Um exame mais aprofundado revela que temos de combater cinco tipos de resistência, que provêm de três lados: do Eu, do Id e do Super-eu — sendo que o Eu é a fonte de três formas, cada qual diferente em sua dinâmica. A primeira dessas três resistências do Eu é a resistência da *repressão*, de que tratamos acima, sobre a qual não há muito a acrescentar. Dela se distingue a resistência da *transferência*, que é da mesma natureza, mas que na análise se manifesta de modos diferentes e bem mais nítidos, pois consegue estabelecer uma relação com a situação analítica ou com a pessoa do analista, assim revivescendo uma repressão que deveria ser apenas lembrada. É também resistência do Eu, mas completamente de outra natureza, aquela que procede do benefício da *doença* e que se baseia na assimilação do sintoma ao Eu. Ela corresponde à revolta contra a renúncia a uma satisfação ou alívio. O quarto tipo de resistência — o do Id — é o que vimos como responsável pela necessidade da elaboração. A quinta resistência, a do *Super-eu*, reconhecida por último, a mais obscura, mas nem sempre mais fraca, parece originar-se da consciência de culpa ou necessidade de castigo; ela desafia todo êxito, e, portanto, também a cura pela análise.

B) ANGÚSTIA POR TRANSFORMAÇÃO DA LIBIDO

A concepção da angústia sustentada neste ensaio distancia-se em algo daquela que até agora me parecia correta. Antes eu considerava a angústia uma reação geral do Eu em condições de desprazer, sempre buscava justificar seu aparecimento em termos econômicos* e supunha que, com base na investigação das neuroses "atuais", a libido (excitação sexual) que é rejeitada ou não utilizada pelo Eu encontra uma descarga direta em forma de angústia. Não há como ignorar que essas diferentes afirmações não combinam muito bem ou, de toda maneira, uma não decorre necessariamente da outra. Além disso, tem-se a impressão de que há um nexo bas-

---

* "Em termos econômicos": *ökonomisch* — o termo não se acha no texto dos *Gesammelte Werke* que utilizamos, mas sim no da *Studienausgabe* (v. VI). Uma nota de James Strachey esclarece que ele se encontra na primeira edição alemã deste trabalho, mas foi omitido — provavelmente por descuido — nas que se seguiram.

tante íntimo entre angústia e libido, que tampouco se harmoniza com o caráter geral da angústia como reação de desprazer.

As objeções a essa concepção vieram da tendência a fazer do Eu a única sede da angústia; eram, portanto, uma das consequências da divisão do aparelho psíquico proposta em *O Eu e o Id*. Na concepção anterior, era plausível enxergar na libido do impulso instintual reprimido a fonte da angústia; na nova, o Eu tinha de responder por essa angústia. Portanto, angústia do Eu ou angústia instintual (do Id). Como o Eu trabalha com energia dessexualizada, também o íntimo nexo entre angústia e libido foi afrouxado na inovação. Espero ter conseguido ao menos deixar clara a oposição, traçando nitidamente os contornos da incerteza.

A alegação de Rank, de que o afeto da angústia seria, como eu próprio havia dito primeiramente, uma consequência do ato do nascimento e uma repetição da vivência então experimentada, obrigou-me a reexaminar o problema da angústia. Não me levava adiante sua concepção do nascimento como trauma, do estado de angústia como reação de descarga a ele, de todo novo afeto de angústia como tentativa de "ab-reagir" o trauma de forma cada vez mais completa. Houve a necessidade de remontar à *situação de perigo* por trás da reação de angústia. Com a introdução desse fator, novos pontos de vista se apresentaram à consideração. O nascimento tornou-se o modelo para todas as ulteriores situações de perigo que se apresentavam nas novas condições do modo de existência alterado e do progressivo desenvolvimento da psique. Mas sua significação também foi limitada a esse papel de modelo em relação ao perigo. A angústia sentida no nascimento tornou-se então o modelo de um estado afetivo que inevitavelmente partilhava o destino de outros afetos. Ou ele se reproduzia automaticamente em situações análogas à situação de origem, como forma de reação inadequada, depois que ele havia sido adequado na primeira situação de perigo; ou o Eu obtinha poder sobre esse afeto e o reproduzia ele mesmo, servindo-se dele como advertência ante o perigo e como meio para suscitar a intervenção do mecanismo prazer-desprazer. Fez-se justiça à importância biológica do afeto da angústia, reconhecendo-se a angústia como a reação geral à situação de perigo; o papel do Eu como sede da angústia foi confirmado, dando-se ao Eu a função de produzir o afeto da angústia conforme suas necessidades. Assim, na vida posterior foram atribuídas à angústia duas modalidades de origem: uma não desejada, automática, sempre justificada economicamente quando se produzira uma situação de perigo análoga à do nascimento; e outra, gerada pelo Eu quando havia apenas a ameaça de tal situação, a fim de requerer que fosse evitada. Neste segundo caso, o Eu se submetia à angústia como se esta fosse uma vacina, aceitando a forma atenuada de uma doença para escapar ao seu ataque pleno. É como se ele imaginasse vivamente a situação de perigo, com o inconfundível propósito de limitar a vivência penosa a uma indicação, um sinal. Já expusemos em detalhe [no capítulo VIII] como as diferentes situações de perigo se desenvolvem uma após a outra, permanecendo, no entanto, geneticamente ligadas entre si. Talvez consigamos avançar um pouco mais na compreensão da angústia se atacarmos o problema da relação entre angústia neurótica e angústia realista.

A transformação direta de libido em angústia, que propusemos antes, tornou-se agora menos significativa para nós. Se ainda assim a levarmos em consideração, teremos que distinguir entre vários casos. Ela não se aplica à angústia provocada pelo Eu como sinal; tampouco, então, a quaisquer situações de perigo que induzem o Eu a iniciar uma repressão. O investimento libidinal do impulso instintual reprimido tem, como se vê tão claramente na histeria de conversão, outro emprego que não a transformação e descarga como angústia. Mas na discussão subsequente sobre a situação de perigo depararemos com um caso de geração de angústia que provavelmente deverá ser julgado de maneira diversa.

c) REPRESSÃO E DEFESA

Ao abordar o problema da angústia, retomei um conceito — ou, mais modestamente, um termo — que utilizava exclusivamente quando iniciei meus estudos sobre o tema, trinta anos atrás,* e que depois abandonei. Refiro-me a "processo de defesa". Vim a substituí-lo por "repressão", mas a relação entre os dois permaneceu indefinida. Agora penso que há uma vantagem segura em retornar ao velho conceito de defesa, desde que

* Cf. "As neuropsicoses de defesa", 1894.

estabeleçamos que seja uma designação geral para todas as técnicas que o Eu utiliza em seus conflitos que eventualmente conduzem à neurose, enquanto "repressão" fica sendo o nome de um desses métodos de defesa, que inicialmente conhecemos melhor, devido à direção que tomaram nossas pesquisas.

Também uma inovação apenas terminológica pede justificação, deve expressar um novo ponto de vista ou uma ampliação de nossos conhecimentos. A retomada do conceito de defesa e a limitação do conceito de repressão levam em conta um fato que há muito é conhecido, mas que adquiriu maior importância graças a algumas descobertas recentes. Foi com a histeria que inicialmente aprendemos algo sobre a repressão e a formação de sintomas; vimos que o conteúdo da percepção de vivências excitantes e o conteúdo ideativo de formações patogênicas do pensamento são esquecidos e excluídos da reprodução na memória, e então discernimos no afastamento da consciência uma das características principais da repressão histérica. Depois estudamos a neurose obsessiva e descobrimos que nessa afecção os acontecimentos patogênicos não são esquecidos. Permanecem conscientes, mas são "isolados" de uma forma que ainda não concebemos, de modo que se alcança aproximadamente o mesmo resultado que na amnésia histérica. Mas a diferença é grande o suficiente para justificar nossa opinião de que o processo pelo qual a neurose obsessiva elimina uma exigência instintual não pode ser o mesmo da histeria. Investigações subsequentes nos mostraram que na neurose obsessiva é alcançada, por influência da oposição do Eu, uma regressão dos impulsos instintuais a uma fase libidinal anterior, que não torna supérflua uma repressão, mas claramente atua no mesmo sentido da repressão. Além disso, vimos que na neurose obsessiva o contrainvestimento — que supomos também presente na histeria — tem enorme papel na proteção do Eu, na forma de alteração reativa do Eu; e tivemos a atenção chamada para um processo de "isolamento", cuja técnica ainda não podemos precisar, que acha direta expressão sintomática, e para o procedimento quase mágico da "anulação do acontecido", de cuja tendência defensiva não pode haver dúvidas, mas que já não tem semelhança com a "repressão". Tais observações constituem motivo suficiente para reintroduzir o velho conceito de *defesa*, que pode abranger todos esses processos de igual tendência — proteção do Eu contra exigências instintuais —, e para nele subsumir a repressão como um caso especial. A importância de tal denominação aumenta se consideramos a possibilidade de que um aprofundamento de nossos estudos revele uma íntima conexão entre formas específicas de defesa e determinadas afecções; por exemplo, entre repressão e histeria. Nossa expectativa se acha voltada, além disso, para a possibilidade de outra correlação significativa. Pode ser que o aparelho psíquico, antes da nítida separação em Eu e Id, e antes da formação de um Super-eu, pratique métodos de defesa diferentes dos adotados após atingir esses estágios de organização.

B. OBSERVAÇÕES SUPLEMENTARES SOBRE A ANGÚSTIA

O afeto da angústia exibe alguns traços cujo exame promete nos trazer mais esclarecimentos. A angústia tem uma inconfundível relação com a *expectativa*: é angústia *diante de* algo.* Nela há uma característica de *indeterminação* e *ausência de objeto*; a linguagem correta chega a mudar-lhe o nome, quando ela encontra um objeto, e o substitui por *temor* [*Furcht*]. Além de estar relacionada ao perigo, a angústia tem também relação com a neurose, que há muito nos empenhamos em esclarecer. Cabe a pergunta de por que nem todas as reações de angústia são neuróticas, por que reconhecemos tantas delas como normais; e, por fim, a diferença entre angústia realista e angústia neurótica requer uma apreciação aprofundada.

Comecemos por essa última questão. Nosso progresso foi remontar da reação de angústia à situação de perigo. Se aplicarmos essa mesma alteração ao problema da angústia realista, a solução deste será fácil. Perigo real é um perigo que conhecemos, e angústia realista é a angústia ante tal perigo conhecido. A angústia neurótica é a angústia ante um perigo que não conhecemos. O perigo neurótico tem de ser primeiramente encontrado; a análise nos ensinou que ele é um perigo instintual. Ao levar à consciência esse perigo desconhecido do Eu,

---

* No original, *Angst vor etwas*; a preposição *vor* tem também sentido temporal: "antes de". A expressão, como já vimos, também pode ser vertida por "medo de (diante de) algo".

apagamos a diferença entre angústia realista e angústia neurótica, podemos tratar esta última como a primeira.

No perigo real desenvolvemos duas reações, a afetiva, a irrupção de angústia, e a ação protetora. É de esperar que no perigo instintual ocorrerá o mesmo. Conhecemos o caso em que as duas reações atuam conjuntamente de forma adequada, uma dando o sinal para que haja a outra, mas também o caso inadequado da paralisia gerada pela angústia, em que uma se expande à custa da outra.

Há casos em que características da angústia realista e da angústia neurótica aparecem mescladas. O perigo é conhecido e real, mas a angústia diante dele é excessiva, maior do que poderia ser pelo nosso julgamento. O elemento neurótico se mostra neste excesso. Mas esses casos nada trazem de novo em termos de princípio. A análise revela que um perigo instintual não reconhecido se acha ligado ao perigo real conhecido.

Avançaremos mais se não nos contentarmos em fazer a angústia remontar ao perigo. Qual é o núcleo, o significado da situação de perigo? É claramente a avaliação de nossa força em comparação com sua grandeza, a admissão de nosso desamparo em relação a ela: do desamparo material, no caso do perigo real; do desamparo psíquico, no caso do perigo instintual. Nosso julgamento será guiado pelas experiências tidas verdadeiramente; se ele erra na avaliação, é algo indiferente para o resultado. Chamemos *traumática* tal situação de desamparo vivida; teremos um bom motivo, então, para distinguir a situação traumática da *situação de perigo*.

Ora, constitui um importante progresso em nossa autopreservação que tal situação traumática de desamparo não seja simplesmente aguardada, mas prevista, esperada. A situação que inclui a condição para tal expectativa pode ser chamada situação de perigo, e nela é dado o sinal para a angústia. Esse quer dizer: "estou esperando uma situação de desamparo", ou "a situação atual me lembra uma das vivências traumáticas já sofridas. Por isso antecipo esse trauma, vou me comportar como se ele já tivesse chegado, enquanto ainda há tempo para afastá-lo". Portanto, a angústia é, de um lado, expectativa do trauma, e, de outro lado, repetição atenuada do mesmo. As duas características que nos chamaram a atenção na angústia têm origens diversas, portanto. Sua relação com a expectativa se liga à situação de perigo, sua indeterminação e ausência de objeto, à situação traumática de desamparo, que é antecipada na situação de perigo.

Tomando a sequência "angústia-perigo-desamparo (trauma)", podemos agora fazer o seguinte resumo. A situação de perigo é a reconhecida, recordada, esperada situação de desamparo. A angústia é a original reação ao desamparo no trauma, que depois é reproduzida na situação de perigo como sinal para ajuda. O Eu, que viveu passivamente o trauma, repete ativamente uma reprodução atenuada do mesmo, na esperança de poder ele próprio dirigir seu curso. Sabemos que a criança se comporta dessa maneira com todas as impressões que lhe são penosas, reproduzindo-as na brincadeira; ao assim mudar da passividade para a atividade, ela busca dominar psiquicamente as impressões de sua vida. Se este for o sentido da "ab-reação de um trauma", não há mais o que objetar a isso. O decisivo, porém, é o primeiro deslocamento da reação de angústia, de sua origem na situação de desamparo à expectativa dessa, a situação de perigo. Seguem-se depois os deslocamentos do perigo para a condição para o perigo, a perda do objeto e as já mencionadas modificações dessa perda.

Mimar excessivamente uma criança traz a consequência indesejável de que o perigo de perder o objeto — o objeto sendo proteção contra todas as situações de desamparo — é bastante aumentado em relação a todos os demais perigos. Mimar em demasia favorece a permanência na infância, idade caracterizada pelo desamparo motor e psíquico.

Até agora não tivemos ensejo de considerar a angústia realista de modo diverso da angústia neurótica. Conhecemos a distinção: o perigo real ameaça a partir de um objeto externo; o neurótico, a partir de uma exigência instintual. Na medida em que essa exigência instintual é uma coisa real, pode-se também admitir um fundamento real para a angústia neurótica. Já compreendemos que, se parece haver uma relação muito íntima entre angústia e neurose, é porque o Eu se defende tanto de um perigo instintual como de um perigo real externo com a reação de angústia, mas que, devido a uma imperfeição do aparelho psíquico, essa orientação da atividade defensiva resulta em neurose. Também chegamos à convicção de que frequentemente a exigência instintual se torna um perigo (interno) apenas porque sua satisfação acarretaria um perigo externo, ou seja, porque esse perigo interno representa um externo.

Por outro lado, também o perigo externo (real) deve ter sofrido uma internalização, para se tornar significativo para o Eu; deve ser visto em sua relação com uma situação de desamparo vivida.[7] O ser humano não parece ter sido dotado de um conhecimento instintivo dos perigos que ameaçam de fora — ou, se o foi, apenas em grau bastante modesto. As crianças pequenas não cessam de fazer coisas que lhes trazem perigo de vida, e justamente por isso não podem ficar sem o objeto protetor. Perigo externo e interno, perigo real e exigência instintual convergem na relação com a situação traumática, em que o indivíduo se encontra desamparado. O Eu pode experimentar, num caso, uma dor que não cessa, em outro, um acúmulo de necessidades que não obtêm satisfação: a situação econômica é a mesma em ambos os casos, e o desamparo motor acha expressão no desamparo psíquico.

As enigmáticas fobias da primeira infância merecem ser novamente mencionadas aqui. Algumas delas — medo de estar só, da escuridão, de pessoas desco-

---

[7] Pode muito bem ocorrer que, numa situação de perigo corretamente avaliada como tal, um quê de angústia instintual se acrescente à angústia realista. A exigência instintual cuja satisfação atemoriza o Eu seria então a masoquista, o instinto de destruição voltado contra a própria pessoa. Talvez esse acréscimo explique os casos em que a reação de angústia é excessiva, inadequada, paralisante. As fobias de altura (de janelas, torres, abismos) poderiam ter essa origem; seu oculto significado feminino está ligado ao masoquismo.

nhecidas — pudemos compreender como reações ao perigo de perder o objeto; outras — medo de pequenos animais, de tempestade etc. — talvez admitam a explicação de serem resíduos atrofiados de uma preparação congênita para os perigos reais, que em outros animais se acha claramente desenvolvido. Nos seres humanos, é adequada apenas a parte dessa herança arcaica que concerne à perda do objeto. Quando essas fobias infantis se tornam fixas e se fortalecem, mantendo-se até a vida adulta, a análise demonstra que seu conteúdo estabeleceu relação com exigências instintuais, passou a representar perigos internos também.

C. ANGÚSTIA, DOR E LUTO

Sabe-se tão pouco da psicologia dos sentimentos que as tímidas observações aqui oferecidas devem ser julgadas com enorme indulgência. O problema surge a propósito da conclusão seguinte. Tivemos de afirmar que a angústia vem a ser uma reação ao perigo da perda de objeto. Ora, já conhecemos uma reação à perda de objeto; é o luto. Então quando ocorre uma, e quando a outra? Ocupamo-nos anteriormente do luto,[8] e nele há um traço que permanece incompreendido: sua natureza particularmente dolorosa. O fato de a separação do objeto ser dolorosa nos parece evidente, contudo. Então o problema se complica ainda mais: quando é que a sepa-

---

8 "Luto e melancolia" [1917].

ração do objeto traz angústia, quando ocasiona luto e quando apenas dor, talvez?

Deixemos claro, de imediato, que não há perspectiva de fornecermos respostas a essas perguntas. Vamos nos contentar em fazer algumas demarcações e algumas indicações.

Tomemos como ponto de partida, mais uma vez, uma situação que acreditamos compreender, aquela do bebê que avista, em lugar da mãe, uma pessoa desconhecida. Mostra então o medo que interpretamos por referência ao perigo da perda de objeto. Mas trata-se provavelmente de algo mais complicado, que merece discussão mais demorada. Não há dúvida quanto à angústia do bebê, mas a expressão facial e a reação de choro permitem supor que ele sente dor também. É como se nele confluíssem várias coisas que depois serão diferenciadas. Ele ainda não é capaz de distinguir entre ausência temporária e perda duradoura; se perde a mãe de vista um momento, age como se nunca mais fosse vê-la, e são necessárias repetidas experiências contrárias, consoladoras, até que ele aprenda que a mãe sempre costuma reaparecer. Ela faz amadurecer esse conhecimento, tão importante para ele, com a familiar brincadeira de ocultar-lhe o rosto e em seguida novamente mostrá-lo, para alegria do bebê. Então ele pode, digamos, sentir anseio que não é acompanhado de desespero.

Devido à sua incompreensão, a situação em que ele sente falta da mãe não é, para ele, uma situação de perigo, mas sim traumática — ou melhor, é traumática se nesse instante ele tem uma necessidade que a mãe deveria satisfazer; transforma-se em situação de perigo se tal necessidade não é atual. Portanto, a primeira condição para a angústia, que o próprio Eu introduz, é a da perda da percepção [do objeto], que é equiparada à da perda do objeto. Uma perda do amor ainda não entra em consideração. Mais tarde, a experiência ensina à criança que o objeto pode continuar existindo, mas estar zangado com ela, e então a perda do amor do objeto torna-se um novo, bem mais persistente perigo e condição de angústia.

A situação traumática da falta da mãe difere num ponto decisivo da situação traumática do nascimento. Neste não havia objeto que pudesse fazer falta. A angústia era a única reação a ocorrer. Desde então, repetidas situações de satisfação criaram o objeto que é a mãe, que, surgindo na criança uma necessidade, recebe um investimento intenso, que pode ser denominado "anseio". A essa novidade devemos relacionar a reação da dor. Portanto, a dor é reação propriamente dita à perda do objeto, e a angústia, ao perigo que essa perda traz consigo e, em deslocamento posterior, ao perigo da perda do próprio objeto.

Também acerca da dor não sabemos muito. O único fato de que há certeza é que a dor — inicialmente e por via de regra — nasce quando um estímulo que ataca na periferia rompe os dispositivos que protegem contra estímulos e passa a agir como um estímulo instintual constante, diante do qual são impotentes as ações musculares normalmente eficazes, que subtraem ao estímulo o local estimulado.* Se a dor não vem de um ponto

---

* Cf. *Além do princípio do prazer* (1920), cap. IV.

da pele, mas de um órgão interno, nada muda na situação; apenas sucede que uma porção da periferia interna tomou o lugar da externa. Obviamente, a criança tem oportunidade de passar por experiências de dor desse tipo, que são independentes de suas experiências de necessidades. Mas essa condição para o surgimento da dor parece ter bem pouca semelhança com uma perda de objeto, e, além disso, o fator essencial para a dor que é a estimulação periférica falta completamente na situação de anseio da criança. Contudo, não é desprovido de sentido que a linguagem tenha criado o conceito de dor interna, psíquica, e que compare à dor física o sentimento da perda de objeto.

Na dor física há um forte investimento no local dolorido do corpo, investimento esse que podemos chamar narcísico, que aumenta cada vez mais e age sobre o Eu de modo, digamos, "esvaziador". É sabido que, ao sentir dor em órgãos internos, temos noções espaciais e de outro tipo das partes do corpo envolvidas, que normalmente não são representadas na imaginação consciente. Também o fato notável de que, havendo distração psíquica gerada por um interesse de outra espécie, as mais intensas dores físicas não aparecem (aqui não se pode dizer "permanecem inconscientes"), acha explicação no fato de haver concentração de investimento no representante psíquico do local dolorido do corpo. Neste ponto parece estar a analogia que permite a transferência da sensação da dor para o âmbito psíquico. O forte investimento com anseio no objeto que faz falta (perdido), sempre crescente porque não pode ser acalmado, cria as mesmas condições econômicas que o investimento no local ferido do corpo e torna possível ignorar o pré-requisito da origem periférica da dor física! A passagem de dor física para dor psíquica corresponde à mudança de investimento narcísico para objetal. A noção de objeto altamente investida pelas necessidades desempenha o papel do local do corpo investido pelo aumento de estímulo. A natureza contínua do processo de investimento e a impossibilidade de inibi-lo produzem o mesmo estado de desamparo psíquico. Se a sensação de desprazer que então nasce tem o caráter específico da dor (que não pode ser mais precisamente definido), em vez de manifestar-se na forma de reação da angústia, é razoável atribuir isso a um fator ainda pouco aproveitado em nossa explicação, o alto nível de investimento e ligação em que ocorrem tais processos que conduzem à sensação de desprazer.

Conhecemos ainda outra reação emocional à perda de objeto, o luto. Mas sua explicação já não oferece dificuldades. Ele surge por influência do exame da realidade, que exige categoricamente que o indivíduo se separe do objeto, porque esse não existe mais. Cabe ao luto a tarefa de executar esse desprender-se do objeto em todas as situações em que o objeto era alvo de grande investimento. O caráter doloroso dessa separação condiz com a explicação acima, a do elevado e irrealizável investimento com anseio no objeto, na reprodução das situações em que a ligação ao objeto deve ser dissolvida.

A QUESTÃO DA ANÁLISE LEIGA: DIÁLOGO COM UM INTERLOCUTOR IMPARCIAL (1926)

TÍTULO ORIGINAL: *DIE FRAGE DER LAIENANALYSE. UNTERRREDUNGEN MIT EINEM UNPARTEIISCHEN.* PUBLICADO PRIMEIRAMENTE COMO VOLUME AUTÔNOMO: VIENA: INTERNATIONALER PSYCHOANALYTISCHER VERLAG [EDITORA PSICANALÍTICA INTERNACIONAL], 123 PP. TRADUZIDO DE *GESAMMELTE WERKE* XIV, PP. 209-86. TAMBÉM SE ACHA EM *STUDIENAUSGABE*, *ERGÄNZUNGSBAND* [VOLUME COMPLEMENTAR], PP. 271-341.

INTRODUÇÃO

O título desta pequena obra não é imediatamente compreensível. Então devo explicá-lo: "leiga" significa "não praticada por médicos", e a questão seria se também aos não médicos deve ser permitido exercer a psicanálise. Essa questão é condicionada pelo tempo e pelo lugar. Pelo tempo, dado que até agora ninguém se preocupou com o fato de *quem* exerce a psicanálise. Sim, as pessoas preocuparam-se muito pouco em relação a isso — concordaram, isto sim, no desejo de que *ninguém* deveria praticá-la, justificando-se com razões diversas, todas baseadas na mesma aversão. Logo, a exigência de que apenas médicos devem ser analistas corresponde a uma atitude nova e aparentemente mais amigável diante da psicanálise — contanto que escape à suspeita de ser apenas uma ramificação um tanto modificada da atitude anterior. É admitido que em certas circunstâncias se realize um tratamento analítico, mas, nesse caso, apenas médicos devem poder realizá-lo. O porquê dessa limitação é que será examinado.

A questão é também condicionada pelo lugar, pois não apresenta o mesmo alcance em todos os países. Na Alemanha e na América é uma discussão puramente acadêmica, já que nesses países cada qual pode se tratar como e com quem quiser, e quem assim desejar pode, como "curandeiro",* tratar qualquer paciente, desde

---

* "Curandeiro": no original, *Kurpfuscher*, formada de *Kur*, "tratamento", e *Pfuscher*, substantivo correspondente ao verbo *pfuschen*,

que assuma a responsabilidade por seus atos. A lei interfere apenas quando é chamada, para fazer com que se pague por um dano causado ao cliente. Mas na Áustria, país no qual e para o qual escrevo, a lei é preventiva, proíbe ao não médico realizar tratamentos, sem esperar o resultado deles.[1] Portanto, aqui tem sentido prático a questão de os leigos (= não médicos) poderem ou não tratar doentes com a psicanálise. Ao ser lançada, porém, ela já parece estar resolvida no próprio texto da lei. Neuróticos são doentes, leigos são não médicos, a psicanálise é um procedimento para a cura ou melhora das enfermidades neuróticas; por consequência, não é permitido que leigos pratiquem a análise em neuróticos, e, se o fizerem, poderão ser punidos. Numa situação tão simples, dificilmente alguém ousaria se ocupar da questão da análise leiga. No entanto, há algumas complicações que a lei não considera, e que, por isso mesmo, exigem a nossa atenção. Pode suceder que os doentes, nesse caso, não sejam como outros doentes, que os leigos não sejam propriamente leigos e que os médicos não ofereçam exatamente aquilo que se espera dos médicos, em que eles baseiam suas prerrogativas.

---

que significa "fazer um mau trabalho". Outra versão possível, que também será usada ocasionalmente neste trabalho, é "charlatão". Nas versões estrangeiras consultadas temos: *curandero*, idem, *guaritore empirico*, *quack*, idem (além daquelas habitualmente utilizadas — duas em espanhol, da Biblioteca Nueva e da Amorrortu, a italiana da Boringhieri e a inglesa da *Standard edition* —, dispusemos da nova tradução inglesa da Penguin, assinada por Alan Bance).
1 O mesmo se dá na França.

Se isso for provado, será justo solicitar que a lei não seja aplicada sem modificações ao caso presente.

I

A decisão dependerá de pessoas que não são obrigadas a conhecer as peculiaridades de um tratamento analítico. Nossa tarefa é instruir acerca de tais peculiaridades esses indivíduos imparciais, que supomos ainda não informados atualmente. Lamentamos não poder convidá-los a assistir a um tratamento desses. A "situação analítica" não admite uma terceira pessoa. Além disso, as sessões de tratamento têm valor desigual, esse espectador não qualificado, ao presenciar uma sessão qualquer, não teria normalmente uma impressão que lhe fosse útil, correria o risco de não entender o que se passa entre o analista e o paciente, ou ficaria entediado. Assim, de bom grado ou não ele terá de se contentar com nossas informações, que buscaremos transmitir da maneira mais fidedigna possível.

O paciente talvez sofra de flutuações de humor que não consegue dominar, ou de um desânimo que o faz sentir-se paralisado em sua energia, por não acreditar-se capaz de fazer algo corretamente, ou de angustiado embaraço no meio de estranhos. Ele pode se dar conta — sem compreender por quê — de que sente dificuldades na execução de seu trabalho profissional, e também de qualquer medida ou empreendimento mais sério. Um dia, não sabe como, foi tomado de um doloroso acesso de angústia, e desde então não consegue, sem enorme esforço, andar na rua ou tomar um trem sozinho; talvez tenha desistido de fazer ambas as coisas. Ou, o que é muito curioso, seus pensamentos seguem seus próprios caminhos, não se deixando guiar por sua vontade. Perseguem problemas que lhe são indiferentes, mas dos quais ele não consegue se desprender. Ele também se vê obrigado a fazer coisas ridículas como contar o número de janelas nas fachadas das casas, e, um instante após realizar atos simples, como fechar a torneira do gás ou lançar cartas na caixa do correio, fica em dúvida se realmente os fez. Isso pode ser apenas irritante e importuno, mas a situação fica intolerável quando, de repente, ele não consegue afastar a ideia de que empurrou uma criança para debaixo das rodas de um carro, de que jogou um desconhecido na água, do alto de uma ponte, ou quando chega a se perguntar se não é o homicida que a polícia busca, como autor de um crime recém-descoberto. É um evidente absurdo, ele bem sabe, nunca fez mal a ninguém; mas, ainda que fosse realmente o assassino procurado, a sensação — o sentimento de culpa — não poderia ser mais forte.

Ou nosso paciente — digamos que seja agora uma mulher — sofre de outra forma, em outra área. É uma pianista, mas seus dedos têm cãibras, não lhe obedecem. Ou a paciente pretende ir a uma recepção, mas logo sente uma necessidade cuja satisfação seria incompatível com uma reunião social. Então ela deixa de ir a recepções, bailes, concertos, peças de teatro. Nas circunstâncias mais inoportunas é acometida de fortes dores de cabeça ou alguma outra sensação dolorosa. Talvez ela tenha vômitos a cada refeição, o que pode se tornar perigoso com o tempo. Por fim, lamentavelmente ela não suporta agitações, que são parte inevitável da vida. Nessas ocasiões perde os sentidos, muitas vezes tendo contrações musculares que lembram estados patológicos inquietantes.

Outros doentes sofrem distúrbios num âmbito especial, em que a vida emocional está ligada a exigências feitas ao corpo. Tratando-se de homens, sentem-se incapazes de dar expressão física aos mais ternos impulsos que lhes inspira o outro sexo, ao passo que talvez disponham de todas as reações em face de objetos pouco amados. Ou sua sensualidade os liga a pessoas que desprezam, das quais gostariam de se libertar. Ou lhes impõe condições cujo cumprimento é repulsivo para eles mesmos. Tratando-se de mulheres, sentem-se impedidas de ceder às exigências da vida sexual, por angústia, por nojo ou por entraves desconhecidos; ou, tendo-se rendido ao amor, veem-se privadas do prazer que a natureza instituiu como prêmio para tal docilidade.

Todas essas pessoas se reconhecem como doentes e procuram médicos, dos quais se espera, afinal, que curem esses transtornos nervosos. Os médicos também possuem as categorias em que são classificados esses distúrbios. Eles os diagnosticam segundo seus critérios, dando-lhes nomes diversos: neurastenia, psicastenia, fobias, neurose obsessiva, histeria. Examinam os órgãos onde se manifestam os sintomas: coração, estômago, intestino, genitais, e veem que estão sadios. Recomendam interrupções no modo de vida habitual, descansos, procedimentos revitalizantes, medicamentos tônicos, e assim obtêm alívios passageiros — ou não. Por fim, esses doentes ouvem que existem pessoas que se dedicam ao tratamento desses problemas, e dão início a uma análise com elas.

Nosso interlocutor imparcial, que imagino aqui presente, deu sinais de impaciência enquanto expúnhamos os sintomas dos neuróticos. Neste ponto ele se mostra atento, curioso, e diz o seguinte: "Agora vamos saber o que o analista faz com o paciente a quem o médico não pôde ajudar".

Tudo o que acontece entre eles é que falam um com o outro. O analista não usa instrumentos, nem sequer para um exame, e não prescreve medicamentos. Sempre que possível, deixa inclusive que o doente permaneça no seu ambiente e com suas relações habituais enquanto o trata. Naturalmente isso não é uma condição, nem pode ser sempre realizado. O analista recebe o paciente em determinada hora do dia, deixa-o falar, escuta-o, fala com ele e faz com que o escute.

Com isso, o rosto de nosso interlocutor mostra sinais inconfundíveis de relaxamento e alívio, mas também de algum menosprezo. É como se estivesse pensando: "Nada além disso? Palavras, palavras e palavras, como diz o príncipe Hamlet". Certamente também lhe passa pela cabeça a tirada zombeteira de Mefistófeles sobre como é fácil manejar palavras, versos que nenhum alemão pode esquecer.*

---

* Cf. Goethe, *Fausto*, cena 4, diálogo entre Mefistófeles e o estudante.

Ele diz também: "Então isso é uma espécie de mágica, você fala e a doença dele desaparece".

Exatamente; seria mágica, se tivesse efeito rápido. Na magia é essencial a rapidez, o êxito imediato, pode-se dizer. Mas os tratamentos psicanalíticos requerem meses e até mesmo anos; uma mágica assim lenta já não tem o caráter de algo maravilhoso. Por outro lado, não podemos desprezar a palavra. É um instrumento poderoso, o meio de comunicarmos nossos sentimentos, o caminho para termos influência sobre as demais pessoas. Palavras podem beneficiar enormemente ou infligir danos terríveis. Sem dúvida, no começo foi o ato,[*] a palavra veio depois; em vários aspectos significou um progresso cultural que, atenuando-se, o ato se transformasse em palavra. Mas a palavra era originalmente magia, um ato mágico, e ainda conserva muito de sua velha força.

O interlocutor imparcial prossegue: "Digamos que o paciente não esteja mais preparado para entender o tratamento analítico do que eu; como pretende fazê-lo acreditar na magia da palavra ou da fala, que deve livrá-lo de seus sofrimentos?".

Temos de prepará-lo, naturalmente, e há um meio simples de fazê-lo. Pedimos que seja totalmente sincero com seu analista, que não guarde intencionalmente nada do que lhe vem à cabeça e, depois, que ignore *toda* reserva que o impediria de comunicar certos pensa-

---

[*] Cf. idem, cena 3: *Im Anfang war die Tat*, paródia do começo do evangelho de S. João: "No princípio era o Verbo". A mesma citação é usada no final de *Totem e tabu* (1913).

mentos ou recordações. Todo indivíduo sabe que tem, dentro de si, coisas que preferiria não comunicar a outros, ou que absolutamente não comunicaria. São suas "intimidades". Além disso, presente — o que constitui um grande avanço no conhecimento psicológico — que há também coisas que a pessoa não quer confessar *a si mesma*, que de bom grado esconde de si mesma e que, por isso, logo interrompe e afasta do pensamento, quando ainda assim afloram. Talvez ela própria perceba o gérmen de um curioso problema psicológico nessa situação, em que um pensamento seu deve ser mantido oculto de si mesma. É como se seu Eu* não fosse mais a unidade que ela sempre achou que fosse, como se nele houvesse ainda outra coisa, capaz de se contrapor a ele. A pessoa talvez note, obscuramente, algo assim como uma oposição entre o Eu e a vida psíquica num sentido mais amplo. Então, se atender a solicitação para dizer tudo, facilmente partilhará a expectativa de que comunicar e trocar pensamentos sob condições tão inusitadas também pode produzir efeitos peculiares.

"Entendo", diz nosso ouvinte imparcial. "Você** supõe que todo neurótico tem algo que o oprime, um se-

---

* "Seu Eu": no original, *sein Selbst*, que já apareceu na frase anterior, em que o traduzimos simplesmente por "si mesma"; as versões estrangeiras consultadas apresentam: *su yo, su sí-mismo, il nostro io, his own self, the self*.

** O pronome de tratamento usado no original é *Sie*, mais formal que o "você" brasileiro; por outro lado, a opção "o senhor" é mais formal que o pronome alemão. Em Portugal, "você" está mais próximo do *Sie*, pois é empregado menos informalmente que no Brasil.

gredo, e, ao fazer com que ele o exponha, livra-o do peso e o faz sentir-se bem. Mas esse é o princípio da confissão, desde sempre utilizado pela Igreja católica para assegurar seu domínio sobre os espíritos."

Sim e não, devemos responder. A confissão é parte da análise, como sua introdução, digamos. Mas está longe de constituir a essência da análise ou de explicar seu efeito. Na confissão o pecador diz o que sabe; na análise o neurótico deve dizer mais. E não temos notícia de que a confissão tenha desenvolvido a capacidade de eliminar sintomas patológicos.

"Então não compreendo", responde ele. "O que pode significar isto: dizer mais do que se sabe? Posso imaginar que, como analista, você adquira maior influência sobre o paciente do que o padre confessor sobre o penitente, pois se dedica a ele por muito mais tempo, de modo mais intenso e mais individual, e que use essa grande influência para desenredá-lo de seus pensamentos doentios, dissuadi-lo de seus temores etc. Seria bastante notável se por essa via se chegasse a controlar fenômenos puramente físicos como diarreia, vômitos e contrações, mas sei que é possível influenciar de tal forma uma pessoa quando ela se encontra hipnotizada. É provável que você consiga, com todo o seu empenho em relação ao paciente, um vínculo hipnótico desse gênero, uma ligação 'sugestiva' à sua pessoa, mesmo que não pretenda isso, e os milagres de sua terapia seriam, então, efeitos da sugestão hipnótica. Pelo que sei, no entanto, a terapia hipnótica funciona de modo bem mais rápido que sua análise, que, como você diz, dura meses e anos."

Nosso interlocutor imparcial não é nem tão ignorante nem tão desorientado como o julgamos inicialmente. É inegável que ele tenta compreender a psicanálise com o auxílio de seus conhecimentos anteriores, que busca associá-la a coisas que já sabe. Temos agora a difícil tarefa de explicar-lhe que não conseguirá fazê-lo, que a análise é um procedimento sui generis, algo novo e peculiar, que apenas mediante novas percepções* — ou, se preferirem, suposições — pode ser compreendida. Mas ainda lhe devemos uma resposta a suas últimas observações.

O que você diz sobre a influência especial exercida pela pessoa do analista é certamente digno de nota. Tal influência existe e tem um grande papel na análise. Mas não o mesmo que no hipnotismo. É possível provar que as duas situações são muito diferentes. Deve bastar a observação de que não empregamos essa influência pessoal — o fator "sugestivo" — para suprimir os sintomas da doença, como ocorre na sugestão hipnótica. Além do mais, seria um erro acreditar que apenas esse fator é o veículo e promotor do tratamento. No início, talvez; mas depois ele se opõe a nossos propósitos analíticos, obrigando-nos a tomar extensas medidas contrárias. Gostaria também de lhe dar um exemplo de como são alheias à técnica psicanalítica a distração e a dissuasão. Se o paciente sofre de um sentimento de culpa, como se tivesse cometido um grave delito, nós não o

---

* "Percepções": *Einsichten*; nas versões consultadas: *conocimientos*, *intelecciones*, *concetti*, *insights*; cf. nota acima (p. 71) sobre outras versões possíveis para o termo.

aconselhamos a ignorar seus tormentos de consciência, enfatizando sua indubitável inocência; isso ele já procurou fazer, sem sucesso. O que fazemos, isto sim, é adverti-lo de que um sentimento tão forte e persistente deve estar baseado em uma coisa real, que talvez possa ser encontrada.

"Eu me surpreenderia", observa o interlocutor imparcial, "se você fosse capaz de aplacar o sentimento de culpa do seu paciente concordando assim com ele. Mas quais são seus propósitos analíticos e o que faz você com o paciente?"

II

Para fazer-me compreender, tenho de informá-lo sobre uma teoria psicológica que não é conhecida ou considerada fora dos círculos analíticos. Dessa teoria se poderá deduzir facilmente o que desejamos do paciente e de que modo o obtemos. Eu a exporei de forma dogmática, como se ela fosse um edifício teórico acabado. Não pense, no entanto, que ela nasceu assim pronta, como um sistema filosófico. Nós a desenvolvemos bastante lentamente, muito pelejamos por cada pedaço dela, sempre a modificamos em contato com a observação, até finalmente ela adquirir uma forma em que parece nos bastar para nossa finalidade. Ainda alguns anos atrás eu teria que expor essa teoria em termos diferentes. Naturalmente, não posso lhe garantir que a forma em que hoje é expressa será definitiva. Como sabe, a ciência não é uma revelação; ela carece, muito depois de seus primórdios, dos atributos de certeza, imutabilidade e infalibilidade, pelos quais o pensamento humano tanto anseia. Ainda assim, é tudo o que podemos ter. Se também levar em conta que nossa ciência particular é muito jovem, tem quase a idade do século, e que se ocupa da matéria talvez mais difícil que se pode oferecer à investigação humana, poderá então adotar a atitude correta perante minha exposição. Mas não hesite em me interromper sempre que tiver dificuldade em me acompanhar, ou quando quiser mais esclarecimentos.

"Vou interrompê-lo já antes de começar. Você diz que vai me expor uma nova psicologia, mas eu não diria que a psicologia seja uma nova ciência. Já houve psicologia e psicólogos bastantes, e ouvi falar de grandes realizações nessa área quando estava na escola."

Isso é algo que não contesto. Mas, se examinar mais atentamente essas realizações, verá que devem ser incluídas sobretudo na fisiologia dos sentidos. A teoria da vida psíquica não pôde se desenvolver, pois se achava inibida por um mal-entendido essencial. O que abrange ela atualmente, tal como é ensinada nas escolas? Além daqueles valiosos conhecimentos da fisiologia dos sentidos, certo número de classificações e definições dos processos psíquicos, que, graças ao uso corrente da linguagem, tornaram-se patrimônio comum das pessoas cultas. Claramente, isso não basta para o entendimento de nossa vida psíquica. Já notou que todo filósofo, escritor, historiador e biógrafo faz sua própria psicologia, traz suas premissas particulares sobre as relações e as finalidades dos atos psíquicos, todas de maior ou menor interesse e todas igualmente duvidosas? É evidente que aí falta um fundamento comum. Também por causa disso não há, no campo da psicologia, respeito e autoridade, por assim dizer. Nele cada qual pode "fazer e acontecer". Quando se levanta uma questão da física ou da química, quem sabe que não possui "conhecimento especializado" guarda silêncio. Mas se nos arriscamos a fazer uma afirmação de natureza psicológica, temos de esperar julgamento e contradição vindos de toda parte. Provavelmente não existe "conhecimento especializado" nessa área. Cada qual tem sua vida psíquica, então cada qual se considera um psicólogo. Mas isso não me parece bastar como qualificação. Conta-se que uma mulher se oferecia para trabalhar cuidando de crianças e, ao lhe perguntarem se também sabia lidar com bebês, respondeu: "Claro, eu também já fui bebê".

"E esse 'fundamento comum' da vida psíquica, ignorado por todos os psicólogos, você pretende tê-lo descoberto mediante a observação de pessoas doentes?"

Não creio que tal procedência tire o valor de nossas descobertas. A embriologia, por exemplo, não mereceria crédito se não explicasse diretamente a origem das malformações congênitas. Mas eu lhe falei de pessoas cujos pensamentos tomam seus próprios rumos, de modo que se veem forçadas a ruminar problemas que lhes são totalmente indiferentes. Acredita você que a psicologia acadêmica tenha alguma vez contribuído para o esclarecimento de uma anomalia como essa? E também nos acontece a todos que durante a noite o nosso pensamento segue o próprio caminho e cria coisas que depois não entendemos, que nos intrigam e, de modo preocupante, lembram produtos patológicos. Refiro-me a nossos sonhos. O povo sempre conservou a crença de que os sonhos têm sentido, têm valor, significam algo. A psicologia acadêmica não foi capaz de nos apontar o sentido dos sonhos. Nunca soube o que fazer com os sonhos. Quando buscou por explicações, foram de natureza não psicológica, relacionando-os a estímulos sensoriais, a uma desigual profundidade do sono de partes diferentes do cérebro etc. Mas pode-se dizer que uma psicologia que não consegue explicar o sonho também é inútil para a compreensão da vida psíquica normal, não tem o direito de se denominar ciência.

"Você está se tornando agressivo, certamente tocou num ponto sensível. De fato, ouvi dizer que a psicanálise dá grande valor aos sonhos, interpreta-os, busca lembranças de eventos reais por trás deles etc. Mas também que a interpretação dos sonhos é deixada ao arbítrio dos analistas, e que eles próprios não cessaram as disputas acerca de como interpretar sonhos e o que justifica que sejam tiradas conclusões deles. Se é assim, você não pode enfatizar tanto a vantagem da psicanálise em relação à psicologia acadêmica."

Há muita coisa certa no que você diz. É verdade que a interpretação dos sonhos adquiriu importância incomparável tanto na teoria como na prática da psicanálise. Se pareço agressivo, para mim isso é uma forma de defesa. Se penso nos disparates que alguns analistas têm cometido com a interpretação de sonhos, perco o ânimo e dou razão ao nosso grande satírico, Nestroy, quando diz que todo progresso é apenas metade do que pareceu à primeira vista.* Mas já viu as pessoas fazerem outra coisa que não embaralhar e desfigurar o que lhes cai nas mãos? Com alguma precaução e disciplina pode-se evitar a maioria dos perigos da interpretação dos sonhos. Mas não acha que eu jamais chegarei a expor minha teoria se continuarmos com essas digressões?

"Sim, você queria falar da premissa fundamental da nova psicologia, se o entendi corretamente."

Não pretendia começar por aí. Tenho a intenção de expor-lhe a ideia que formamos da estrutura do aparelho psíquico em nossos estudos psicanalíticos.

"O que você chama de aparelho psíquico e o que o compõe, se não for demais perguntar?"

Quanto ao que é o aparelho psíquico, isso logo se tornará claro. Mas peço que não me pergunte de que material ele é composto. Isso não é de interesse psicológico, pode ser tão indiferente para a psicologia quanto é, para a ótica, saber se o tubo de um telescópio é feito de metal ou papelão. Não consideraremos o aspecto do material, mas sim o *espacial*. Pois imaginamos o aparelho desconhecido que serve para cumprir as atividades psíquicas como um instrumento feito de várias partes — que chamamos "instâncias" —, cada qual tendo sua função particular e uma relação espacial fixa com as outras; ou seja, a relação espacial ("diante" e "atrás", "superficial" e "profundo") apenas significa para nós,

---

* Johann Nestroy (1801-62), famoso comediógrafo vienense.

primeiramente, uma representação da sequência regular das funções. Estou sendo claro?

"Não muito; talvez eu compreenda isso depois. De todo modo, é uma estranha anatomia da alma, que certamente não existe mais para os cientistas."

Mas o que espera você? É uma ideia provisória, como tantas que há nas ciências. *Open to revision* [Suscetível de revisão], pode-se dizer nesses casos. Acho desnecessário invocar aqui o "Como se", que se tornou popular. O valor de tal "ficção" — como o filósofo Vaihinger* a denomina — depende do quanto podemos conseguir com ela.

Prossigamos. Nós nos situamos no terreno da sabedoria cotidiana e reconhecemos no ser humano uma organização psíquica intercalada entre seus estímulos sensoriais e a percepção de suas necessidades corporais, por um lado, e suas ações motoras, por outro lado, e que media entre eles com intenção determinada. Chamamos essa organização de seu *Ich* [*Eu*]. Isso não constitui novidade, cada um de nós faz essa suposição mesmo não sendo filósofo, e alguns, apesar de sê-lo. Mas com isso não terminamos de descrever o aparelho psíquico. Além do Eu discernimos outro âmbito psíquico, mais amplo, mais grandioso e mais obscuro que o Eu, e o denominamos *Es* [Id]. Vamos abordar agora a relação entre os dois.

---

* Hans Vaihinger (1852-1933), autor de *Die Philosophie des Als Ob* [A filosofia do "como se"]; em "O futuro de uma ilusão" (1927, cap. v), Freud manifesta-se criticamente sobre essa obra.

Provavelmente você reclamará por havermos escolhido simples pronomes para designar nossas duas instâncias psíquicas, em vez de sonoras palavras gregas. Acontece que gostamos, na psicanálise, de permanecer em contato com o modo de pensar popular, e preferimos aproveitar seus conceitos para a ciência, em vez de rejeitá-los. Não há mérito nisso, temos de fazer assim porque nossas teorias devem ser compreendidas por nossos pacientes, que às vezes são muito inteligentes, mas nem sempre muito instruídos. O impessoal *Es* liga-se diretamente a certas expressões das pessoas normais. "*Es hat mich durchzuckt*" [Passou-me pela cabeça], diz-se; "*es war etwas in mir, was in diesem Augenblick stärker war asls ich*" [havia algo em mim que naquele instante foi mais forte do que eu]".* "*C'était plus fort que moi.*"

Na psicologia, podemos descrever as coisas apenas com o auxílio de analogias. Nada há de especial nisso, também em outras áreas é assim. Mas temos de sempre mudar essas comparações, nenhuma se sustenta muito tempo para nós. Para tornar compreensível a relação entre Eu e Id, peço-lhe que imagine o Eu como uma fachada do Id, um frontispício, como uma camada cortical externa dele, por assim dizer. A última comparação

---

* O pronome neutro da terceira pessoa, *es*, que também funciona como sujeito dos verbos impessoais, é muitas vezes intraduzível em português, correspondendo ao pronome latino *id*; cf. o capítulo sobre *Ich* e *Es* em *As palavras de Freud*, op. cit. Sobre os termos aqui adotados para traduzir *Ich*, *Es* e *Über-ich* — "Eu", "Id" e "Super-eu" — ver notas nos volumes 16 (pp. 29 e 34) e 18 (p. 213) destas *Obras completas*.

pode ser mantida. Sabemos que as camadas corticais devem suas características especiais à influência modificadora do meio externo com que se acham em contato. Então imaginamos que o Eu seja uma camada do aparelho psíquico, do Id, modificada por influência do mundo exterior (a realidade). Nisso você nota como levamos a sério a concepção espacial na psicanálise. O Eu é realmente a instância superficial, o Id, a mais profunda — olhadas do exterior, naturalmente. O Eu se acha entre a realidade e o Id, o que é propriamente psíquico.

"Ainda não vou lhe perguntar como é possível saber tudo isso. Diga-me primeiro: o que se ganha com essa distinção entre um Eu e um Id, o que o leva a fazê-la?"

Sua pergunta me mostra o caminho certo para prosseguir. O importante e valioso é saber que o Eu e o Id divergem bastante um do outro em vários pontos. No Eu vigoram outras regras para o curso dos atos psíquicos que no Id, o Eu persegue propósitos diferentes, com outros meios. Sobre isso haveria muito a dizer, mas talvez uma nova comparação e um exemplo possam satisfazê-lo. Pense na diferença entre o fronte e o interior, tal como se desenvolveu durante a Guerra.* Não nos surpreendemos de que no fronte algumas coisas sucedessem de modo diferente do interior, e de que neste fosse permitida muita coisa que tinha de ser proibida no fronte. A influência determinante era, naturalmente, a proximidade do inimigo; para a psique, é a proximidade do mundo exterior. Houve tempo em que "fora, alheio, inimigo" eram con-

* Ele se refere à Primeira Guerra Mundial.

ceitos idênticos. Agora chegamos ao exemplo: no Id não há conflitos; oposições, contradições existem lado a lado sem se perturbar, frequentemente se ajustando através de formações de compromisso. Nesses casos o Eu sente um conflito que tem de ser resolvido, e a decisão consiste em que uma tendência é abandonada em favor da outra. O Eu é uma organização, caracterizada por uma notável tendência à unificação, à síntese. Ao Id falta esse caráter, ele é — por assim dizer — desconcentrado, suas diversas tendências perseguem seus propósitos independentemente e sem consideração mútua.

"Mas se existe um interior psíquico assim tão importante, como pode explicar que tenha sido ignorado até a época da psicanálise?"

Isso nos leva de volta a uma de suas questões anteriores. A psicologia havia bloqueado para si mesma o acesso ao território do Id, atendo-se a um pressuposto que é plausível, mas que não se sustenta. A saber, que todos os atos psíquicos são conscientes, que ser consciente é a marca distintiva do que é psíquico, e que, havendo processos não conscientes em nosso cérebro, eles não merecem o nome de atos psíquicos e não dizem respeito à psicologia.

"Creio que isso é óbvio."

Isso é o que também acham os psicólogos, mas é fácil demonstrar que é uma diferenciação inadequada. Uma auto-observação superficial nos ensina que podemos ter pensamentos espontâneos que não podem ter surgido sem preparação. Mas você nada sabe desses estágios anteriores de seu pensamento, que certamente também foram de natureza psíquica; em sua consciência aparece apenas o resultado pronto. Ocasionalmente você poderá tornar-se consciente a posteriori dessas formações preparatórias do pensamento, como que numa reconstrução.

"Provavelmente a atenção foi distraída, de modo que a pessoa não notou essas preparações."

Isto são evasivas! Não há como eludir o fato de que dentro de você podem ocorrer atos de natureza psíquica, frequentemente bastante complicados, dos quais sua consciência não tem informação, dos quais você nada sabe. Ou você pretende supor que um grau maior ou menor da sua "atenção" seja suficiente para transformar em ato psíquico um que não é psíquico? De todo modo, para que discutir? Há experiências hipnóticas em que a existência de tais pensamentos não conscientes é demonstrada, irrefutavelmente, para qualquer um que deseje aprender.

"Não vou negar, mas creio que o compreendo enfim. O que você chama de Eu é a consciência, e o seu Id é a assim chamada subconsciência, de que tanto se fala agora. Mas por que o disfarce dos novos nomes?"

Não é disfarce, os outros nomes não têm utilidade. E não procure me dar literatura em vez de ciência. Quando alguém fala de subconsciência, não sei se o faz no sentido topológico, referindo-se a algo que fica abaixo da consciência na psique, ou qualitativo, indicando outra consciência, subterrânea, por assim dizer. Provavelmente nada disso é claro para ele. A única oposição aceitável é aquela entre consciente e inconsciente. Mas seria um grave erro acreditar que essa oposição coincide com a distinção entre Eu e Id. Certamente seria uma maravilha se fosse tão simples, para nossa teoria seria uma grande vantagem; mas não é simples assim. O que é certo é que tudo o que se passa no Id é inconsciente e assim permanece, e que os processos* no Eu *podem* se tornar conscientes, apenas eles. Mas nem todos o são, nem sempre, não necessariamente, e grandes parcelas do Eu podem permanecer duradouramente inconscientes.

O modo como um processo psíquico se torna consciente é algo complicado. Não posso deixar de lhe expor — mais uma vez de forma dogmática — nossas suposições a respeito disso. Você se lembra de que o Eu é a camada exterior, periférica, do Id. Ora, acreditamos que na superfície mais externa do Eu haja uma instância especial diretamente voltada para o mundo exterior, um sistema, um órgão cuja excitação produz o fenômeno que chamamos consciência. Esse órgão pode ser excitado tanto de fora, recebendo (através dos órgãos sensoriais) estímulos do mundo exterior, como de dentro, onde pode tomar conhecimento, primeiro das sensações do Id, e depois também dos processos no Eu.

"Isso está ficando cada vez pior, e compreendo cada vez menos. Você me convidou para um diálogo sobre a questão de leigos ou não médicos também poderem realizar tratamentos analíticos. Por que, então, essa apresentação de teorias obscuras, ousadas, de cuja correção você não pode me convencer?"

* No original, *Vorgänge*, que também pode significar "eventos".

Sei que não posso convencê-lo. Está fora de toda possibilidade e, portanto, também fora de meus propósitos. Dando instrução teórica em psicanálise a nossos discípulos, podemos observar a pouca impressão que lhes fazemos no início. Eles recebem as teorias psicanalíticas com a mesma frieza com que receberam outras abstrações de que foram nutridos. Alguns talvez queiram ser convencidos, mas não há indício de que sejam. Mas também exigimos que todo aquele que quer analisar outros se submeta antes a uma análise ele próprio. Somente no decorrer dessa "autoanálise" (como é impropriamente denominada),* quando vivenciam no próprio corpo — ou melhor, na própria alma — os processos postulados pela psicanálise, adquirem as convicções que depois os guiarão como analistas. Como posso então esperar convencê-lo da exatidão de nossas teorias, a um interlocutor imparcial a quem posso apenas oferecer uma exposição incompleta, abreviada e, portanto, não muito clara, e que não é reforçada por suas próprias experiências?

Minha intenção é outra. Não se trata, entre nós, de estabelecer se a análise é razoável ou absurda, se está certa nas coisas que afirma ou se incorre em grandes erros. Apresento-lhe nossas teorias porque esta é a melhor maneira de esclarecer-lhe o teor de ideias da psicanálise, com que premissas ela aborda o paciente e o que

---

* Segundo nota de James Strachey, equivaleria à atual "análise didática", não à célebre autoanálise de Freud, que teria gerado a psicanálise.

faz com ele. Assim poderemos lançar uma luz nítida sobre a questão da análise leiga. Mas fique tranquilo; tendo me acompanhado até agora, você já superou o pior, todo o restante lhe será mais fácil. Permita-me agora fazer uma pausa para respirar.

III

"Agora espero que, a partir das teorias da psicanálise, você possa nos dar uma ideia de como surge a doença neurótica."

Tentarei fazê-lo. Mas para isso teremos que estudar nosso Eu e nosso Id de uma nova perspectiva, a *dinâmica*, ou seja, considerando as forças que agem neles e entre eles. Até este momento nos contentamos com a descrição do aparelho psíquico.

"Desde que não seja tão incompreensível..."

Acredito que não. Logo você entenderá. Supomos, pois, que as forças que impelem o aparelho psíquico à atividade são geradas nos órgãos do corpo, como expressão das grandes necessidades físicas. Você deve se lembrar das palavras de nosso poeta-filósofo: "Fome e amor".* Aliás, um par de forças bastante respeitável! Chamamos tais necessidades físicas, na medida em que são estímulos à atividade psíquica, *Triebe* [instintos, impulsos], uma palavra que muitas línguas modernas nos

---

* Referência ao poema "Die Weltweisen" [Os sábios universais], de Schiller.

invejam. Esses instintos preenchem o Id; pode-se dizer, resumidamente, que toda a energia que há no Id vem deles. As forças que existem no Eu também não têm outra procedência, derivam daquelas no Id. Mas que querem os instintos? Satisfação, ou seja, o estabelecimento de situações em que as necessidades do corpo sejam aplacadas. O abaixamento da tensão das necessidades é sentido como algo prazeroso por nosso órgão da consciência; um aumento dela é logo sentido como desprazeroso. Dessas oscilações é que surge a série de sensações de prazer-desprazer, pela qual se regula a atividade de todo o aparelho psíquico. Falamos, então, de um *"domínio do princípio do prazer"*.

Se as exigências instintuais do Id não acham satisfação, surgem situações intoleráveis. Logo a experiência mostra que tais situações de satisfação podem ser produzidas apenas com o auxílio do mundo exterior. Com isso entra em ação a parte do Id voltada para o mundo exterior, o Eu. Se toda a força impulsora que põe o veículo em movimento é fornecida pelo Id, então o Eu assume, por assim dizer, o volante, sem o qual não se atinge nenhuma meta, naturalmente. Os instintos do Id pressionam por satisfação imediata, inexorável, mas desse modo nada alcançam, ou até mesmo sofrem danos palpáveis. É tarefa do Eu, então, evitar esse malogro, mediar entre as exigências do Id e as objeções do mundo exterior. Ele desenvolve sua atividade em duas direções. Por um lado, observa o mundo exterior com seu órgão sensorial, o sistema da consciência, a fim de agarrar o momento propício para uma satisfação sem danos;

por outro lado, influencia o Id, refreia suas "paixões", induz os instintos a adiar sua satisfação e até mesmo, se percebida a necessidade, a modificar suas metas, ou abandoná-las em troca de compensação. Ao assim domar os impulsos do Id, substitui o princípio do prazer, que antes era o único a decidir, pelo que denominamos *princípio da realidade*, que, embora tenha os mesmos objetivos finais, leva em conta as condições estabelecidas pelo mundo real externo. Mais tarde, o Eu aprende que há ainda outro meio para garantir a satisfação, além da mencionada *adaptação* ao mundo exterior. Pode-se intervir de maneira *transformadora* no mundo exterior, nele produzindo intencionalmente as condições que possibilitam a satisfação. Essa atividade se torna, então, a suprema realização do Eu; decidir quando é mais adequado controlar suas paixões e curvar-se ante a realidade, ou tomar o partido delas e opor-se ao mundo exterior, constitui a essência da sabedoria de viver.

"E o Id se conforma em ser assim dominado pelo Eu, quando é a parte mais forte, se o entendi bem?"

Sim, a coisa vai bem quando o Eu está de posse de toda a sua organização e capacidade de funcionamento, tem acesso a todas as partes do Id e pode influenciá-las. Não existe oposição natural entre Eu e Id, eles formam um conjunto e praticamente não se distinguem um do outro, em caso de saúde.

"Tudo isso é aceitável, mas não vejo, nessa relação ideal, o menor lugar para um distúrbio patológico."

Tem razão. Enquanto o Eu e suas relações com o Id cumprem essas exigências ideais, não há distúrbio neurótico. O ponto de irrupção da doença está num local inesperado, embora um conhecedor de patologia geral não se surpreenda com a confirmação de que justamente os mais significativos desenvolvimentos e diferenciações trazem em si o gérmen do adoecimento, do fracasso da função.

"Sua linguagem está muito erudita, não o compreendo."

Então precisarei fazer uma digressão. O pequeno ser vivo, como sabemos, é uma coisa frágil e miserável ante o poderoso mundo exterior, cheio de influências destrutivas. Um ser primitivo, que não desenvolveu suficientemente uma organização do Eu, acha-se exposto a todos esses "traumas". Vive apenas da "cega" satisfação de seus desejos instintuais, frequentemente sucumbindo por causa deles. A diferenciação de um Eu é, antes de tudo, um passo para a conservação da vida. É certo que nada se aprende com a destruição, mas, superando-se com êxito um trauma, atenta-se para a iminência de situações análogas, sinalizando o perigo por meio de uma repetição abreviada das impressões vivenciadas no trauma, mediante um *afeto de angústia*. Tal reação à percepção do perigo leva à tentativa de fuga, que pode salvar a vida até que se esteja forte o bastante para enfrentar os perigos do mundo exterior de maneira mais ativa, talvez agressivamente até.

"Isso está muito longe do que você prometeu falar."

Você não sabe como estou próximo de realizar o que prometi. Mesmo nos organismos que vêm a possuir uma organização do Eu eficiente, esse Eu se acha inicialmente fraco e pouco diferenciado no período da infância. Agora imagine o que ocorrerá se esse Eu impotente deparar com uma exigência instintual por parte do Id, à qual gostaria de resistir, pois sente que a sua satisfação seria perigosa, acarretaria uma situação traumática, uma colisão com o mundo exterior, e que não é capaz de dominar, pois ainda não tem força para isso. O Eu, então, trata o perigo instintual como se fosse um perigo externo, empreende uma tentativa de fuga, retira-se dessa parte do Id e a abandona ao seu destino, depois de recusar-lhe todas as contribuições que normalmente faz aos impulsos instintuais. Dizemos que o Eu efetua uma *repressão* desses impulsos instintuais. No momento isso tem o efeito de afastar o perigo, mas não se pode confundir impunemente o interior e o exterior. Não é possível escapar de si mesmo. O Eu segue, na repressão, o princípio do prazer, que normalmente costuma corrigir; por isso terá de arcar com os custos. Esses consistem em limitar duradouramente seu âmbito de poder. O impulso instintual está agora isolado, abandonado a si mesmo, inacessível, mas também não suscetível de influência. Segue seu próprio caminho. Mesmo depois, quando se acha fortalecido, o Eu não pode mais suspender a repressão; sua síntese é perturbada, uma parte do Id permanece terreno proibido para o Eu. Mas o impulso instintual isolado também não fica ocioso, sabe obter compensação pelo fato de lhe ser negada a satisfação normal, produz derivados psíquicos que o representam, liga-se a outros processos que, mediante sua influência, também arrebata ao Eu, e enfim irrompe no Eu e na consciência como formação substitutiva irreconhecivelmente distorcida, gera o que denominamos "sintoma". Subitamente deparamos com o fato de um distúrbio neurótico: um Eu inibido em sua síntese, que não tem influência sobre partes do Id, obrigado a renunciar a algumas de suas atividades para evitar um novo choque com o reprimido, que se esgota em ações defensivas geralmente inúteis contra os sintomas, os derivados dos impulsos reprimidos, e um Id no qual certos instintos se tornaram independentes, perseguem seus objetivos sem considerar os interesses da pessoa inteira e obedecem apenas às leis da psicologia primitiva que vigora nas profundezas do Id. Olhando a situação em seu conjunto, há uma fórmula simples para a gênese da neurose: o Eu fez a tentativa de suprimir de *forma inapropriada* determinadas parcelas do Id, isso fracassou e o Id se vingou. A neurose é, portanto, consequência de um conflito entre Eu e Id, no qual o Eu entra porque, como mostra a investigação minuciosa, busca manter sua flexibilidade* em relação ao mundo real externo. A oposição é entre mundo exterior e Id, e como o Eu, fiel à sua íntima natureza, toma o partido do mundo externo, entra em conflito com seu Id. Observe, entretanto, que não é o fato desse conflito que gera a condição para a doença — afinal, tais oposições entre realidade e Id são

---

* "Flexibilidade" é apenas uma das traduções possíveis para *Gefügigkeit*, como demonstra o fato de as cinco versões estrangeiras consultadas empregarem cinco outros termos: *docilidad*, *obediencia*, *subordinazione*, *adaptability*, *compliance*.

inevitáveis, e uma das constantes tarefas do Eu é mediar entre as duas partes —, mas a circunstância de que o Eu recorre ao insuficiente meio da repressão para lidar com o conflito. E mesmo isso tem sua razão no fato de o Eu ser pouco desenvolvido e impotente quando a tarefa lhe foi dada. As repressões decisivas ocorrem todas na primeira infância.

"Que singular trajetória! Seguirei seu conselho de não criticar, pois deseja apenas me mostrar o que a psicanálise pensa sobre a origem da neurose, para então expor o que ela faz para combatê-la. Eu teria várias perguntas a fazer, algumas apresentarei depois. Neste momento sinto a tentação de levar adiante sua linha de pensamento e arriscar uma teoria própria. Você abordou a relação mundo exterior-Eu-Id e estabeleceu como condição da neurose que o Eu, em sua dependência do mundo exterior, esteja em luta contra o Id. Não é concebível o outro caso, que o Eu se deixe arrastar pelo Id em tal conflito e rejeite a consideração pelo mundo externo? Que acontece neste caso? Em minha leiga concepção da natureza de uma doença mental, essa decisão do Eu poderia ser a condição para a doença mental. Tal afastamento da realidade parece ser o essencial nesta doença."

Sim, eu próprio imaginei essa possibilidade* e a considero pertinente, inclusive, mas demonstrá-la requer uma discussão de questões muito complicadas. Neurose e psicose são intimamente aparentadas e, no entanto, devem

---

* Cf. "Neurose e psicose" (1924) e "A perda da realidade na neurose e na psicose" (1924).

distinguir-se num ponto decisivo. Esse ponto poderia ser o partido tomado pelo Eu nesse conflito. Nos dois casos, o Id conservaria seu caráter de cega intransigência.

"Prossiga. Que indicações sua teoria nos dá para o tratamento das enfermidades neuróticas?"

Agora é fácil definir nosso objetivo terapêutico. Queremos restabelecer o Eu, livrá-lo de suas restrições, restituir-lhe o domínio sobre o Id, que perdeu em consequência de suas repressões passadas. Apenas com esse propósito fazemos a análise, toda a nossa técnica está voltada para essa meta. Temos de procurar as repressões acontecidas e induzir o Eu a corrigi-las com nossa ajuda, a lidar com os conflitos de maneira melhor do que uma tentativa de fuga. Como essas repressões são da primeira infância, o trabalho analítico nos conduz de volta a esse período. O caminho para as situações de conflito geralmente esquecidas, que pretendemos reavivar na lembrança do paciente, é indicado pelos seus sintomas, sonhos e pensamentos espontâneos, que, todavia, primeiramente temos de interpretar, traduzir, pois, sob a influência da psicologia do Id, assumiram formas de expressão alheias ao nosso entendimento. Acerca das ideias espontâneas, pensamentos e lembranças que o paciente — não sem relutância interior — pode nos comunicar, é lícito supor que de algum modo se vinculam ao material reprimido ou são derivados dele. Incitando o doente a superar suas resistências em comunicá-las, educamos seu Eu para vencer a inclinação a fugir e tolerar a aproximação do reprimido. No final, se conseguimos reproduzir em sua memória a situação da repressão, sua flexibilidade é enormemente recompensada. A diferença entre a época passada e a presente atua a seu favor, e aquilo que levou seu Eu infantil a fugir apavorado frequentemente parece apenas brincadeira de criança para o Eu adulto fortalecido.

IV

"Tudo o que você me disse até agora foi psicologia. Às vezes pareceu estranho, seco, obscuro, mas sempre foi — se posso usar o termo — 'limpo'. Ora, até o momento tive pouca informação sobre sua psicanálise, mas ouvi o rumor de que ela se ocupa sobretudo de coisas que não têm direito a esse predicado. Tenho a impressão de que há uma reticência deliberada no fato de até agora você não haver abordado esse tipo de coisa. E há outra dúvida que também não posso omitir. As neuroses são, como você próprio falou, distúrbios da vida psíquica. E coisas importantes como nossa ética, nossa consciência, nossos ideais, não teriam nenhuma participação nesses transtornos profundos?"

Ou seja, parece-lhe que até agora faltou, em nossas discussões, considerarmos tanto o que é mais elevado como o que é mais baixo. Mas isso é porque ainda não abordamos os conteúdos da vida psíquica. Permita-me agora fazer eu mesmo o papel de quem interrompe, de quem detém o avanço da conversa. Se lhe expus tanta psicologia, foi por desejar que você tenha a impressão de que o trabalho analítico é um exercício de psicologia aplicada, de uma psicologia, além do mais, que não se conhece fora da análise. O analista deve, antes de tudo, ter aprendido essa psicologia, a psicologia das profundezas ou do inconsciente, pelo menos aquilo que hoje se sabe dela. Precisaremos disso para nossas conclusões posteriores. Mas, agora, o que você quis dizer com a alusão à limpeza?

"Em toda parte se diz que nas análises são discutidas em detalhes as questões mais íntimas — e mais chocantes — da vida sexual. Se assim for — e de suas explanações psicológicas não pude concluir que seja necessariamente assim —, seria um forte argumento para permitir esses tratamentos aos médicos apenas. Como se pode admitir que outras pessoas, de cuja discrição não estamos seguros, de cujo caráter não temos garantia, disponham de liberdades tão perigosas?"

É verdade, os médicos gozam de certas prerrogativas no âmbito sexual; eles podem inclusive examinar os genitais. Embora não pudessem fazê-lo antes no Oriente; e alguns reformadores idealistas — você sabe a quem me refiro* — combateram essa prerrogativa. Mas você quer saber se na análise é assim, e por que tem de ser assim? — Exato, é assim.

Mas tem de ser assim, primeiramente, porque a análise se baseia na completa sinceridade. Nela a condição financeira do paciente, por exemplo, é abordada com a

---

* Provavelmente a Tolstói e seus discípulos, como se depreende de uma passagem em "Observações sobre o amor de transferência" (1915).

mesma franqueza e minúcia, a pessoa diz coisas que não revelaria a qualquer concidadão, mesmo não sendo ele um concorrente ou um auditor fiscal. Essa obrigação de total franqueza impõe ao analista uma grande responsabilidade moral, isso é algo que não discuto; pelo contrário, enfatizo energicamente. Em segundo lugar, tem de ser assim porque fatores da vida sexual têm papel muito importante, predominante, talvez específico, entre as causas e ensejos das doenças nervosas. Que pode a análise fazer senão apegar-se ao seu tema, ao material trazido pelo doente? O analista jamais atrai o paciente para o terreno do sexo, não lhe diz de antemão: "Trataremos das intimidades de sua vida sexual!". Deixa que inicie suas comunicações por onde quiser, e espera tranquilamente até que o próprio paciente toque nas questões sexuais. Eu costumo avisar a meus discípulos: Nossos adversários disseram que encontraremos casos em que o fator sexual não desempenha nenhum papel; cuidemos de não introduzi-lo na análise, não estraguemos a oportunidade de achar um caso assim. Mas até agora não tivemos tal sorte.

Sei, naturalmente, que nosso reconhecimento da sexualidade se tornou — confessadamente ou não — o mais forte motivo para a hostilidade à psicanálise. Pode isso nos abalar? Apenas mostra como é neurótica toda a nossa vida civilizada, pois os supostamente normais não se comportam de maneira muito diferente dos neuróticos. Na época em que, nos círculos estudiosos da Alemanha, a psicanálise era solenemente julgada — hoje em dia as coisas estão mais sossegadas —, um conferencista alegou ter autoridade especial, porque também deixava que os doentes se manifestassem, segundo afirmou. Evidentemente, para fins de diagnóstico e para testar as asseverações dos psicanalistas. Mas, acrescentou ele, "quando eles começam a falar de questões sexuais, digo-lhes para calar a boca". Que acha você de um método de prova como esse? A sociedade de estudiosos ovacionou o conferencista, em lugar de envergonhar-se dele, como devia. Apenas a certeza triunfante, gerada pela consciência dos preconceitos em comum, pode explicar o descaso pela lógica que esse conferencista demonstra. Anos depois, alguns de meus discípulos de então cederam à necessidade de libertar a sociedade humana do jugo da sexualidade, que a psicanálise deseja impor a esta. Um deles explicou que "sexual" não se refere absolutamente à sexualidade, e sim a algo mais, abstrato, místico; outro chegou a dizer que a vida sexual é apenas um dos âmbitos em que se exercita a necessidade de poder e domínio que impele o ser humano. Eles receberam muitos aplausos, ao menos no instante.

"Nisso eu me atrevo a tomar partido, por uma vez que seja. Parece-me bastante arriscado afirmar que a sexualidade não é uma necessidade natural, primordial, dos seres vivos, mas sim expressão de algo mais. Basta ver o exemplo dos animais."

Não importa. Não existe beberagem, por mais absurda que seja, que a sociedade não se disponha a engolir, se for anunciada como antídoto para a temida predominância do sexo.

Mas confesso-lhe que a relutância que você próprio demonstrou em atribuir ao fator sexual um papel relevante na gênese das neuroses não me parece condizer com sua função de interlocutor imparcial. Não receia que tal antipatia possa impedi-lo de formar um juízo justo?

"Lamento que diga isso. Sua confiança em mim parece abalada. Por que, então, não escolheu outro para interlocutor imparcial?"

Porque esse outro não pensaria de modo diferente de você. E, se já de antemão ele se dispusesse a reconhecer a importância da vida sexual, todos gritariam: "Mas esse não é um indivíduo imparcial, é um partidário seu!". Não, não perco a esperança de influir em sua opinião. Admito, porém, que para mim esta situação é diferente da anterior. Em nossa discussão psicológica, não importava se você me dava crédito ou não, desde que obtivesse a impressão de que se tratava de problemas puramente psicológicos. Desta vez, na questão da sexualidade, gostaria que você adquirisse a percepção de que seu mais forte motivo para se opor é justamente a hostilidade preconcebida que compartilha com muitos outros.

"Mas veja que me falta a experiência que lhe deu esta certeza inabalável."

Bem, agora posso continuar minha exposição. A vida sexual não é apenas um assunto picante, mas também um sério problema científico. Nela havia muita coisa nova a se aprender, e muita coisa peculiar a esclarecer. Já lhe disse que a psicanálise teve de remontar até aos primeiros anos da infância do paciente, pois nessa época, enquanto o Eu era fraco, ocorreram as repressões decisivas. Mas não é certo que na infância não há vida sexual, que ela começa apenas na puberdade? Pelo contrário, descobrimos que os impulsos instintuais sexuais acompanham a vida desde o nascimento, e que é justamente para se defender desses instintos que o Eu infantil realiza as repressões. Uma notável coincidência, não é verdade, que já uma criança pequena se revolte contra o poder da sexualidade, como depois o conferencista na sociedade de estudiosos e, depois ainda, os meus discípulos que propõem suas próprias teorias? Como sucede isso? A resposta mais geral seria que nossa cultura é construída às expensas da sexualidade, mas há muito mais a dizer sobre isso.

A descoberta da sexualidade infantil é um desses achados de que temos de nos envergonhar.* Ao que parece, alguns médicos pediatras sempre souberam dela, assim como algumas babás. Homens inteligentes, que se denominam psicólogos de crianças, puseram-se a falar, em tom recriminatório, de uma "profanação da infância". Mais uma vez, sentimentos em vez de argumentos! Nas assembleias políticas são comuns tais procedimentos. Alguém da oposição se levanta e denuncia um abuso na administração pública, no Exército, na Justiça etc. Ao que outro membro, muito provavelmente do governo, declara que tais alegações ofendem a honra do Estado, dos militares, da dinastia ou até mesmo da nação. De modo que elas não são verdadeiras. Sentimentos como esses não toleram ofensas.

---

* Entenda-se: por causa de sua natureza óbvia; cf. "Contribuição à história do movimento psicanalítico" (1914, cap. I).

Naturalmente, a vida sexual das crianças é diferente da dos adultos. A função sexual perfaz um desenvolvimento complicado, desde seu início até a forma final que nos é conhecida. Cresce a partir de numerosos instintos parciais com metas particulares e passa por várias fases de organização, até finalmente se pôr a serviço da procriação. Entre os instintos parciais, nem todos são igualmente aproveitáveis no resultado final; têm de ser desviados, remodelados e, em parte, suprimidos. Um desenvolvimento tão amplo não se realiza sempre de modo impecável, há inibições do desenvolvimento, fixações parciais em fases anteriores do desenvolvimento; quando, mais tarde, o exercício da função sexual encontra obstáculos, o afã* sexual — a libido, como dizemos — retrocede para esses pontos de fixação passados. O estudo da sexualidade infantil e suas transformações até a maturidade também nos deu a chave para a compreensão das assim chamadas perversões sexuais, que costumavam ser apresentadas com as devidas expressões de horror, mas cuja origem não era explicada. Todo esse campo é de enorme inte-

---

* "O afã": no original, *das Streben*, que os dicionários bilíngues dão como equivalente de "aspiração, ambição, tendência" e que é a substantivação do verbo que significa "aspirar a, esforçar-se por". Nestas *Obras completas* temos traduzido esse substantivo — e a forma *Strebung*, que Freud também usa — por "tendência", evitando empregar "impulso", normalmente reservado aqui para *Regung* e *Impuls*. Neste caso, porém, não caberia falar de "tendência sexual"; por isso recorremos a "afã". Outra alternativa poderia ser "ímpeto". As versões estrangeiras consultadas recorrem a: *tendencia, el querer-alcanzar, l'impulso, the [sexual] urge, urges*.

resse, mas para os fins de nossa conversa não há muito sentido em lhe relatar mais acerca disso. Naturalmente é preciso, para poder se orientar nessa área, ter conhecimentos de anatomia e fisiologia, que infelizmente não podem ser todos adquiridos na escola de medicina, e alguma familiaridade com a história da civilização e a mitologia também é indispensável.

"Após tudo isso, ainda não consigo formar uma ideia da vida sexual da criança."

Então me estenderei sobre o tema; de toda forma, não é fácil livrar-me dele. Veja, o que me parece mais notável, na vida sexual da criança, é o fato de que ela perfaz todo o seu grande desenvolvimento nos primeiros cinco anos de vida. Depois disso, até a puberdade, há o assim chamado período de latência, no qual — normalmente — a sexualidade não faz progressos; pelo contrário, o afã sexual perde em intensidade e muitas coisas que a criança já fazia e sabia são abandonadas e esquecidas. Nesse período da vida, depois que o florescimento precoce da sexualidade feneceu, formam-se aquelas atitudes do Eu que, sob forma de vergonha, nojo, moralidade, estão destinadas a fazer frente à tempestade da puberdade e indicar o caminho ao desejo sexual que novamente desperta. Isso que denominamos *começo em dois tempos da vida sexual* tem muita relação com a gênese das enfermidades neuróticas. Parece encontrar-se apenas no ser humano, talvez seja uma das condições para a prerrogativa humana de tornar-se neurótico. Antes da psicanálise, a pré-história da vida sexual foi tão ignorada quanto, em outro âmbito, o pano de fundo da vida psíquica consciente. Você suspeitará, com razão, que os dois estão intimamente ligados.

Sobre os conteúdos, manifestações e atividades desse primeiro período da sexualidade haveria muitas coisas a dizer que contrariam a expectativa. Por exemplo: você ficará espantado em saber que frequentemente os meninos pequenos têm medo de serem devorados pelo pai. (Não se admira também de eu incluir esse medo entre os fenômenos da vida sexual?) Mas deixe-me lembrar-lhe o mito, que talvez não tenha esquecido de seu tempo de escola, segundo o qual também o deus Cronos devora os filhos. Como deve lhe ter parecido estranho esse mito, quando o ouviu pela primeira vez! Mas acho que nenhum de nós pensou sobre ele então. Hoje podemos recordar vários contos de fadas em que surge um animal devorador, como o lobo, e nele reconhecer o pai disfarçado. Aproveito a ocasião para lhe assegurar que a mitologia e o mundo das fábulas só se tornam compreensíveis mediante o conhecimento da vida sexual infantil. Isso é, digamos assim, um ganho colateral dos estudos analíticos.

Não será menor sua surpresa ao ouvir que a criança do sexo masculino sofre do medo de que o pai lhe roube o membro sexual, de maneira que essa angústia da castração adquire forte influência no desenvolvimento de seu caráter e na decisão sobre sua orientação sexual. Também nisso a mitologia pode encorajá-lo a crer na psicanálise. O mesmo Cronos que devorou os filhos havia emasculado seu pai Urano e depois, em retaliação, foi emasculado por seu filho Zeus, que fora salvo pela argúcia da mãe. Caso você se incline a supor que tudo o que a psicanálise conta sobre a sexualidade das crianças vem da dissoluta imaginação dos analistas, admita ao menos que essa imaginação gerou as mesmas produções que a atividade imaginativa da humanidade primordial, da qual os mitos e fábulas são o precipitado. A outra concepção, mais amigável e provavelmente mais correta, seria que na vida psíquica das crianças podem ser comprovados, ainda hoje, os mesmos fatores arcaicos que um dia, nos primeiros tempos da cultura humana, predominaram de forma geral. A criança repetiria em seu desenvolvimento psíquico, abreviadamente, a história da raça, tal como se dá com o desenvolvimento físico, como a embriologia reconheceu há muito tempo.

Outra característica da sexualidade infantil dos primeiros anos é que o verdadeiro membro sexual feminino não tem nela papel nenhum — a criança ainda não o descobriu. Toda a ênfase cai sobre o membro masculino, todo o interesse se volta para a questão de saber se ele está presente ou não. Sabemos menos sobre a vida sexual da menina pequena do que sobre a do menino. Não precisamos nos envergonhar por essa diferença; afinal, também a vida sexual da mulher adulta é um *dark continent* [continente escuro] para a psicologia. Mas notamos que a garota sente muito a falta de um membro igual em valor àquele masculino, considerando-se inferior por causa disso, e que essa "inveja do pênis" dá origem a toda uma série de reações caracteristicamente femininas.

Também é próprio da criança que as duas necessidades excrementais sejam investidas de interesse sexual.

Mais tarde a educação estabelece aí uma distinção radical, que é novamente abolida quando se fazem chistes. Pode nos parecer repugnante, mas é notório que passa um bom tempo até a criança sentir nojo. Isso não é negado sequer pelos que defendem a pureza seráfica da alma infantil.

O que mais merece a nossa atenção, porém, é o fato de a criança dirigir seus desejos sexuais às pessoas que lhe são mais proximamente aparentadas, ou seja, em primeiro lugar, pai e mãe, e, em seguida, os irmãos. Para o menino, a mãe é o primeiro objeto de amor; para a menina, o pai — se uma disposição bissexual não favorecer simultaneamente a atitude contrária. O outro genitor é percebido como um rival incômodo e, não raro, visto com forte hostilidade. Compreenda-me: não quero dizer que a criança deseje apenas, do genitor favorito, a espécie de afeição em que nós, adultos, gostamos de enxergar a essência da relação entre os pais e o filho. Não, a análise não deixa dúvida de que os desejos do filho vão além dessa afeição, de que visam aquilo que entendemos como satisfação sensual, até onde vai a capacidade de imaginação infantil. É fácil ver que a criança jamais adivinha os verdadeiros fatos da união dos sexos, ela os substitui por outras noções, derivadas de suas experiências e percepções. Habitualmente, seus desejos culminam na intenção de dar à luz ou — de maneira vaga — gerar um filho. Nem mesmo o garoto, em sua ignorância, exclui o desejo de dar à luz um filho. A todo este edifício psíquico denominamos *complexo de Édipo*, com base na famosa lenda grega. Normalmente ele seria abandonado, inteiramente demolido e transformado no fim do primeiro período sexual, e os produtos dessa transformação estariam destinados a grandes funções na vida psíquica posterior. Mas isso, por via de regra, não ocorre de maneira radical o suficiente, e a puberdade provoca um reavivamento do complexo que pode ter graves consequências.

Admira-me que você não diga nada. Isso provavelmente não significa aprovação. — Quando a psicanálise afirmou que a primeira escolha de objeto da criança é *incestuosa* (para usar um termo técnico), ela tornou a ofender os mais sagrados sentimentos da humanidade e devia imaginar que suscitaria descrença, oposição e acusação. E assim aconteceu, em grande medida. Nada lhe prejudicou mais o nome, entre os contemporâneos, do que a proposição do complexo de Édipo como uma formação universal, inerente ao destino humano. O mito grego certamente significava isso, mas a maioria das pessoas de agora, tanto as instruídas como as não instruídas, prefere achar que a natureza instituiu em nós uma aversão inata, como proteção contra a possibilidade do incesto.

Inicialmente é a história que pode vir em nosso auxílio. Quando Júlio César chegou ao Egito, encontrou a jovem rainha Cleópatra (que logo se tornaria tão relevante para ele) casada com o irmão Ptolomeu, ainda mais jovem que ela. Isso não era algo excepcional na dinastia egípcia; os ptolomeus, originalmente gregos, apenas prosseguiam o costume que seus antecessores, os antigos faraós, haviam praticado por milhares de anos. Mas isso é apenas incesto entre irmãos, que ainda nos dias de hoje não é julgado tão severamente. Voltemo-nos, então, para a nossa principal testemunha sobre os tempos primitivos: a mitologia. Ela nos conta que os mitos de todos os povos, não apenas dos gregos, abundam em relações amorosas entre pai e filha, e até mesmo entre mãe e filho. A cosmologia e também a genealogia das linhagens reais se baseiam no incesto. Com que propósito você acha que foram feitas essas criações? Para estigmatizar os deuses e reis como criminosos, desviar para eles a repulsa da espécie humana? Foram feitas, isto sim, porque os desejos incestuosos são antiquíssima herança humana e nunca foram superados completamente, de modo que ainda se consentia sua realização aos deuses e seus descendentes quando a maioria dos comuns mortais já era obrigada a renunciar a eles. Em plena concordância com esses ensinamentos da história e da mitologia, vemos o desejo incestuoso presente e atuante ainda hoje na infância do indivíduo.

"Eu poderia levar a mal que você não pretendesse me revelar tudo isso sobre a sexualidade infantil. Justamente pela relação com os primórdios da história humana isso me parece muito interessante."

Eu temia que nos afastasse muito de nosso propósito. Mas talvez seja proveitoso, afinal.

"Agora me diga: que certeza você pode oferecer quanto aos resultados analíticos sobre a vida sexual da criança? Sua convicção se baseia apenas nas concordâncias com a mitologia e a história?"

Oh, de maneira nenhuma. Ela se baseia na observação direta. Foi assim: inicialmente inferimos o conteúdo da infância sexual das análises de adultos, ou seja, vinte a quarenta anos depois. Mais tarde fizemos análises nas próprias crianças, e foi um triunfo nada pequeno que nelas se confirmasse tudo o que havíamos conjecturado, apesar das superposições e deformações ocorridas naquele meio-tempo.

"Como? Você tomou em análise crianças pequenas, crianças com seis anos de idade? Isso é possível? E não é algo arriscado para elas?"

Pode ser feito sem problemas. É incrível tudo o que já sucede numa criança de quatro ou cinco anos de idade. As crianças são mentalmente bastante alertas nessa idade, o primeiro período sexual é também uma época de florescimento intelectual para elas. Tenho a impressão de que, ao entrar no período de latência, elas também se tornam mentalmente inibidas, mais tolas. Muitas também perdem algo do encanto físico. Quanto aos possíveis danos de uma análise empreendida tão cedo, posso lhe informar que a primeira criança na qual arriscamos fazer essa experiência, quase vinte anos atrás, veio a se tornar um jovem sadio e capaz, que atravessou a puberdade sem motivo para lamentos, apesar de sérios traumas psíquicos. É de esperar que as outras "vítimas" da análise infantil não tenham se saído pior. Muita coisa de interesse liga-se a essas análises de crianças; é possível que futuramente adquiram importância ainda maior. Para a teoria, seu valor é indiscutível. Elas fornecem respostas inequívocas a questões que permanecem não resolvidas na análise de adultos e, desse modo, guardam o analista de erros que poderiam ter graves consequências para ele. Surpreendemos em seu trabalho os fatores que conformam a neurose, e não podemos deixar de reconhecê-los. Não há dúvida de que, no interesse da criança, a influência analítica deve ser combinada com medidas pedagógicas. Essa técnica ainda aguarda aperfeiçoamento. Mas um interesse prático é despertado pela observação de que grande número de nossas crianças atravessa uma fase nitidamente neurótica em seu desenvolvimento. Desde que aprendemos a observar mais agudamente, inclinamo-nos a dizer que a neurose infantil não é a exceção, mas a regra, como se dificilmente pudesse ser evitada no caminho que vai da disposição infantil inata à sociedade civilizada. Na maioria dos casos, esse acesso neurótico dos anos da infância é superado espontaneamente; ele não poderia, por via de regra, deixar seus traços também nas pessoas medianamente sadias? Por outro lado, em nenhuma das que vêm a se tornar neuróticas deixamos de encontrar laços com a doença infantil, que pode não ter sido muito evidente na época. De modo bastante análogo, creio, os médicos afirmam atualmente que todo indivíduo chegou a adoecer de tuberculose na infância. É certo, porém, que no caso das neuroses não se pode falar em inoculação, apenas em predisposição.

Agora retomo sua pergunta sobre a certeza. De modo bastante geral, a direta observação analítica das crianças nos convenceu de que havíamos interpretado de forma certa as comunicações dos adultos sobre sua infância. Mas numa série de casos foi possível obter ainda outra espécie de confirmação. A partir do material da análise, havíamos reconstruído certos eventos exteriores que a memória consciente das pessoas doentes não conservara, e acasos felizes, informações dadas por parentes e babás, trouxeram a prova irrefutável de que tais ocorrências inferidas realmente haviam se dado. Naturalmente, não chegamos a isso com frequência; mas, quando sucedeu, produziu formidável impressão. É preciso que saiba que a reconstrução correta de tais vivências infantis esquecidas tem sempre um grande efeito terapêutico, admitam elas ou não a confirmação objetiva. Tais acontecimentos devem sua importância, naturalmente, ao fato de terem ocorrido tão cedo, num tempo em que ainda podiam atuar de maneira traumática sobre o Eu frágil.

"E de que espécie são os acontecimentos que devem ser encontrados através da análise?"

De vários tipos. Em primeiro lugar, impressões capazes de influenciar de forma duradoura a nascente vida sexual da criança, tais como observações de atividades sexuais entre adultos ou experiências sexuais próprias com um adulto ou com outra criança (ocorrências nada raras); e, além disso, a escuta de conversas que a criança não entendeu na época, ou somente depois, delas acreditando obter explicações sobre coisas misteriosas ou inquietantes, e também manifestações e atos da própria criança, que mostram uma significativa postura afetuosa ou hostil para com outras pessoas. Tem importância especial, na análise, fazer com que seja lembrada a atividade sexual esquecida da criança, juntamente com a intervenção de adultos que a ela pôs fim.

"Isso me fornece a oportunidade para uma pergunta que há muito queria lhe fazer. Em que consiste a 'atividade sexual' da criança nesse período, que, conforme diz, foi ignorada antes da psicanálise?"

Estranhamente, o que é mais comum e essencial nessa atividade sexual não foi ignorado; ou melhor, não é estranho, pois não podia ser ignorado. Os impulsos sexuais da criança se expressam sobretudo na autossatisfação mediante o estímulo dos próprios genitais — da parte masculina deles, na realidade. A extraordinária difusão desse "mau hábito" infantil sempre foi conhecida dos adultos, sendo ele visto como um grave pecado e severamente castigado. Mas não me pergunte como essa observação das inclinações imorais das crianças — pois estas fazem isso porque lhes dá prazer, como elas próprias afirmam — pode se conciliar com a teoria da inata pureza e assexualidade infantil. Deixe que os oponentes [da psicanálise] resolvam esse enigma. Para nós há um problema mais importante. Como agir em relação à atividade sexual da primeira infância? Sabemos da responsabilidade que assumimos ao reprimi-la,* mas não ousamos dar-lhe rédea livre. Em povos de baixa civilização e nas camadas inferiores dos povos civilizados a sexualidade das crianças parece não ter restrições. Assim provavelmente se obtém uma forte proteção contra

---

* "Ao reprimi-la": *durch ihre Unterdrückung* — literalmente, "por sua supressão" ou "repressão", conforme a tradução que se der ao substantivo (cf. nota sobre o termo em "A repressão", no v. 12 destas *Obras completas*); as versões consultadas utilizam: *yugular, sofocar, reprimere, suppress, repress*.

o posterior adoecimento neurótico do indivíduo, mas não implicaria, ao mesmo tempo, uma extraordinária perda na capacidade para realizações culturais? Há vários indícios de que nos achamos ante mais uma escolha entre Cila e Caríbdis.*

Quanto a saber se os interesses estimulados pelo estudo da vida sexual dos neuróticos criam uma atmosfera favorável ao despertar da lascívia, isso é algo que prefiro deixar a seu próprio julgamento.

V

"Acho que entendo seu propósito. Quer me mostrar que tipo de conhecimento se requer para o exercício da análise, para que eu possa julgar se apenas o médico deve ser autorizado a exercê-la. Bem, até agora surgiu pouca coisa ligada à medicina, houve muito de psicologia e algo de biologia ou sexologia. Mas talvez ainda não tenhamos chegado ao fim?"

Certamente não, ainda há lacunas a preencher. Posso lhe pedir algo? Quer me descrever como imagina agora um tratamento analítico — como se você mesmo fosse realizar um?

"Ora, isso pode ser interessante! Eu realmente não posso querer decidir nossa controvérsia por um expe-

---

* São os dois monstros com que depara Ulisses no canto XII da *Odisseia*, vv. 85-110; a expressão veio a designar uma situação crítica, um dilema.

rimento como esse, mas lhe farei o favor, a responsabilidade é sua. Suponho, então, que a pessoa doente me procure e se queixe de seus problemas. Eu lhe prometo melhora ou cura, caso ele siga minhas orientações. Solicito que me relate, com toda a franqueza, tudo o que sabe e que lhe vem à mente, e que não se desvie dessa intenção mesmo que lhe seja desagradável falar algumas coisas. Entendi bem essa regra?"

Sim. Deve apenas acrescentar que ele faça isso mesmo quando achar que o que lhe ocorre é insignificante ou sem sentido.

"Isso também. Então ele começa a falar e eu escuto. E depois? Com base no que ele diz, imagino que impressões, vivências, desejos ele reprimiu, porque lhe sucederam numa época em que seu Eu ainda era fraco e os temia, em vez de lidar com eles. Ao saber isso de mim, ele se coloca nas situações de outrora, e com minha ajuda se sai melhor. Então desaparecem as limitações que eram impostas a seu Eu, e ele se restabelece. Está bem assim?"

Bravo, bravo! Vejo que novamente poderão me recriminar por fazer um psicanalista de alguém que não é médico. Você absorveu muito bem isso.

"Apenas repeti o que lhe ouvi dizer, como algo que se aprendeu de cor. Não posso realmente imaginar como faria, e não compreendo absolutamente por que um trabalho desses tomaria tantos meses, com uma sessão diária. Em geral, um indivíduo comum não vivenciou tanta coisa, e o que foi reprimido na infância é provavelmente o mesmo em todos os casos."

Aprende-se muita coisa mais quando realmente se exerce a psicanálise. Por exemplo: você não acharia nada fácil inferir, do que o paciente comunica, as vivências que ele esqueceu, os impulsos instintuais que ele reprimiu. Ele lhe diz algo que inicialmente nada significa, tanto para você como para ele. Você terá que se decidir a considerar de uma maneira muito especial o material que ele, obedecendo à regra, lhe fornece. Como um minério bruto do qual se deve extrair, por determinados processos, o conteúdo de metal precioso. Você também estará preparado para trabalhar muitas toneladas de minério que talvez contenham muito pouco do material valioso que procura. Esta seria a primeira justificativa para a longa duração do tratamento.

"Mas como trabalhamos essa matéria-prima — para conservar sua analogia?"

Com a hipótese de que as informações e ideias espontâneas do paciente são apenas deformações do que é procurado, como que alusões a partir das quais você tem que adivinhar o que se acha escondido atrás. Numa palavra, primeiramente você tem que *interpretar* esse material, seja ele recordações, pensamentos espontâneos ou sonhos. Isso ocorre, naturalmente, levando em conta as expectativas que em você se formaram enquanto escutava, graças a seu conhecimento especializado.

"Interpretar! Eis uma palavra horrível. Não gosto de ouvi-la, tira-me toda segurança. Se tudo depender de minha interpretação, quem me garantirá que estou interpretando corretamente? Tudo ficará mesmo entregue ao meu arbítrio."

Calma, a coisa não é tão feia. Por que pretende excluir os *seus* processos psíquicos das leis que reconhece para os dos outros? Quando tiver adquirido certa disciplina e dispuser de determinados conhecimentos, suas interpretações não serão influenciadas por suas peculiaridades e resultarão corretas. Não digo que a personalidade do analista não faça diferença quanto a essa parte da tarefa. A questão é ter certa sensibilidade para o que é inconsciente e reprimido, e nem todos a possuem em igual medida. A isto se relaciona a obrigação de o analista fazer-se apto, mediante profunda análise própria, a acolher sem "pré-conceito" o material analítico. É certo que algo ainda resta, que pode ser comparado à "equação pessoal" em observações astronômicas. Esse fato individual sempre desempenhará, na psicanálise, um papel maior do que em outras áreas. Um indivíduo anormal pode vir a ser um bom físico; como analista, sua anormalidade sempre o impedirá de apreender sem distorções os quadros da vida psíquica. Já que ninguém pode demonstrar sua anormalidade, será muito difícil obter uma concordância geral nas questões da psicologia das profundezas. Alguns psicólogos acham mesmo que isso é totalmente impossível e que qualquer doido terá igual direito de apresentar sua doidice como sabedoria. Admito ser mais otimista nesse ponto. Nossa experiência mostra que também na psicologia pode-se chegar a concordâncias satisfatórias. Cada âmbito de pesquisa tem suas dificuldades próprias, que devemos nos esforçar por eliminar. Além disso, também na arte interpretativa da análise há coisas que se aprendem como qualquer outro material de estudo; por exemplo, aquilo relacionado à peculiar representação indireta por símbolos.

"Bem, já não tenho vontade de realizar um tratamento analítico nem mesmo em sonhos. Quem sabe as surpresas que me aguardariam?"

Faz bem em deixar de lado uma intenção dessas. Você pode notar quanto estudo e treinamento seriam necessários. Depois que você acha as interpretações certas, outra tarefa se impõe. Você tem de aguardar o momento certo de comunicar ao paciente sua interpretação, com perspectiva de êxito.

"E como perceber o momento certo em cada caso?"

É uma questão de tato, que pode ser refinado com a experiência. Você comete um grave erro quando, talvez num esforço para encurtar a análise, joga suas interpretações no rosto do paciente tão logo as encontra. Assim provoca nele manifestações de resistência, rejeição, indignação, e não consegue que seu Eu se apodere do material reprimido. A prescrição é esperar até que ele se aproxime deste a ponto de, orientado pela interpretação que você sugere, precisar apenas dar alguns passos mais.

"Eu creio que jamais aprenderia a fazer isso. E depois de tomar essas precauções na interpretação, o que acontece?"

Então você fará uma descoberta para a qual não estava preparado.

"Qual seria ela?"

A de que se enganou com seu paciente, de que não pode contar com a flexibilidade e cooperação dele, de que se acha disposto a criar toda espécie de dificuldades para o trabalho em comum; em suma, de que ele não quer se curar.

"Não, isso é a coisa mais louca que você me disse até agora! Também não posso acreditar nisso. O sujeito doente, que tanto sofre, que se queixa de seus males de forma tão tocante, que faz sacrifícios pelo tratamento, não quer se curar? Certamente não é isso que você quer dizer."

É isso mesmo, acredite. O que falei é a verdade, não a verdade inteira, mas parte considerável dela. É certo que o doente quer se curar, mas também não quer. Seu Eu perdeu a unidade, por isso ele também não mostra uma vontade una. Ele não seria um neurótico se fosse diferente.

"'Se eu fosse prudente, não seria o Tell.'"*

Os derivados do reprimido irromperam em seu Eu, nele se firmaram, e o Eu tem tão pouco domínio sobre as tendências dali originadas quanto sobre o reprimido mesmo, e habitualmente nada sabe acerca delas. Pois esses pacientes são de um tipo especial, e oferecem dificuldades com que não costumamos lidar. Todas as nossas instituições sociais foram feitas para pessoas com um Eu normal, uno, que se pode classificar como bom ou mau, que ou cumpre sua função ou é excluído por uma influência muito poderosa. Daí vem a alternativa judicial: responsável ou não responsável. Essas distinções não se aplicam aos neuróticos. Deve-se admitir

---

* Citação de Friedrich Schiller, *Wilhelm Tell*, ato III, cena 3; no original: *"Wär' ich besonnen, hieß ich nicht der Tell"*.

que não é fácil adequar as exigências sociais à sua condição psicológica. Isso foi visto em grande escala na última guerra. Os neuróticos que se furtavam ao serviço militar eram fingidores ou não? Eram as duas coisas. Quando eram tratados como fingidores e a condição de doente se tornava muito incômoda para eles, curavam-se; quando aqueles supostamente curados eram enviados para o serviço, logo se refugiavam de novo na doença. Nada se podia fazer com eles. E o mesmo sucede com os neuróticos da vida civil. Queixam-se de sua doença, mas exploram-na o quanto podem, e, quando queremos livrá-los dela, defendem-na como faz a leoa com os filhotes, não havendo sentido em recriminá-los por essa contradição.

"Mas não seria então melhor não dar tratamento a estas pessoas difíceis, e sim abandoná-las a si mesmas? Não posso acreditar que valha a pena dedicar a cada uma delas tanto esforço como imagino que faz um analista, de acordo com suas palavras."

Não posso aprovar tal sugestão. Certamente é mais correto aceitar as complicações da vida do que rebelar-se contra elas. Pode ser que nem todo neurótico que tratamos mereça o empenho de uma análise, mas também há pessoas muito valiosas entre eles. Nosso objetivo deve ser que o menor número possível de indivíduos enfrente a vida civilizada com tão precário equipamento psíquico, e para isso temos de juntar muita experiência, aprender a compreender muita coisa. Cada análise pode ser instrutiva, pode trazer novos esclarecimentos, não importando o valor pessoal de cada paciente.

"Mas se no Eu do doente se formou a vontade* de manter a doença, ela tem de evocar razões e motivos, de poder justificar-se com algo. É impossível entender por que uma pessoa deseja ficar doente, o que ela obtém com isso."

Oh, não é difícil. Pense nos neuróticos de guerra, que não têm de prestar serviço porque estão doentes. Na vida civil, a doença pode ser utilizada como proteção para esconder as deficiências da pessoa no trabalho e na competição com as outras; na família, como um meio de impor a própria vontade às outras e fazê-las sacrificar-se e dar provas de amor. Tudo isso está próximo da superfície; nós o denominamos "ganho [benefício] da doença". Digno de nota é que o doente, seu Eu, nada sabe da vinculação entre esses motivos e suas ações consequentes. Combate-se a influência de tais tendências obrigando o Eu a tomar conhecimento delas. Mas ainda há outros motivos, mais profundos, para apegar-se à doença, com os quais não é tão fácil lidar. Sem uma nova incursão na teoria psicanalítica não se pode entendê-los, porém.

"Continue, um pouco mais de teoria já não faz diferença agora."

Quando lhe expus a relação entre Eu e Id, omiti uma parcela importante da teoria do aparelho psíquico: fomos obrigados a supor que no próprio Eu diferenciou-se

---

* "Vontade": no original se encontra *Willensregung*, formado de *Wille*, "vontade", e *Regung*, que costumamos verter por "impulso". As versões estrangeiras consultadas empregam: *impulso volitivo*, *moción voluntaria*, *intenzionale tendenza*, *volitional impulse*, [*conceived*] *the Will*.

uma instância particular, que chamamos "Super-eu". Esse Super-eu tem uma posição especial entre o Eu e o Id. Pertence ao Eu, partilha a elevada organização psíquica deste, mas se acha em relação bastante íntima com o Id. É, na realidade, o precipitado das primeiras relações objetais do Id, o herdeiro do complexo de Édipo, após o desaparecimento deste. Esse Super-eu pode contrapor-se ao Eu, tratá-lo como um objeto, e frequentemente o trata de maneira bastante dura. Para o Eu, é tão importante estar em harmonia com o Super-eu quanto com o Id. Desavenças entre Eu e Super-eu têm grande relevância para a vida psíquica. Você já adivinha que o Super-eu é o portador do fenômeno que chamamos "consciência moral". Para a saúde psíquica interessa muito que o Super-eu tenha se desenvolvido normalmente, isto é, que tenha se tornado impessoal o bastante. Justamente isso não acontece no neurótico, cujo complexo de Édipo não experimentou a transformação correta. Seu Super-eu ainda confronta o Eu tal como um pai severo faz com o filho, e sua moralidade consiste, de modo primitivo, em o Eu ser castigado pelo Super-eu. A doença é utilizada como meio para essa "autopunição", o neurótico tem de comportar-se como se o dominasse um sentimento de culpa que, para sua satisfação, necessita da doença como punição.

"Isso realmente parece muito misterioso. O mais notável nisso é que o doente não se torne consciente desse poder de sua consciência moral."

Sim, nós apenas começamos a avaliar o significado dessas importantes relações. Por isso minha exposição foi inevitavelmente obscura. Agora posso continuar. Denominamos "resistências" do paciente a todas as forças que se opõem ao trabalho da cura. O ganho obtido com a doença é a fonte de tal resistência, o "sentimento de culpa inconsciente" representa a resistência do Super-eu, é o fator mais poderoso e o que mais tememos. Ainda encontramos outras resistências durante o tratamento. Se, no primeiro período, a angústia fez o Eu realizar uma repressão, essa angústia ainda persiste e se manifesta então como uma resistência, quando o Eu se aproxima do material reprimido. Enfim, pode-se imaginar que surjam dificuldades quando um processo instintual, que durante décadas seguiu determinado caminho, subitamente deve tomar o novo caminho que lhe foi aberto. Isso pode ser denominado resistência do Id. A luta contra todas essas resistências é nosso principal trabalho no curso do tratamento analítico; a tarefa das interpretações não é nada, comparada a ela. Mas, através dessa luta e da superação das resistências, o Eu do paciente é tão modificado e fortalecido que podemos ficar tranquilos quanto ao seu comportamento futuro, após o fim da terapia. Por outro lado, agora você compreende porque necessitamos de tratamentos longos. A extensão do curso de desenvolvimento e a riqueza do material não são os fatores decisivos. A questão é se o caminho está livre. Num trecho de estrada que é percorrido em algumas horas de trem, em tempos de paz, um exército pode ficar retido por semanas, se ali tiver de enfrentar a resistência de um inimigo. Essas lutas também requerem tempo na vida psíquica. Infelizmente, devo constatar que até agora fracassaram todos os esforços de apressar bastante a terapia analítica. A melhor maneira de encurtá-la parece ser realizá-la corretamente.

"Se eu ainda tivesse vontade de me meter em sua seara e tentar analisar alguém, o que você diz sobre as resistências me curaria definitivamente disso. Mas e quanto à influência pessoal que você admitiu? Ela não atua contra as resistências?"

É bom que você pergunte sobre isso. Essa influência pessoal é a nossa arma dinâmica mais poderosa, é o elemento novo que introduzimos na situação, e com o qual a fazemos andar. O conteúdo intelectual de nossas explicações não pode fazer isso, pois o doente, que partilha todos os preconceitos de seu ambiente, não acredita nelas necessariamente mais do que os nossos críticos do mundo científico. O neurótico participa do trabalho porque acredita no analista, e tem fé nele porque adquire uma especial atitude emocional para com a pessoa do analista. Também a criança acredita somente nas pessoas a quem está ligada. Já lhe disse para que utilizamos essa grande influência "sugestiva". Não para a supressão dos sintomas — é isso que distingue o método analítico de outros procedimentos de psicoterapia —, mas como força motriz para induzir o Eu do paciente a superar suas resistências.

"E quando conseguem isso, tudo corre perfeitamente, então?"

Sim, deveria. Mas surge uma complicação inesperada. Foi talvez a maior surpresa para o analista o fato de a relação afetiva que o doente estabelece com ele ser de uma natureza bastante peculiar. Já o primeiro médico que tentou fazer uma análise (não fui eu) deparou com esse fenômeno — e ficou desorientado com ele. Pois essa relação afetiva tem — para falar de modo claro — a natureza de uma paixão.* Curioso, não é? Sobretudo quando você leva em conta que o analista nada faz para provocá-la, que, pelo contrário, mantém-se humanamente à distância do paciente, rodeando sua própria pessoa de uma certa reserva. E quando, além disso, você é informado de que essa estranha relação amorosa desconsidera quaisquer outros dados reais que pudessem favorecê-la, e ignora todas as variantes envolvidas na atração pessoal, de idade, sexo e classe. Esse amor é *compulsivo*. Não que essa característica esteja ausente na paixão espontânea. Como você sabe, sucede frequentemente o contrário, mas na situação analítica esse amor se produz com total regularidade, não encontrando nela uma explicação racional. Acreditaríamos que a relação do paciente com o analista deve comportar apenas certo grau de respeito, confiança, gratidão e simpatia humana. Em vez disso temos essa paixão, que dá ela mesma a impressão de um fenômeno doentio.

"Bem, eu acreditaria que isso favorece seus propósitos terapêuticos. Quando a pessoa ama, é sempre dócil, faz tudo pelo outro."

---

* "Paixão": no original, *Verliebtheit*, que também pode ser traduzido por "enamoramento", como fizemos em *Psicologia das massas e análise do Eu* (1920; cap. VIII, "Enamoramento e hipnose"), e que significa literalmente o estado de estar apaixonado (*verliebt*).

Sim, no começo é favorável, mas depois, quando essa paixão se aprofunda, aparece inteiramente sua natureza, em que muita coisa não se concilia com a tarefa da análise. O amor do paciente não se contenta em obedecer, torna-se exigente, requer satisfações afetuosas e sensuais, pede exclusividade, desenvolve ciúmes, mostra cada vez mais seu lado reverso, a disposição à hostilidade e à vingança quando não pode atingir seus propósitos. Ao mesmo tempo, como toda paixão, repele todos os demais conteúdos psíquicos, extingue o interesse no tratamento e na cura — em suma, não podemos duvidar de que tomou o lugar da neurose e que nosso trabalho teve o efeito de substituir uma forma de doença por outra.

"Isso é desanimador. Que fazer então? A análise teria de ser abandonada; mas se, como você diz, isso ocorre em todo caso, então seria impossível fazer qualquer análise."

Primeiro vamos aproveitar a situação e aprender com ela. O que aprendemos pode nos servir para governá-la. Não é bastante digno de nota que consigamos transformar uma neurose, seja qual for seu conteúdo, num estado de paixão doentia?

Essa experiência fortalece bastante a nossa convicção de que a neurose tem por base uma parte da vida amorosa empregada de forma anormal. Com essa percepção voltamos a pisar terra firme, agora podemos tomar essa paixão mesma como objeto da análise. E fazemos outra observação. Não é em todos os casos que essa paixão psicanalítica se manifesta do modo claro e gritante como busquei descrevê-la. Por que isso não acontece? Logo percebemos. Na mesma medida em que os lados sensuais e os hostis de sua paixão se mostram, também desperta a oposição do paciente a eles. Ele os combate, procura reprimi-los ante os nossos olhos. Agora entendemos o que sucede. O paciente *repete*, em forma de paixão pelo analista, vivências psíquicas por que passou antes — ele *transfere* para o analista atitudes psíquicas que se acham prontas dentro dele e estão intimamente ligadas à origem de sua neurose. Ele também repete suas reações defensivas de então sob os nossos olhos, gostaria muito de repetir todas as vicissitudes daquele período esquecido da vida em sua relação com o analista. O que ele nos mostra é, portanto, o âmago de sua história íntima, *ele o reproduz de forma palpável, como algo presente, em vez de recordá-lo*. Assim é solucionado o enigma do amor de transferência, e a análise pode prosseguir justamente com o auxílio da nova situação, que parecia tão ameaçadora para ela.

"Isso é algo refinado. E o doente acredita facilmente que não está apaixonado, mas apenas se vê obrigado a reencenar uma velha peça?"

Tudo agora depende disso, e toda a habilidade no manejo da transferência consiste em obter isso. Como vê, as exigências da técnica analítica alcançam o auge nesse ponto. Aí podem ser cometidos os mais graves erros ou angariados os maiores sucessos. A tentativa de evitar as dificuldades, suprimindo ou negligenciando a transferência, seria algo absurdo. Não importando o que mais se fizesse, não mereceria o nome de análise. Mandar embora o doente tão logo surgem as inconveniências de sua neurose de transferência tampouco faria sentido, além de ser uma covardia. Seria mais ou menos como conjurar espíritos e depois fugir tão logo aparecessem. É certo que às vezes não se pode fazer outra coisa; há casos em que não se consegue dominar a transferência desencadeada e se tem de interromper a análise, mas é preciso ao menos haver lutado por todos os meios contra os maus espíritos. Ceder às solicitações da transferência, contentar os desejos de satisfação afetuosa e sensual do paciente, é não apenas vetado justificadamente por considerações morais, mas também totalmente inapropriado como recurso técnico para se alcançar o propósito analítico. Um neurótico não pode ser curado por lhe possibilitarem repetir sem correção um clichê inconsciente já pronto dentro dele. Se o analista faz compromissos com ele, oferecendo-lhe satisfações parciais em troca de subsequente cooperação na análise, deve atentar para não se ver na cômica situação do religioso que tinha de converter um agente de seguros bastante adoecido. O doente não se converteu, mas o religioso saiu com uma apólice de seguro. A única saída possível para a situação da transferência é referi-la ao passado do doente, como ele realmente a viveu ou a conformou pela atividade da imaginação realizadora de desejos. E isso requer muita habilidade, paciência, calma e abnegação por parte do analista.

"E onde você acha que o neurótico vivenciou o modelo de seu amor de transferência?"

Em sua infância, por via de regra na relação com um dos genitores. Você se lembra que importância tivemos de atribuir a essas primeiras relações afetivas. Então o círculo se fecha.

"Você terminou, finalmente? Estou meio confuso com a quantidade de coisas que ouvi. Diga-me apenas como e onde se aprende o que é necessário para exercer a psicanálise."

No momento há dois institutos para o ensino da psicanálise. O primeiro está em Berlim, foi fundado pelo dr. Max Eitingon, membro da sociedade psicanalítica de lá. O segundo é mantido pela Sociedade Psicanalítica de Viena com sacrifícios consideráveis. A participação das autoridades se resume, por agora, nas várias dificuldades que criam para o novo empreendimento. Um terceiro instituto de ensino está sendo aberto em Londres pela sociedade de psicanálise local, sob a direção do dr. Ernest Jones. Nesses institutos os candidatos se submetem eles próprios à análise, recebem instrução teórica, com aulas em todos os assuntos relevantes para eles, e desfrutam da supervisão de analistas mais velhos e experientes, quando lhes permitem fazer as primeiras tentativas em casos mais leves. Calcula-se aproximadamente dois anos para essa formação. Naturalmente, após esse tempo o indivíduo é apenas um iniciante, não é ainda um mestre. O que ainda falta precisa ser adquirido na prática e pela troca de ideias nas sociedades psicanalíticas, em que membros mais jovens se encontram com aqueles mais velhos. A preparação para a atividade analítica não é simples e fácil, o trabalho é duro e a responsabilidade é grande. Mas quem passou por essa aprendizagem foi ele próprio analisado, compreendeu o que hoje se pode ensinar da psicologia do inconsciente, está informado da ciência da vida sexual e aprendeu a difícil técnica da psicanálise, a arte da interpretação, o combate às resistências e o manejo da transferência, *esse não é mais um leigo no campo da psicanálise*. Está capacitado a empreender o tratamento de distúrbios neuróticos e poderá, com o tempo, realizar tudo o que se pode requerer dessa terapia.

VI

"Você fez um grande esforço para me mostrar o que é a psicanálise e que conhecimentos são necessários para exercê-la com perspectivas de êxito. Ótimo, gostei de escutá-lo. Mas não sei como espera que suas explicações influam no meu julgamento. O que vejo não tem nada de extraordinário em si mesmo. As neuroses são um tipo especial de doença, a análise é um método especial para o tratamento delas, uma especialidade médica. Também em outras áreas o médico que escolheu uma disciplina especial não se contenta com a formação registrada no diploma. Sobretudo quando pretende se estabelecer numa cidade grande, o único lugar onde cabem especialistas. Quem quer se tornar cirurgião busca servir alguns anos numa clínica de cirurgia; o mesmo vale para um oftalmologista, um laringologista etc. — e mais ainda um psiquiatra, que talvez nunca abandone uma instituição do Estado ou um sanatório. Assim também com um psicanalista: quem se decidir por essa nova especialidade médica deverá, após o estudo, fazer os dois anos de formação de que você falou, se realmente for preciso um tempo tão longo. Depois ele notará como é proveitoso manter contato com seus colegas numa sociedade psicanalítica, e tudo correrá muitíssimo bem. Só não compreendo onde entra a questão da análise leiga."

Um médico que faz isso que você prometeu em seu nome será bem-vindo para nós todos. Oitenta por cento das pessoas que reconheço como meus discípulos são médicos, em todo caso. Mas permita-me expor-lhe como se configuraram realmente as relações dos médicos com a psicanálise e como provavelmente se desenvolverão no futuro. Os médicos não têm o direito histórico à posse exclusiva da psicanálise; pelo contrário, até recentemente fizeram tudo para prejudicá-la, da mais tola zombaria à mais grave calúnia. Você dirá, com razão, que isso é coisa do passado e não deve influir no futuro. Concordo, mas receio que o futuro será diferente do que previu.

Deixe-me dar à palavra "curandeiro"* o sentido a que faz jus, em vez do significado legal. Para a lei, um curandeiro é aquele que trata doentes sem possuir um diploma do Estado para provar que é um médico. Eu daria preferência a outra definição: curandeiro é aque-

---

* "Curandeiro": ver nota sobre o termo original, *Kurpfuscher*, na p. 125. Dois dos tradutores consultados preferiram usar, nesse ponto, uma palavra diferente daquela que empregaram antes: *curandero*, idem, *ciarlatano*, *quack*, *medical impostor*.

le que empreende uma terapia sem possuir os conhecimentos e capacidades que ela requer. Com base nessa definição, atrevo-me a afirmar que — não apenas nos países europeus — os médicos formam o maior contingente de curandeiros na psicanálise. Com muita frequência eles exercem a psicanálise sem tê-la aprendido e sem compreendê-la.

De nada vale querer objetar que isso é inescrupuloso, que você não acredita que os médicos o façam. Segundo você, os médicos sabem que um diploma médico não é uma licença de caça e um doente não é uma presa; e que sempre devemos supor que um médico age em boa-fé, embora talvez estando equivocado.

Os fatos persistem; vamos esperar que eles se expliquem como você pensa. Tentarei lhe mostrar como é possível que um médico se comporte, em matéria de psicanálise, de uma forma que evitaria cuidadosamente em qualquer outro campo.

Nisso devemos considerar, em primeiro lugar, que na faculdade o médico recebeu uma formação que é mais ou menos o oposto do que ele necessitaria como preparação para a psicanálise. Sua atenção foi dirigida para fatos objetivamente verificáveis de anatomia, física e química; o sucesso da prática médica depende da exata compreensão e adequada modificação deles. O problema da vida é colocado em seu horizonte tal como até agora se explicou para nós, a partir do jogo das forças observáveis também na natureza inorgânica. Não é despertado o interesse pelos aspectos psíquicos dos fenômenos da vida, não concerne à medicina o estudo das realizações mentais superiores, isso é domínio de outra faculdade. Somente a psiquiatria deveria se ocupar dos transtornos das funções psíquicas, mas sabemos de que modo e com que intenção ela o faz. Ela busca os determinantes físicos dos distúrbios psíquicos e os trata como outras causas de doenças.

A psiquiatria está certa nisso, e a formação médica é claramente muito boa. Se dela afirmamos que é unilateral, temos de primeiramente explicitar o ponto de vista a partir do qual essa característica se torna uma objeção. Toda ciência, em si, é unilateral; tem de sê-lo, por restringir-se a determinados conteúdos, perspectivas e métodos. É um contrassenso — que não desejo partilhar — jogar uma ciência contra a outra. A física não diminui o valor da química, não pode tomar seu lugar, e tampouco pode ser substituída por ela. Sem dúvida, a psicanálise é especialmente unilateral, como ciência do inconsciente psíquico. Portanto, não deve ser negado às ciências médicas o direito à unilateralidade.

O ponto de vista que buscamos será encontrado apenas se nos voltarmos da medicina científica para a terapêutica* prática. O indivíduo doente é um ser complicado, ele nos adverte que também os fenômenos psíquicos, de tão difícil compreensão, não podem ser excluídos do quadro da vida. E o neurótico é uma

---

* "Terapêutica": no original, *Heilkunde*, composto de *heilen*, "curar", e *Kunde*, "ciência, saber" — é o termo germânico que equivale a "medicina", de procedência latina e usado na mesma frase (*Medizin*, na grafia alemã).

complicação indesejável, um embaraço tanto para a medicina como para a Justiça e o serviço militar. Mas ele existe, e concerne muito especialmente à medicina. E a instrução médica não faz nada, absolutamente nada, para sua avaliação e seu tratamento. Dada a íntima relação entre as coisas que diferenciamos como físicas e como psíquicas, pode-se prever que chegará o dia em que se abrirão caminhos — de conhecimento e, esperamos, também de influência — da biologia dos órgãos e da química para o âmbito dos fenômenos neuróticos. Esse dia ainda parece distante, atualmente esses estados patológicos nos são inacessíveis desde o lado médico.

Seria tolerável se a instrução médica apenas falhasse em orientar os médicos no âmbito das neuroses. Faz mais do que isso, porém: ela lhes dá uma atitude errada e prejudicial. Como não tiveram o interesse despertado para os fatores psíquicos da vida, os médicos se acham predispostos a subestimá-los e a ridicularizá-los como pouco científicos. Por isso não são capazes de levar realmente a sério o que tem relação com eles e não sentem as obrigações que deles decorrem. Em razão disso, incorrem na falta de respeito dos leigos ante a pesquisa psicológica e tornam fácil sua própria tarefa. Sim, é preciso tratar os neuróticos, porque são doentes e se dirigem ao médico, e também é preciso tentar sempre algo novo. Mas por que dar-se ao trabalho de uma preparação demorada? Também desse outro modo pode funcionar; sabe-se lá que valor tem o que ensinam nos institutos psicanalíticos! Quanto menos esses médicos entendem do assunto, mais arrojados se tornam. Apenas o homem que realmente sabe se torna modesto, pois faz ideia de como é insuficiente este saber.

Portanto, não é válida a comparação da especialidade analítica com outras disciplinas médicas, que você fez para me apaziguar. Em cirurgia, oftalmologia etc., a própria faculdade oferece a possibilidade de continuar a formação. Os institutos de ensino da psicanálise são poucos, existem há pouco tempo e não possuem autoridade. A faculdade de medicina não os reconheceu e não se interessa por eles. Um médico jovem, que, tendo de dar crédito a seus mestres em tantas coisas, pouca oportunidade teve de formar seu próprio juízo, de bom grado aproveitará a ocasião de enfim fazer também o papel de crítico.

Ainda há outras circunstâncias que podem levá-lo a atuar como curandeiro psicanalítico. Se ele quisesse realizar operações de olhos sem a devida preparação, o fracasso de suas remoções de cataratas e iridectomias e a fuga dos pacientes poriam fim à sua temeridade. Já o exercício da psicanálise é relativamente inócuo para ele. O público está acostumado a que as operações oftalmológicas tenham bons resultados e sempre espera a cura. Mas se um "médico de nervos" não restaura a saúde dos pacientes, ninguém se surpreende com isso. As pessoas não estão habituadas a êxitos na terapia dos neuróticos; pelo menos o médico "ocupou-se bastante deles". Pois aí não há muito que se possa fazer, a natureza tem que ajudar, ou então o tempo. Na mulher, primeiro temos a menstruação, depois o casamento, mais tarde a menopausa. Por fim, a morte ajuda realmente. Além disso, o que o analista médico fez com o neurótico é tão pouco notório que não dá margem a objeções. Ele não utilizou instrumentos ou medicamentos, apenas conversou com ele, buscou persuadi-lo ou dissuadi-lo de algo. Isso não pode fazer mal, especialmente quando se evitou tocar em coisas dolorosas ou estimulantes. O analista médico, tendo se libertado da aprendizagem estrita, certamente não deixará de tentar aperfeiçoar a análise, tirando-lhe o veneno e tornando-a mais agradável para os doentes. E é bom que ele fique nessa tentativa, pois se realmente ousasse despertar as resistências e depois não soubesse como enfrentá-las, então poderia realmente se fazer malquisto.

Em nome da honestidade, deve-se admitir que a atividade de um analista sem treino é mais inofensiva para o doente que a de um cirurgião sem habilidade. Os possíveis danos se limitam ao fato de o paciente ser induzido a um dispêndio inútil e de perder ou piorar as chances de cura. Além de a reputação da terapia analítica ser prejudicada. Claro que tudo isso é indesejável, mas não se compara ao perigo que pode representar o bisturi de um cirurgião curandeiro. Mesmo com o emprego inábil da análise não se deve temer um agravamento severo e duradouro do estado patológico, a meu ver. As reações desagradáveis acabam após certo tempo. Ao lado dos traumas da vida, que provocaram a doença, o algum mau trato sofrido nas mãos do médico não chega a contar. Apenas ocorre que a tentativa terapêutica inadequada não beneficiou o paciente.

"Ouvi sua descrição do curandeiro médico dentro da psicanálise sem interrompê-lo, mas com a impressão de que é dominado pela hostilidade em relação à classe médica, hostilidade que se explica historicamente, como você mesmo indicou. Uma coisa lhe concedo, porém: se deve haver análises, elas devem ser feitas por gente bastante treinada para isso. Você não acha que, com o tempo, os médicos que se voltam para a análise farão tudo para obter essa formação?"

Receio que não. Enquanto não mudar a relação da faculdade com o instituto de ensino psicanalítico, a tentação de tornar as coisas mais fáceis continuará sendo muito grande para os médicos.

"Mas você parece evitar sistematicamente uma afirmação direta sobre a questão da análise leiga. Devo imaginar que você propõe que, sendo impossível controlar os médicos que querem analisar, deve-se, como que por vingança, para castigá-los, tirar-lhes o monopólio da análise e abrir essa atividade médica também aos leigos."

Não sei se você imaginou corretamente os meus motivos. Talvez eu possa, mais adiante, dar-lhe prova de uma atitude menos parcial. Mas enfatizo a exigência de que *não deve exercer a psicanálise quem não tenha adquirido o direito de fazê-lo, mediante uma formação específica*. Se essa pessoa é ou não médico parece-me secundário.

"Que propostas específicas você tem a fazer, então?"

Ainda não cheguei a esse ponto, e não sei se um dia chegarei. Eu gostaria de abordar uma outra questão com você, mas tocando primeiramente em determinado tema. Dizem que as autoridades, por injunção da classe médica, querem proibir a todos os leigos o exercício da análise. Tal proibição atingiria também os membros não médicos da sociedade de psicanálise, que tiveram excelente formação e ainda se aperfeiçoaram na prática. Se isso ocorrer, teremos uma situação em que vários indivíduos estarão impedidos de exercer uma atividade que, podemos estar seguros, são capazes de realizar muito bem, enquanto a mesma atividade é liberada a outros que estão longe de ter essa garantia. Isso não é exatamente o resultado que uma legislação pretenda alcançar. No entanto, esse problema especial não é muito importante, nem difícil de ser resolvido. Trata-se de um grupo de pessoas que poderão ser gravemente prejudicadas. Provavelmente emigrarão para a Alemanha, onde, sem obstáculos de natureza legal, logo terão sua competência reconhecida. Se houver o desejo de lhes poupar isso, atenuando-lhes o rigor da lei, não será difícil fazê-lo, baseando-se em precedentes conhecidos. Na Áustria monárquica aconteceu repetidas vezes que notórios curandeiros tiveram autorização *ad personam* para exercer a atividade médica em determinadas áreas, porque as pessoas estavam convencidas de sua real capacidade. Esses casos eram quase sempre de curandeiros camponeses, e geralmente se deram por recomendação de uma das numerosas arquiduquesas da época; o mesmo, porém, deve ser possível para habitantes da cidade, e com base em outra garantia, de caráter especializado. O efeito de tal proibição seria maior no instituto psicanalítico de Viena, que não poderia mais admitir candidatos de círculos não médicos. Assim, mais uma vez seria suprimida, em nossa pátria, uma linha de atividade intelectual que pode se desenvolver livremente em outro lugar. Sou a última pessoa a reivindicar competência no julgamento de leis e ordenações. Mas posso ver que a ênfase em nossa lei relativa aos curandeiros vai no sentido oposto ao avizinhamento das condições alemãs, que hoje é claramente buscado,* e que a aplicação dessa lei ao caso da psicanálise tem algo de anacrônico, pois quando ela foi promulgada ainda não havia análise e não se conhecia a natureza especial das enfermidades neuróticas.

Agora chego à questão que me parece mais importante discutir. O exercício da psicanálise é algo que deve ser submetido à intervenção das autoridades ou é mais apropriado deixar que ele siga seu desenvolvimento natural? Eu certamente não me decidirei aqui, mas tomo a liberdade de lhe oferecer esse problema para reflexão. Em nosso país existe, desde sempre, um verdadeiro *furor prohibendi* [mania de proibição], uma inclinação a tutelar, intervir e proibir que, como sabemos, não trouxe exatamente bons frutos. Ao que parece, na nova Áustria republicana as coisas ainda não mudaram muito. Imagino que sua palavra terá peso na decisão sobre o caso da psicanálise, que agora nos ocupa; não sei se terá a vontade ou a influência para se opor às tendências burocráticas. De todo modo, não lhe pouparei meus modestos pensamentos sobre esta nossa questão. Acho que uma abundância de regulamentos e proibições é prejudicial à autoridade da lei. Pode-se observar isto: onde há poucas proibições, elas são cuidadosamente respeitadas; onde o indivíduo depara com proibições a todo

---

* Referência à Alemanha da república de Weimar, pois este trabalho foi escrito na década de 1920.

momento, sente praticamente a tentação de ignorá-las. E não é preciso ser um anarquista para se dispor a ver que leis e regulamentos não podem, por sua origem, reivindicar um caráter de santidade e inviolabilidade, que muitas vezes são deficientes no conteúdo e ofensivos ao nosso sentimento de justiça, ou assim se tornam após algum tempo, e que, dada a vagareza das pessoas que dirigem a sociedade, frequentemente não há outro meio de corrigir tais leis inadequadas senão infringi-las resolutamente. Também é aconselhável, quando se quer que seja mantido o respeito às leis e regulamentos, não promulgar nenhuma cuja obediência ou inobservância seja difícil de controlar. Muita coisa que dissemos sobre o exercício da psicanálise por médicos poderia ser repetido a propósito da análise leiga, que a lei quer suprimir. O curso de uma análise é algo pouco perceptível, ela não utiliza medicamentos ou instrumentos, consiste apenas em conversas e troca de comunicações. Será difícil provar que um leigo pratica "análise", se ele afirmar que apenas dá conselhos e esclarecimentos e busca ter uma influência salutar sobre aqueles que necessitam de ajuda psíquica. Não se pode proibi-lo de fazer isso apenas porque os médicos às vezes também o fazem. Nos países de língua inglesa se acham bastante difundidas as práticas da "Christian Science", uma espécie de negação dialética dos males da vida que recorre aos ensinamentos do cristianismo. Não hesito em afirmar que esse procedimento constitui um lamentável extravio do espírito humano, mas quem, na América ou na Inglaterra, pensaria em proibi-lo ou torná-lo suscetível de punição? Então as nossas altas autoridades se acham tão seguras do caminho correto para a felicidade que ousam impedir que cada qual procure "ser feliz à sua maneira"? E, admitindo que muitos, abandonados a si mesmos, encontram perigos e se prejudicam, as autoridades não fariam melhor delimitando cuidadosamente as áreas que devem ser consideradas inacessíveis, e de resto, tanto quanto possível, deixando que os indivíduos se eduquem pela experiência e pela influência mútua? A psicanálise é algo tão recente no mundo, o público em geral tem tão pouca informação sobre ela, a atitude da ciência oficial ainda oscila tanto diante dela, que me parece prematuro intervir já agora na evolução das coisas com preceitos legais. Deixemos que os próprios doentes façam a descoberta de que é prejudicial para eles buscar a ajuda psíquica de pessoas que não aprenderam como se deve prestá-la. Vamos esclarecê-los e preveni-los sobre isso, e nos pouparemos a necessidade de proibi-lo. Nas estradas italianas, os postes que levam cabos de eletricidade têm uma inscrição curta e eloquente: *Chi tocca, muore* [Quem toca, morre]. Isso basta completamente para estabelecer a conduta dos passantes diante de algum fio pendente. Os avisos alemães correspondentes são de uma verbosidade supérflua e ofensiva: *"Das Berühren der Leitungsdrähte ist, weil lebensgefährlich, strengstens verboten"* [Tocar nos fios de transmissão é terminantemente proibido, pois representa perigo de vida]. Por que a proibição? Quem tem amor à vida proíbe tal coisa a si mesmo; e quem quer se matar dessa maneira não pede permissão.

"Mas há casos que podem ser mencionados como precedentes na questão da análise leiga. Refiro-me à proibição de leigos praticarem hipnose e, mais recentemente, à proibição de fazer sessões de ocultismo e de fundar sociedades ocultistas."

Não posso dizer que sou um admirador dessas medidas. A segunda é um evidente abuso da supervisão policial, em detrimento da liberdade intelectual. Estou livre da suspeita de ter muita fé nos chamados fenômenos ocultos ou mesmo de ansiar por seu reconhecimento; mas com tais proibições não se elimina o interesse pelo suposto mundo oculto. Pelo contrário, talvez façam muito mal, talvez fechem o caminho para a curiosidade imparcial, impedindo-a de chegar a um juízo liberador quanto a essas preocupantes possibilidades. Mais uma vez, no entanto, isso diz respeito apenas à Áustria. Em outros países, a pesquisa "parapsicológica" também não encontra empecilhos legais. O caso do hipnotismo é um tanto diferente daquele da análise. Hipnotismo é a evocação de um estado psíquico anormal, e atualmente os leigos o utilizam apenas para exibições públicas. Se a terapia hipnótica, inicialmente tão promissora, tivesse vingado, teria se produzido uma situação semelhante à da psicanálise. Aliás, a história do hipnotismo fornece um precedente para a da psicanálise em outro sentido. Quando eu era um jovem docente de neuropatologia, os médicos bradavam contra o hipnotismo, declaravam-no um embuste, uma ilusão do Demônio, uma intervenção perigosíssima. Hoje eles monopolizam o hipnotismo, usam-no tranquilamente como método de investigação, e ele ainda constitui o principal recurso terapêutico para não poucos especialistas em doenças nervosas.

Mas, como já lhe disse, não penso em fazer propostas que se baseiem na decisão do que seria mais correto, a regulamentação legal ou a completa licença em matéria de análise. Sei que é uma questão de princípios, em cuja solução provavelmente influem mais as inclinações das pessoas competentes do que os argumentos. Já expus o que me parece falar em favor de uma política de *laissez faire* [não intervenção]. Se for decidido diferentemente, por uma política de intervenção direta, então me parecerá insuficiente a medida fraca e injusta de proibir inexoravelmente a análise feita por não médicos. Será preciso cuidar de algumas coisas mais: estabelecer as condições em que a prática analítica será permitida para todos os que quiserem exercê-la, instituir uma autoridade junto à qual se possa adquirir informações sobre o que é psicanálise e que preparação é necessária para ela, e favorecer possibilidades de instrução na psicanálise. Portanto, ou deixar em paz ou promover ordem e clareza; e não imiscuir-se numa situação intrincada com uma proibição mecanicamente derivada de um regulamento que se tornou inadequado.

VII

"Sim, mas e os médicos, os médicos?! Não consigo fazê-lo entrar no verdadeiro tema de nossa conversa. Você está sempre se esquivando. A questão é se os médicos devem ter o direito exclusivo de praticar a psicanálise — após cumprirem determinadas condições, que seja! Eles certamente não são, na maioria, os curandeiros da psicanálise, tal como você os retratou. Você próprio disse que a grande maioria de seus discípulos e seguidores são médicos. Chegou-me aos ouvidos que eles não partilham absolutamente o seu ponto de vista na questão da análise leiga. Devo supor, naturalmente, que os seus discípulos estão de acordo com suas exigências de preparação satisfatória etc.; e, no entanto, esses discípulos acham compatível com isso a interdição do exercício da psicanálise pelos leigos. É assim? E, se for, como explica isso?"

Vejo que você está bem informado; é assim. É certo que nem todos, mas boa parte de meus colaboradores que são médicos não me acompanha nisso, defende o direito exclusivo dos médicos no tratamento analítico de neuróticos. Com isso você percebe que também em nosso campo há diferenças de opinião. Minha posição é conhecida, e a discrepância no tema da análise leiga não desfaz o nosso bom entendimento. Como posso lhe explicar a atitude desses meus discípulos? Não sei com certeza, acredito que seja a força do espírito da profissão.*
Eles tiveram uma evolução diferente da minha, sentem-

---

* "A força do espírito da profissão": no original, "*die Macht des Standesbewusstsein*", que literalmente pode significar "o poder da consciência da classe". As versões consultadas apresentam: *el poder de la conciencia profisional, el poder de la conciencia estamental, la forza dello spirito di corpo, the power of professional feeling, a matter of status-consciousness*.

-se ainda pouco à vontade no isolamento em relação aos colegas, gostariam de ser totalmente aceitos pela *profession* [profissão] e se acham dispostos a fazer, em troca dessa tolerância, um sacrifício num ponto cuja relevância não está clara para eles. Talvez seja outra coisa; atribuir--lhes razões de concorrência significaria não apenas acusá-los de mentalidade pobre, mas também supor-lhes uma peculiar estreiteza de visão. Eles sempre se dispõem a iniciar outros médicos na análise, e não pode fazer diferença, para sua condição material, que tenham de dividir com colegas ou com leigos os pacientes disponíveis. Mas provavelmente existe algo mais a se levar em conta. Esses meus discípulos podem estar influenciados por certos fatores que garantem ao médico, na prática analítica, uma vantagem indiscutível sobre o leigo.

"Garantem uma vantagem? Aí está. Então você admite finalmente essa vantagem? Com isso a questão estaria resolvida."

Não me é difícil reconhecer isso. Pode lhe mostrar que não sou tão obcecado como você imagina. Adiei a menção desse fato porque sua discussão requer novas considerações teóricas.

"Que quer dizer com isso?"

Em primeiro lugar, temos a questão do diagnóstico. Quando se toma em análise um doente que sofre do que é chamado de distúrbios nervosos, é preciso antes ter a certeza — na medida do possível — de que ele é adequado para essa terapia, de que se pode ajudá-lo por essa via. Mas isso só acontece quando ele tem de fato uma neurose.

"Isso não se percebe nas manifestações, nos sintomas de que ele se queixa?"

É justamente aí que surge uma nova complicação. Nem sempre isso se percebe com toda a certeza. O doente talvez tenha o quadro exterior de uma neurose, mas pode ser algo diferente, o início de uma doença mental incurável, o estágio preliminar de um processo degenerativo do cérebro. A distinção — o diagnóstico diferencial — nem sempre é fácil e não pode ser feita imediatamente em cada fase. Naturalmente, só um médico pode assumir a responsabilidade por tal decisão. Como disse, nem sempre ela é fácil para ele. A doença pode ter um aspecto inofensivo por um bom tempo, até finalmente se mostrar sua natureza maligna. E, de fato, um temor constante dos neuróticos é o de se tornarem doentes mentais. Porém, se o médico enganou-se por algum tempo ou ficou incerto num caso desses, não importa muito, nenhum dano foi causado e nada de supérfluo ocorreu. Já o tratamento psicanalítico desse paciente também não lhe faria nenhum dano, mas seria apontado como um dispêndio supérfluo. Além disso, certamente haveria pessoas que imputariam um resultado infeliz à análise. Injustamente, sem dúvida, mas não se deve dar ensejo a isso.

"Mas isso é desanimador. Atinge as raízes de tudo o que você me falou sobre a natureza e a gênese de uma neurose."

De maneira nenhuma. Apenas confirma novamente que os neuróticos são uma contrariedade e um embaraço para todas as partes, também para os analistas. Mas talvez eu possa desfazer sua perplexidade, se exprimir de modo mais correto o que tenho de novo a dizer. Será provavelmente mais certo afirmar, sobre os casos que agora nos ocupam, que eles desenvolveram realmente uma neurose, mas que esta não seria psicogênica, e sim somatogênica, não teria causas psíquicas, mas sim físicas. Pode me compreender?

"Compreender, sim; mas não posso conciliar isso com o outro lado, o psicológico."

Bem, isso é possível, quando se leva em conta as complexidades da substância viva. Onde vimos a essência da neurose? No fato de o Eu — a organização mais alta do aparelho psíquico, gerada por influência do mundo externo — não ser capaz de cumprir sua função de mediador entre o Id e a realidade, de retirar-se, em sua fraqueza, de porções instintuais do Id e, por isso, ter de aguentar as consequências dessa renúncia, na forma de restrições, sintomas e formações reativas malsucedidas.

Tal fraqueza do Eu ocorre em todos nós na infância, por isso as vivências dos primeiros anos adquirem tamanha importância na vida posterior. Sob o extraordinário fardo desse período da infância — em poucos anos temos de perfazer a enorme distância evolutiva do homem primitivo da Idade da Pedra até o participante da cultura de hoje e, sobretudo, rechaçar os impulsos instintuais do primeiro período sexual —, nosso Eu se refugia em repressões e se expõe a uma neurose infantil cujo precipitado ele leva consigo para a vida madura, como predisposição para uma posterior doença nervosa. Tudo passa a depender de como este ser adulto será tratado pelo destino. Se a vida se tornar dura demais, grande demais a distância entre as exigências dos instintos e as objeções da realidade, então o Eu pode malograr em seus esforços de conciliar os dois, e isso tanto mais facilmente quanto mais ele for inibido pela predisposição trazida da infância. Repete-se então o processo de repressão, os instintos se desprendem da dominação do Eu, acham satisfações substitutivas pela via da regressão e o pobre e desamparado Eu torna-se neurótico.

Não esqueçamos isto: o ponto central e decisivo de toda a situação é a relativa força da organização do Eu. Então nos será fácil completar o panorama etiológico. Já conhecemos, como causas, digamos, normais da condição neurótica, a debilidade do Eu na infância, a tarefa de dominar os primeiros impulsos da sexualidade e os efeitos das vivências infantis mais ou menos casuais. Mas não é possível que também outros fatores desempenhem um papel, oriundos da época anterior à vida infantil? Por exemplo, uma inata força e incontrolabilidade da vida instintual no Id, que já de início impõe tarefas demasiado grandes ao Eu? Ou uma particular fraqueza no desenvolvimento do Eu, por razões desconhecidas? Evidentemente, esses fatores vão adquirir importância etiológica — proeminente, em alguns casos. Com a força instintual do Id sempre temos de contar; quando ela se desenvolveu de forma excessiva, não são boas as perspectivas de nossa terapia. Sobre as causas de uma inibição no desenvolvimento do Eu ainda sabemos muito pouco. Estes seriam, então, os casos de neurose com base essencialmente constitucional. Sem algum favorecimento assim, constitucional, congênito, é difícil que se produza uma neurose.

Mas, quando a relativa fraqueza do Eu é o fator decisivo para o surgimento da neurose, também deve ser possível que uma posterior enfermidade física gere uma neurose, se é capaz de motivar a fraqueza do Eu. E isso ocorre em ampla medida. Um distúrbio físico assim pode afetar a vida instintual no Id e aumentar a força dos instintos além dos limites do que o Eu pode enfrentar. O modelo normal de tais processos seria, por exemplo, a transformação produzida na mulher pelos distúrbios da menstruação e da menopausa. Ou um adoecimento físico geral, até mesmo uma doença orgânica do sistema nervoso central, que ataca as condições de alimentação do aparelho psíquico e o obriga a reduzir sua função e cessar suas operações mais sutis, entre as quais se acha a manutenção da organização do Eu. Em todos esses casos surge aproximadamente o mesmo quadro de neurose; a neurose tem sempre o mesmo mecanismo psicológico, mas, como vemos, a mais variada etiologia, frequentemente bastante complexa.

"Agora gostei mais, finalmente você falou como um médico. E agora espero que admita que um assunto médico tão complicado como uma neurose só pode ser tratado por um profissional da medicina."

Calma, acho que está indo um pouco longe demais. O que apresentamos foi matéria de patologia, a análise é um procedimento terapêutico. Eu concedo — não, eu insisto — que, em todo caso que se considere para a análise, um médico faça primeiramente o diagnóstico.

A grande maioria das neuroses que nos ocupam são, felizmente, de natureza psicogênica, não deixam dúvida do ponto de vista patológico. Se o médico constatou isso, pode tranquilamente confiar o tratamento a um analista leigo. Em nossas sociedades psicanalíticas sempre fizemos assim. Graças ao íntimo contato entre membros médicos e não médicos, os erros que podemos temer foram quase inteiramente evitados. Há outro caso em que o analista deve solicitar o auxílio do médico. No decorrer do tratamento analítico podem aparecer sintomas — mais provavelmente físicos — em que ficamos em dúvida se devemos situá-los no contexto da neurose ou relacioná-los a uma enfermidade orgânica independente, que se apresenta como distúrbio. A decisão também deve ser entregue a um médico.

"Ou seja, também durante a análise o analista leigo não pode dispensar o médico. Um novo argumento contra a utilização dele."

Não; não se pode forjar um argumento contra o analista leigo a partir dessa possibilidade, pois o analista médico não agiria de outra forma nesse caso.

"Não compreendo."

Existe a norma técnica de que o analista, quando surgem tais sintomas ambíguos no tratamento, não aplica a eles o seu próprio julgamento, e sim recorre a um médico alheio à psicanálise, um clínico, digamos, mesmo quando ele próprio é médico e ainda confia em seus conhecimentos de medicina.

"E por que criaram essa norma, que me parece tão supérflua?"

Não é supérflua; há várias razões para ela, inclusive. Primeiro, não é bom que o tratamento orgânico e o psíquico sejam realizados por uma só pessoa; segundo, a relação de transferência pode tornar desaconselhável que o analista faça um exame físico no paciente; terceiro, o analista tem todo motivo para duvidar de sua neutralidade, já que seu interesse é intensamente voltado para os fatores psíquicos.

"Sua atitude em relação à análise leiga é clara para mim agora. Você insiste em que tem de haver analistas leigos. Mas, como não pode questionar as deficiências deles para o trabalho, está reunindo tudo o que pode servir para desculpar e facilitar a existência deles. No entanto, não vejo por que razão devem existir analistas leigos, que, afinal, podem ser apenas terapeutas de segunda classe. Posso admitir, se quiser, os poucos leigos que já têm formação analítica, mas não deveriam ser formados outros, e os institutos de ensino não deveriam mais aceitar leigos para treinamento."

Estou de acordo, se for demonstrado que essa restrição atende a todos os interesses em questão. Convenha em que tais interesses são de três espécies, os dos pacientes, os dos médicos e — *last not least* [por fim, e não menos importantes] — os da ciência, que incluem aqueles de todos os pacientes futuros. Vamos examinar juntos esses três pontos?

Para o doente não faz diferença que o analista seja médico ou não, desde que o parecer médico solicitado antes do início do tratamento — e mesmo durante este, se for o caso — exclua o perigo de um mau julgamento de sua condição. Para ele é bem mais importante que o analista tenha os atributos pessoais que o tornam confiável, e que tenha adquirido o conhecimento e a compreensão, assim como a experiência, que o capacitam a cumprir sua tarefa. Talvez se pense que é prejudicial à autoridade do analista que o paciente saiba que ele não é médico e não possa, em várias situações, dispensar o apoio de um médico. Naturalmente, jamais deixamos de informar os pacientes sobre a qualificação do analista, e pudemos verificar que preconceitos relativos à profissão não são bem acolhidos entre eles, que se acham dispostos a aceitar a cura de onde quer que lhes seja oferecida — algo que a classe médica descobriu há muito tempo, para seu profundo desgosto. Além disso, os analistas leigos que hoje exercem a psicanálise não são indivíduos quaisquer, aparecidos não se sabe de onde, e sim pessoas de formação acadêmica, doutores em filosofia, pedagogos, e algumas mulheres com grande experiência de vida e personalidade marcante. A análise que todos os candidatos de instituto psicanalítico têm de fazer é, ao mesmo tempo, a melhor maneira de obter informação sobre a aptidão pessoal para o exercício dessa exigente atividade.

Passemos ao interesse dos médicos. Não posso crer que tenham a ganhar com a incorporação da psicanálise à medicina. Atualmente o estudo da medicina já dura cinco anos, e os últimos exames avançam por quase um ano mais. A cada três ou quatro anos aparecem novas exigências aos estudantes, e o não cumprimento delas os deixaria mal equipados para o futuro. O caminho para a profissão médica é bastante duro, e o seu exercício não é muito satisfatório nem muito vantajoso. Se for aceita a exigência, certamente justificada, de que o médico deve se familiarizar também com o lado psíquico da doença, e por conta disso a formação médica se estenda para incluir alguma preparação para a análise, isso significará mais um acréscimo no currículo, e correspondente prolongamento do período de estudo. Não sei se os médicos ficarão satisfeitos com essa consequência da reivindicação que fazem da psicanálise. Mas ela dificilmente poderá ser evitada. E isso numa época em que pioraram tanto as condições de existência material das camadas de onde vêm os médicos, que a nova geração se vê impelida a ganhar o próprio sustento o mais cedo possível.

Mas talvez você prefira não sobrecarregar o estudo da medicina com o treino para a prática da análise, achando mais adequado que somente após a conclusão dos estudos médicos os futuros analistas se preocupem com a formação requerida. Você poderia dizer que a perda de tempo envolvida praticamente não conta, pois um homem jovem, de trinta anos, jamais goza da confiança do paciente, que é a condição para a ajuda psíquica. A isso poderíamos responder que um médico de doenças físicas recém-formado também não deve esperar grande respeito dos pacientes, e que um jovem analista empregaria muito bem seu tempo trabalhando numa policlínica psicanalítica sob a supervisão de praticantes experimentados.

Mais importante me parece, entretanto, que com essa sugestão você advoga um desperdício de energia que não pode se justificar economicamente nesses tempos difíceis. É verdade que a formação analítica se sobrepõe em parte à preparação médica, mas não inclui e não é incluída por esta. Se fôssemos criar — o que hoje ainda pode parecer fantástico — uma faculdade de psicanálise, nela se haveria de ensinar muita coisa que é ensinada também na escola de medicina: ao lado da psicologia profunda, que sempre seria a matéria principal, uma introdução à biologia, o estudo mais amplo possível da vida sexual, uma familiaridade com os quadros clínicos da psiquiatria. Por outro lado, a instrução analítica também abrangeria matérias distantes da medicina, com as quais o médico não tem contato em sua atividade: história da civilização, mitologia, psicologia da religião e literatura. Sem bons conhecimentos nessas áreas, o analista deixaria de compreender grande parte de seu material. Inversamente, ele não tem utilidade para a maioria das coisas que são ensinadas numa escola médica. O conhecimento da anatomia do pé, da composição dos carboidratos, do percurso das fibras nervosas do cérebro, de tudo o que a medicina descobriu sobre bacilos patogênicos e as formas de combatê-los, sobre reações sorológicas e neoplasias — tudo isso é bastante valioso em si, não há dúvida, mas carece de importância para o analista, não lhe diz respeito, não ajuda a entender e curar uma neurose nem contribui para refinar as faculdades intelectuais que a sua atividade mais solicita. Não se diga que algo semelhante ocorre quando o médico se dedica a outra especialidade, como a odontologia, por exemplo. Também nesta ele pode não necessitar de coisas sobre as quais tem de prestar exame, e tem de aprender outras para as quais a escola não preparou. Mas os dois casos não se comparam. Também para a odontologia conservam toda a importância os grandes princípios da patologia, os ensinamentos sobre inflamação, supuração, necrose, sobre o efeito recíproco dos órgãos do corpo. Mas a experiência leva o analista a outro mundo, com outros fenômenos e outras leis. Ainda que a filosofia ignore o hiato entre o psíquico e o somático, ele existe para nossa experiência imediata e, especialmente, para nossos esforços práticos.

É injusto e inapropriado forçar um indivíduo que quer livrar outros da tormenta de uma fobia ou obsessão a fazer antes um longo desvio pelo estudo da medicina. E tampouco isso terá êxito, a menos que seja o de suprimir inteiramente a análise. Imagine uma paisagem em que dois caminhos levem a determinado ponto no alto, um deles curto e reto, o outro, longo, indireto e sinuoso. Você procura fechar o caminho curto mediante uma placa de proibição, talvez porque ele passa por alguns canteiros de flores que você gostaria que fossem poupados. Sua interdição será respeitada apenas se o caminho curto for íngreme e penoso, enquanto o mais comprido sobe suavemente. Se for o contrário, se o desvio for o mais trabalhoso, você adivinhará facilmente qual a utilidade de sua proibição e qual o destino de suas flores. Acho que você não conseguirá induzir os leigos a estudar medicina, e eu também não serei capaz de fazer os médicos aprenderem psicanálise. Nós dois sabemos como é a natureza humana.

"Se você está certo ao dizer que o tratamento analítico não pode ser realizado sem uma formação especial, mas o estudo de medicina não tolera a sobrecarga de uma preparação para ele, enquanto os conhecimentos médicos são, em boa parte, supérfluos para um analista, como fica a meta de alcançar a personalidade médica ideal, que esteja à altura de todas as tarefas de sua profissão?"

Não posso prever qual será a saída dessas dificuldades, nem cabe a mim especificá-la. Vejo apenas duas coisas: primeiro, que a psicanálise é algo embaraçoso para você, melhor seria se ela não existisse — sem dúvida, também o neurótico é embaraçoso; e, em segundo lugar, que momentaneamente todos os interesses serão levados em conta, se os médicos resolverem tolerar uma classe de terapeutas que os livra do laborioso tratamento das tão frequentes neuroses psicogênicas e, em benefício desses doentes, está em contato permanente com eles.

"Esta é sua última palavra sobre o tema, ou teria algo mais a dizer?"

Sem dúvida; eu pretendia considerar ainda outro interesse, o da ciência. O que tenho a dizer sobre isso não lhe interessará muito, mas para mim é de grande importância.

Não nos parece desejável, de forma nenhuma, que a psicanálise seja engolida pela medicina e venha a ter sua morada definitiva nos manuais de psiquiatria, na seção sobre terapias, ao lado de procedimentos como sugestão hipnótica, autossugestão e persuasão, que, gerados por nosso pouco saber, devem seus efêmeros efeitos à inércia e covardia da massa humana. Ela merece destino melhor, e temos esperança de que o terá. Na condição de "psicologia profunda", de teoria do inconsciente psíquico, ela pode se tornar imprescindível para todos os saberes que se ocupam da gênese da cultura humana e de suas grandes instituições, como arte, religião e organização social. Creio que ela já lhes prestou ajuda considerável na solução de seus problemas até agora, mas tais contribuições ainda são pequenas, comparadas ao que se pode alcançar quando historiadores da civilização, psicólogos da religião, estudiosos da linguagem etc. aprenderem a manejar por si mesmos o novo instrumento de pesquisa colocado à sua disposição. O emprego da análise na terapia das neuroses é apenas uma de suas aplicações; o futuro talvez mostre que não é a mais importante. De toda maneira, não seria justo sacrificar todas as demais em prol desta única aplicação, apenas porque ela tem relação com o círculo de interesses médicos.

Pois aqui se abre um novo nexo, em que não se pode interferir de maneira inócua. Se os representantes das várias ciências humanas aprenderem a psicanálise para aplicar os métodos e abordagens desta ao seu material, não bastará que se atenham aos resultados consignados na literatura psicanalítica. Terão de aprender a conhecer a análise pela única via possível, submetendo-se a uma análise eles próprios. Assim, aos neuróticos que necessitam de análise se juntará uma segunda classe de pessoas, as que a farão por motivos intelectuais, mas que certamente aprovarão o aumento de sua capacidade de trabalho que também ocorrerá. A realização dessas análises vai requerer certo número de analistas para os quais conhecimentos médicos terão pouca relevância. Mas esses "analistas de ensino"* — vamos chamá-los assim — necessitarão de uma formação particularmente cuidadosa. Para que esta não seja atrofiada, será preciso dar-lhes a oportunidade de reunir experiência com casos instrutivos e comprovativos; e, como indivíduos sãos a quem falta a motivação da curiosidade não se submetem à análise, é apenas com neuróticos que — sob rigorosa supervisão — os analistas de ensino poderão ser treinados para sua posterior atividade não médica. Tudo isso, porém, exige certo grau de liberdade de movimentos e não é compatível com restrições mesquinhas.

Talvez você não acredite nesses interesses puramente teóricos da psicanálise, ou não lhes reconheça influência na questão prática da análise leiga. Então devo lembrar-lhe que existe outra área de aplicação da psicanálise que se acha fora do âmbito da lei sobre charlatanismo, e que os médicos dificilmente poderão reivindicar para si. Refiro-me ao seu emprego na pedagogia. Quando uma criança começa a dar sinais de um desenvolvimento difícil, torna-se mal-humorada, teimosa e desconcentrada, o pediatra ou o médico da escola nada poderão fazer por ela, mesmo quando a criança tem claros sintomas neuróticos como ansiedades, falta de apetite, vômitos, insônias. Um tratamento que reúna influência analítica e medidas pedagógicas, conduzido

---

* No original, *Lehranalytiker*; nas versões consultadas: [omissão no texto da Biblioteca Nueva], *analistas didactas*, *analisti insegnanti*, *"teaching analysts"*, idem [mas sem aspas].

por pessoas que não se neguem a preocupar-se com o ambiente da criança e que saibam ganhar acesso à sua vida psíquica, um tratamento assim obtém duas coisas ao mesmo tempo: eliminar as manifestações neuróticas e reverter a incipiente mudança de caráter. Nossa percepção da importância que têm as neuroses infantis — frequentemente pouco visíveis —, como predisposição para graves adoecimentos na vida adulta, indica-nos tais análises infantis como excelente meio de profilaxia. É inegável que a psicanálise ainda tem inimigos; não sei de que instrumentos disporiam para impedir a atividade desses analistas pedagógicos ou pedagogos analíticos, e não creio que possam fazê-lo com facilidade. De todo modo, nunca se pode estar seguro.

De resto, voltando à nossa questão do tratamento analítico de neuróticos adultos, também aí não esgotamos todos os aspectos. Nossa civilização exerce sobre nós uma pressão quase intolerável, ela pede um corretivo. Seria fantasioso esperar que a psicanálise, não obstante suas dificuldades, esteja destinada a preparar os seres humanos para tal corretivo? Talvez ocorra a algum americano a ideia de gastar um pouco do seu dinheiro para treinar analiticamente os *social workers* [assistentes sociais] de seu país, transformando-os numa força auxiliar no combate às neuroses da cultura.

"Aha! Uma nova espécie de Exército da Salvação."

Por que não? Nossa imaginação sempre trabalha com modelos. A torrente de pessoas ansiosas de aprender, que então afluirá à Europa, terá de passar ao largo de Viena, pois aqui o desenvolvimento psicanalítico terá talvez sucumbido a um precoce trauma de proibição. Você ri? Não digo isso para angariar seu apoio, claro que não. Bem sei que não acredita em mim, e também não posso garantir que será assim. Mas uma coisa eu sei. Não importa muito a decisão que você venha a tomar na questão da análise leiga. Ela poderá ter um efeito local. Aquilo que realmente conta, as possibilidades internas de desenvolvimento da psicanálise, não é afetado por regulamentos ou proibições.

PÓS-ESCRITO (1927)*

O ensejo para que eu redigisse a pequena obra em que se baseia a discussão precedente foi a acusação de charlatanismo feita contra nosso colega não médico, o dr. Theodor Reik,** junto às autoridades vienenses. Como já deve ser do conhecimento de todos, essa queixa foi julgada improcedente, após a realização de um inquérito preliminar e a obtenção de pareceres diversos. Não creio que isso tenha sido consequência da minha publicação; o caso não era muito favorável à acusação, e a pessoa que se declarara ofendida não se revelou confiável. A

---

* Publicado primeiramente em *Internationale Zeitschrift für Psychoanalyse*, v. XIII, 3, 1927, como conclusão de um debate sobre o tema. Traduzido de *Gesammelte Werke* XIV, pp. 287-96. Também se acha em *Studienausgabe. Ergänzungsband*, pp. 342-9.
** O nome de Reik vem precedido de "dr." pelo fato de ele haver se doutorado em psicologia; o uso do título acadêmico, ao se dirigir ou se referir a uma pessoa, é tradicional em vários países da Europa.

PÓS-ESCRITO

suspensão do processo contra o dr. Reik provavelmente não significou uma decisão baseada em princípio acerca da questão da análise leiga, por parte dos tribunais de Viena. Quando inventei a figura do interlocutor "imparcial", tinha em mente a pessoa de um dos nossos altos funcionários, um homem de atitude benévola e excepcional integridade, com quem eu mesmo havia conversado sobre o caso Reik e para o qual, a seu pedido, havia escrito um parecer privado. Eu sabia que não tivera êxito em conquistá-lo para o meu ponto de vista, e por isso não finalizei o diálogo com um interlocutor imparcial com um entendimento entre as duas partes.

Tampouco achei que conseguiria forjar uma posição homogênea ante o problema da análise leiga entre os próprios analistas. Quem comparar, no debate aqui publicado, as opiniões da Sociedade Húngara com as do grupo de Nova York, talvez suponha que meu livro não teve nenhum efeito, que cada qual se atém à mesma perspectiva que defendeu antes. Mas também não creio isso. Penso que muitos colegas terão moderado sua posição extrema, que a maioria deles adotou minha concepção de que o problema da análise leiga não pode ser resolvido pelos moldes tradicionais, mas, surgindo de uma situação nova, requer um novo veredicto.

Também a abordagem que dei a toda a questão parece ter encontrado aprovação. Pus em primeiro plano a tese de que o que importa não é se o analista possui ou não um diploma de medicina, mas se adquiriu a formação especial que o exercício da análise requer. Isso levou à questão, ardorosamente discutida pelos colegas, de qual seria a formação mais adequada para um analista. Sustentei, e continuo sustentando, que não é aquela que a universidade prevê para um médico. A assim chamada formação médica me parece um caminho tortuoso para a profissão de psicanalista, que, é verdade, proporciona muita coisa indispensável para o analista, mas também o sobrecarrega com muitas outras que ele jamais utiliza, e traz o perigo de que seu interesse e seu modo de pensar sejam afastados da compreensão dos fenômenos psíquicos. O plano de ensino para um analista ainda será criado, ele deve abranger material das ciências humanas, de psicologia, história da civilização, sociologia, e também da anatomia, biologia e história da evolução. Nele haverá tanta coisa a ensinar, que se justifica deixar fora da aula o que não tem relação direta com a atividade analítica e pode contribuir apenas indiretamente, como qualquer outro estudo, para o treino do intelecto e da capacidade de observação. É cômodo lembrar, em objeção a essa proposta, que tais faculdades de psicanálise não existem, que isso é apenas uma exigência ideal. Sem dúvida, é um ideal, mas que pode ser realizado e tem de ser realizado. Com todas as deficiências devidas à sua pouca idade, nossos institutos já são o começo de tal realização.

Não terá escapado a meus leitores o fato de que pressupus, nas afirmações precedentes, algo que ainda é muito questionado nas discussões: que a psicanálise não é um ramo especial da medicina. Não vejo como alguém pode se recusar a perceber isso. A psicanálise é parte da psicologia, não da psicologia médica no velho sentido, ou psicologia dos processos patológicos, mas psicologia simplesmente; não o conjunto da psicologia, mas sua base, talvez seu fundamento mesmo. Não nos deixemos enganar pela possibilidade de sua utilização para fins médicos, também a eletricidade e os raios X acharam aplicação na medicina, mas a ciência de ambos é a física. Tampouco argumentos históricos podem alterar esse vínculo. Toda a teoria da eletricidade tem origem na observação de um preparado de nervos musculares, mas a ninguém ocorreria dizer que ela é parte da fisiologia. Afirma-se que a psicanálise foi, afinal de contas, inventada por um médico enquanto se empenhava em ajudar os pacientes. Mas isso é claramente irrelevante para um julgamento acerca dela. Além disso, esse argumento histórico é perigoso. Prosseguindo nele poderíamos lembrar a pouca simpatia, a hostilidade mesmo com que os médicos trataram a psicanálise desde o começo; disso concluiríamos que também hoje eles não podem reivindicar direitos sobre ela. E, realmente, ainda hoje — embora eu rejeite essa conclusão — não sei se a corte que os médicos estão fazendo à psicanálise deve ser referida, segundo a teoria da libido, ao primeiro ou ao segundo dos subestágios de Abraham,* isto é, se se trata de uma tentativa de posse para fins de destruição ou de conservação do objeto.

---

* Referência aos dois subestágios da fase sádico-anal do desenvolvimento da libido, propostos por Karl Abraham num ensaio de 1924; cf. a menção mais explícita feita na 32ª das *Novas conferências introdutórias à psicanálise* (1932).

Vamos nos deter um pouco mais no argumento histórico: tratando-se de minha própria pessoa, posso dar, para os interessados, alguma informação sobre os meus motivos. Após quarenta e um anos de atividade médica, meu autoconhecimento me diz que não fui propriamente um médico. Eu me tornei médico por ter sido obrigado a me desviar de minha intenção original, e meu triunfo consistiu em reencontrar, após um longo rodeio, a direção inicial. De minha infância não recordo nenhuma necessidade de ajudar pessoas que sofrem, minha predisposição sádica não era muito grande, de forma que esse derivado dela não chegou a se desenvolver. E nunca "brinquei de médico", minha curiosidade infantil tomou outros rumos. Na juventude, tornou-se muito forte a necessidade de compreender algo dos enigmas do mundo e talvez contribuir para solucioná-los. Matricular-me na faculdade de medicina pareceu o melhor caminho para isso, e logo experimentei — sem êxito — a zoologia e a química, até que, sob a influência de Brücke, a maior autoridade que sobre mim influiu, permaneci no campo da fisiologia, que naquele tempo limitava-se bastante à histologia. Eu já havia prestado os exames todos de medicina, sem me interessar por temas médicos, quando esse venerado mestre me advertiu que, em minha precária situação material, eu não poderia escolher uma carreira teórica. Foi assim que passei da histologia do sistema nervoso para a neuropatologia e, graças a novos estímulos, ao trabalho com as neuroses. O que quero dizer é que a ausência, em mim, de autêntica predisposição para a clínica médica não prejudicou muito meus pacientes. Pois o doente não ganha muito quando o interesse terapêutico do médico tem grande ênfase afetiva. Para ele, é melhor quando o médico trabalha friamente e com a máxima correção.

Certamente o que acabo de expor contribui pouco para elucidar o problema da análise leiga. Deve apenas reforçar minha legitimação pessoal, quando justamente eu defendo o valor intrínseco da psicanálise e sua independência da aplicação médica. Mas aqui será feita a objeção de que é uma questão acadêmica, sem interesse prático, que a psicanálise, como ciência, seja uma área da medicina ou da psicologia. O que se discute, dirão, é outra coisa, a utilização da psicanálise no tratamento de doentes, e, dado que ela reivindica isso, teria de aceitar que a acolhessem na medicina como especialidade, tal como a radiologia, por exemplo, e de submeter-se às regras vigentes para todos os métodos terapêuticos. Isso eu reconheço e admito, apenas quero estar seguro de que a terapia não liquide a ciência. Infelizmente, toda comparação vai apenas até certo ponto, a partir do qual as duas coisas comparadas divergem. Com a psicanálise é diferente da radiologia; os físicos não precisam de uma pessoa doente para estudar as leis dos raios X. Mas a psicanálise não tem outro material senão os processos psíquicos do ser humano, pode ser estudada apenas no ser humano. Devido a circunstâncias especiais, facilmente compreensíveis, o indivíduo neurótico é um material bem mais instrutivo e acessível do que o normal, e subtrair esse material a quem deseja aprender e aplicar a psicanálise significa privá-lo de boa parte de suas possibilidades de formação. Naturalmente, estou longe de querer que o interesse do doente neurótico seja sacrificado ao da instrução e da investigação científica. Meu pequeno livro sobre a questão da análise leiga procura justamente mostrar que, observando-se determinadas precauções, os dois interesses podem muito bem ser harmonizados, e que tal solução também vai ao encontro do interesse médico, se este é corretamente entendido.

Eu próprio especifiquei essas precauções, e posso dizer que a discussão nada acrescentou de novo quanto a isso. Também gostaria de salientar que muitas vezes a ênfase dada não fez justiça à realidade. É correto o que foi dito sobre a dificuldade do diagnóstico diferencial, a incerteza na avaliação de sintomas físicos, algo que torna necessário o saber ou a intervenção de um médico; mas é incomparavelmente maior o número de casos em que não surgem tais dúvidas, em que o médico não é requerido. Esses casos podem ser desinteressantes para a ciência, mas na vida seu papel é relevante o suficiente para justificar a atividade do analista leigo, perfeitamente capaz de tratá-los. Algum tempo atrás, analisei um colega que era terminantemente contrário a que um não médico exercesse alguma atividade médica. Eu lhe perguntei, certo dia: "Já estamos trabalhando há mais de três meses. Em que momento de nossa análise eu tive ocasião de recorrer a meus conhecimentos médicos?". Ele admitiu que isso não acontecera.

Também não concedo muito valor ao argumento de que o analista leigo, porque deve estar pronto para consultar o médico, não pode adquirir autoridade com o doente nem ter prestígio maior que um assistente, um massagista etc. A analogia, uma vez mais, é inapropriada, mesmo não considerando que geralmente o doente atribui autoridade com base em sua transferência afetiva e que a posse de um diploma médico está longe de impressioná-lo, como acredita o médico. O analista leigo profissional não terá dificuldade em conquistar o respeito que lhe é devido como pastor profano.* A expressão "pastor profano" poderia descrever a função que o analista, seja ele médico ou leigo, tem a cumprir na relação com o público. Nossos amigos entre os religiosos protestantes e, ultimamente, também católicos com frequência libertam seus paroquianos de suas inibições vitais ao lhes restaurar a fé, após terem lhes oferecido algum esclarecimento analítico a respeito de seus conflitos. Nossos rivais, os seguidores da psicologia individual de Adler, procuram obter igual transformação, em pessoas que se tornaram instáveis e incapazes, despertando seu interesse na comunidade, após lhes terem iluminado um único aspecto da sua vida psíquica e mostrado a participação que seus impulsos egoístas e desconfiados têm na sua enfermidade. Ambos os pro-

---

* "Pastor profano": tradução que aqui se dá a *Seelsorger*, palavra formada de *Seele*, "alma", "psique", e *Sorger*, substantivo correspondente ao verbo *sorgen*, "cuidar". Nas versões estrangeiras consultadas temos: *guía espiritual secular, curador profano de almas, secolare curatore d'anime, secular pastoral worker, secular pastor*. O termo foi usado anteriormente no "Prefácio a *O método psicanalítico*" (1913), obra do pastor suíço Oskar Pfister, um dos primeiros seguidores de Freud.

cedimentos, que devem sua força ao fato de apoiar-se na análise, têm seu lugar na psicoterapia. Nós, analistas, temos por meta a análise mais completa e profunda do paciente que seja possível, nós não queremos dar-lhe alívio mediante o acolhimento na comunidade católica, protestante ou socialista, mas sim enriquecê-lo a partir de seu próprio interior, conduzindo para seu Eu as energias que através da repressão se acham inacessíveis, atadas em seu inconsciente, e aquelas outras que o Eu, de modo infrutífero, tem de gastar para manter as repressões. O que assim fazemos é trabalho pastoral no melhor sentido. Será que nos propusemos um objetivo elevado demais? Merecerão nossos pacientes, pelo menos a maioria deles, o esforço que aplicamos nesse trabalho? Não seria mais econômico escorar as falhas a partir de fora, em vez de reformá-las de dentro? Não sei dizer, mas sei de outra coisa. Na psicanálise sempre houve um liame indissolúvel entre a cura e a pesquisa; o conhecimento trazia o êxito, não se podia tratar sem aprender algo de novo, não se ganhava um esclarecimento sem experimentar seu efeito benéfico. Nosso procedimento analítico é o único que mantém essa valiosa conjunção. Apenas quando executamos o trabalho pastoral analítico aprofundamos nossa incipiente compreensão da vida psíquica humana. Essa perspectiva de ganho científico tem sido o aspecto mais nobre e mais gratificante do trabalho analítico; deveríamos sacrificá-lo em nome de alguma consideração prática?

Algumas observações feitas nesse debate me levam a suspeitar que meu escrito sobre a análise leiga foi mal compreendido num ponto. Os médicos são defendidos contra mim, como se eu os tivesse declarado inaptos para exercer a análise e tivesse emitido a palavra de ordem de evitar a admissão de médicos. Ora, esse não foi meu propósito. Talvez assim tenha parecido, provavelmente porque em minha exposição, de matiz polêmico, afirmei que analistas médicos sem formação são ainda mais perigosos do que os leigos. Minha real opinião sobre o tema teria ficado mais clara se eu tivesse reproduzido a observação cínica sobre as mulheres que certa vez apareceu no *Simplicissimus*:* um homem se queixava a outro sobre as debilidades e dificuldades do belo sexo, ao que esse outro respondia: "Mas a mulher ainda é o melhor que temos *no gênero*". Eu admito que, enquanto não existem as escolas que desejamos para a formação de analistas, as pessoas já formadas em medicina são o melhor material para futuros analistas. Mas devemos solicitar que não ponham sua educação prévia no lugar da formação analítica, que superem a parcialidade que o ensino médico estimula e que resistam à tentação de flertar com a endocrinologia e o sistema nervoso autônomo, quando se trata de apreender fatos psicológicos mediante conceitos psicológicos. De igual modo, partilho a opinião de que todos os problemas que concernem às relações entre fenômenos psíquicos e seus fundamentos orgânicos, anatômicos e químicos podem ser atacados apenas por aqueles que tenham estudado ambos, ou seja, por analistas médicos. Não se deve esquecer, po-

* Célebre revista cômica de Munique.

rém, que isso não é tudo na psicanálise, e que no tocante a seu outro lado não podemos dispensar a colaboração de pessoas com formação prévia em ciências humanas. Por motivos práticos adotamos o hábito, também em nossas publicações, de distinguir entre análise médica e aplicações da análise. Isso não é correto. Na realidade, a linha de separação é entre psicanálise científica e suas aplicações nos âmbitos medicinal e não medicinal.

Nesse debate, a mais severa rejeição da análise leiga partiu de nossos colegas americanos. Parece-me pertinente responder-lhes com algumas observações. Não significará abuso da psicanálise, não a estarei usando para fins polêmicos, se expressar a opinião de que a resistência desses colegas se relaciona inteiramente a fatores práticos. Eles veem que em seu país os analistas leigos cometem absurdos e abusos com a psicanálise e, portanto, prejudicam os pacientes e a reputação da psicanálise. É compreensível que, em sua indignação, eles queiram se afastar desses elementos inescrupulosos e excluir os leigos de qualquer participação na psicanálise. Mas esses fatos já bastam, por si só, para reduzir o significado de sua tomada de posição. Pois a questão da análise leiga não pode ser resolvida apenas por considerações práticas, e as condições locais americanas não podem ser as únicas determinantes para nós.

A resolução desses nossos colegas contra os analistas leigos, guiada essencialmente por motivos práticos, parece-me bem pouco prática, já que não pode modificar nenhum dos fatores que governam a situação. Ela equivale, digamos, a uma tentativa de repressão. Se não é possível impedir a atividade dos analistas leigos, não havendo apoio do público na luta contra eles, não seria mais adequado levar em conta a realidade de sua existência, oferecendo-lhes oportunidades de formação, adquirindo influência sobre eles e estimulando-os com a possibilidade da aprovação da classe médica e da solicitação para o trabalho em conjunto, de modo que eles tenham interesse em elevar seu nível ético e intelectual?

Viena, junho de 1927

APÊNDICE:
CARTA SOBRE THEODOR REIK E O CHARLATANISMO*

Prezados senhores,
    Num artigo do dia 15 deste, que trata do caso de meu discípulo, dr. Theodor Reik, numa seção intitulada "Informações dos Círculos Psicanalíticos", há uma passagem que me parece requerer algumas correções. Ali está escrito: "[...] nos últimos anos ele teria se convencido de que o dr. Reik, que ganhou reputação por seus trabalhos filosóficos e psicológicos, possui mais talento para a psicanálise do que os médicos que pertencem à escola freudiana, e confiou os casos mais difíceis apenas

---

* Publicada originalmente no jornal *Neue Freie Presse*, de Viena, em 18 de julho de 1926. Traduzida de *Gesammelte Werke. Nachtragsband*, pp. 715-7.

a ele e à sua própria filha, Anna, que se mostrou especialmente capacitada na difícil técnica da psicanálise".

Acho que o próprio dr. Reik seria o primeiro a rejeitar essa caracterização de nossos vínculos. Mas é certo que me vali de sua competência para casos particularmente difíceis; apenas para aqueles, porém, em que os sintomas eram muito afastados do âmbito somático. E nunca deixei de informar ao paciente que ele não é médico, e sim psicólogo.

Minha filha Anna dedicou-se à análise pedagógica de crianças e jovens. Jamais lhe enviei um caso de séria enfermidade neurótica num adulto. O único caso com sintomas graves, quase psiquiátricos, que ela tratou até hoje, recompensou com um êxito pleno o médico que o enviara.

Aproveito a ocasião para informar que acabo de enviar para o editor um pequeno livro sobre *A questão da análise leiga*. Nele procuro mostrar o que é uma psicanálise e o que exige ela do analista, discuto as relações nada simples entre psicanálise e medicina e concluo, a partir dessa exposição, que a aplicação mecânica do parágrafo sobre charlatanismo [do código penal austríaco] ao caso de um analista treinado está sujeita a sérios reparos.

Como já não tenho clínica em Viena, limitando-me ao tratamento de um pequeno número de estrangeiros, espero que este anúncio não dê margem à acusação de publicidade imprópria.

Atenciosamente,
Professor Freud

O FUTURO DE UMA ILUSÃO (1927)

TÍTULO ORIGINAL: *DIE ZUKUNFT EINER ILLUSION*. PUBLICADO PRIMEIRAMENTE EM VOLUME AUTÔNOMO: VIENA: INTERNATIONALER PSYCHOANALYTISCHER VERLAG [EDITORA PSICANALÍTICA INTERNACIONAL], 1927, 91 PP. TRADUZIDO DE *GESAMMELTE WERKE* XIV, PP. 325-380. TAMBÉM SE ACHA EM *STUDIENAUSGABE* IX, PP. 135-89.

I

Quando alguém viveu longo tempo no âmbito de determinada cultura e frequentemente se empenhou em estudar suas origens e a trajetória de sua evolução, também se sente tentado, em algum momento, a volver o olhar para a outra direção e perguntar que destino aguarda essa cultura e que transformações deverá sofrer. Mas logo percebe que o valor de uma investigação dessas é, já de antemão, comprometido por diversos fatores. Primeiramente porque há poucos indivíduos capazes de ter uma visão abrangente da empresa humana em todas as suas ramificações. Para a maioria deles foi necessário restringir-se a uma só área, ou algumas poucas. No entanto, quanto menos se sabe do passado e do presente, tanto mais incerto é o juízo acerca do futuro. Em segundo lugar, porque precisamente nesse juízo intervêm, de uma maneira difícil de avaliar, as expectativas de cada sujeito; e estas se relacionam a fatores puramente pessoais de sua vivência, à sua atitude de maior ou menor esperança diante da vida, tal como lhe foi dada pelo temperamento e pelo sucesso ou fracasso. E há, por fim, o fato notável de que geralmente as pessoas vivem o presente de modo ingênuo, digamos, sem apreciar devidamente o seu conteúdo. Primeiro necessitam ganhar distância dele, isto é, o presente deve se tornar passado, a fim de fornecer pontos de apoio para se julgar o futuro.

Portanto, quem cede à tentação de se manifestar sobre o futuro provável de nossa cultura deve levar em conta essas dificuldades, e também a incerteza inerente a toda predição. Disso resulta, no tocante a mim, que, fugindo de tão grande tarefa, buscarei o mesmo pequeno setor que até hoje requereu minha atenção, assim que determinei sua posição no quadro maior das coisas.

A cultura humana — refiro-me a tudo aquilo em que a vida humana se ergueu acima de suas condições animais e em que se diferencia da vida animal — e eu me recuso a distinguir cultura de civilização* — apresenta, notoriamente, dois aspectos àquele que a observa. Por um lado, abrange todos os conhecimentos e habilidades que os homens adquiriram para controlar as forças da natureza e dela extrair os bens para a satisfação das necessidades humanas; e, por outro lado, todas as instituições necessárias para regulamentar as relações entre os indivíduos e, em especial, a distribuição dos bens obteníveis. Essas duas faces da cultura não são independentes uma da outra; primeiro, porque as relações recíprocas dos indivíduos são profundamente influenciadas pelo grau de satisfação instintual que os bens existentes possibilitam; em segundo lugar, porque o próprio indivíduo pode assumir a condição de um bem na relação com outro, uma vez que este utilize sua força de trabalho ou o tome como objeto sexual; e, em terceiro lugar, porque todo indivíduo é virtualmente um inimigo da

* No original, *Kultur* e *Zivilisation*; o segundo termo é empregado apenas nessa frase, em todo o restante o autor usa o primeiro, que aqui é vertido tanto por "cultura" como por "civilização", pois pode significar as duas coisas, segundo o contexto. Ver, a propósito, a nota à tradução de *O mal-estar na civilização*, no v. 18 destas *Obras completas*, pp. 48-9.

cultura, que, no entanto, deveria ser um interesse humano geral. É digno de nota que os seres humanos, embora incapazes de viver no isolamento, sintam como um fardo os sacrifícios que a civilização lhes requer, para tornar possível a vida em comum. Portanto, a civilização tem de ser defendida contra o indivíduo, e todos os seus regulamentos, instituições e decretos são postos a serviço dessa tarefa; objetivam não apenas efetuar certa distribuição dos bens, mas também mantê-la, e, de fato, têm de proteger dos impulsos hostis dos seres humanos tudo aquilo que serve ao domínio da natureza e à produção de bens. As criações humanas são facilmente destruídas, e a ciência e a técnica, responsáveis por sua existência, podem ser utilizadas também para a sua aniquilação.

Assim, tem-se a impressão de que a civilização foi algo imposto a uma maioria recalcitrante por uma minoria que soube se apropriar dos meios de poder e de coação. Naturalmente, cabe supor que tais dificuldades não são da própria essência da cultura, mas determinadas pelas imperfeições das formas culturais até agora desenvolvidas. E realmente não é difícil apontar esses defeitos. Enquanto a humanidade fez contínuos avanços no controle da natureza, podendo esperar avanços ainda maiores, não se constata seguramente um progresso igual na regulação dos assuntos humanos, e provavelmente em todas as épocas, como agora novamente, muitos indivíduos se perguntaram se valia mesmo a pena defender tal porção de conquista cultural. Pode-se acreditar que seria possível um reordenamento das relações humanas que eliminasse as fontes do descontentamento com a civilização, por renunciar à coação e à repressão dos instintos,* de modo que as pessoas pudessem se dedicar à obtenção e fruição dos bens sem serem perturbadas pela discórdia interna. Seria a Idade de Ouro, mas é duvidoso que possa tornar-se realidade. Parece, isto sim, que toda cultura tem de se basear na coação e na renúncia instintual; nem mesmo parece seguro que, na ausência da coação, a maioria dos indivíduos se disponha a assumir a execução do trabalho requerido para a obtenção de novos bens vitais. É necessário, creio, levar em conta o fato de que em todos os seres humanos se acham tendências destrutivas, ou seja, antissociais e anticulturais, e de que estas, em grande número de pessoas, são fortes o bastante para determinar sua conduta na sociedade humana.

Esse fato psicológico tem importância decisiva para a avaliação da cultura humana. Se antes pudemos acreditar que o essencial, nesta, seria o domínio da natureza para a obtenção dos bens vitais, e que os perigos

* "Repressão dos instintos": *Triebunterdrückung* — nas versões consultadas deste trabalho: "repressão dos impulsos", *yugulación de los instintos*, *sofocación de lo pulsional*, *repressione delle pulsioni*, *suppression of the instincts*, *suppression of drives*. Além das versões estrangeiras normalmente utilizadas aqui — duas em espanhol (da Biblioteca Nueva e da Amorrortu), a italiana da Boringhieri e a *Standard* inglesa —, consultamos a nova tradução em português de Renato Zwick (Porto Alegre: L&PM, 2010) e a nova tradução inglesa de J. A. Underwood (no volume *Mass Psychology and Other Writings*. Harmondsworth: Penguin, 2009). Cf. a nota sobre a versão de *Unterdrückung* em nossa tradução de "A repressão" (1915), no v. 10 destas *Obras completas*.

que a ameaçam poderiam ser afastados mediante uma adequada distribuição deles entre os indivíduos, agora a ênfase parece ter se movido do campo material para o psíquico. Torna-se decisiva a questão de se — e até onde — é possível reduzir o fardo dos sacrifícios instintuais impostos aos seres humanos, reconciliá-los com aqueles que inevitavelmente permanecem e compensá-los por isso. Tão imprescindível quanto a coação ao trabalho cultural é o domínio da massa por uma minoria, pois as massas são ignaras e indolentes, não gostam de renunciar aos instintos, argumentos não as persuadem de que tal renúncia é inevitável, e seus indivíduos reforçam uns aos outros na indulgência com o próprio desregramento. Apenas influenciadas por indivíduos exemplares, que reconhecem como líderes, elas podem ser induzidas aos trabalhos e privações de que depende a existência da civilização. Tudo vai bem quando esses líderes são pessoas que têm superior discernimento das necessidades da vida e que chegaram ao domínio dos próprios desejos instintuais.* Mas há o perigo de, a fim de não perder sua influência, eles cederem mais à massa do que esta a eles, e então parece necessário que disponham de meios de poder que os tornem independentes da massa. Em resumo, duas características bastante comuns dos seres humanos são responsáveis pelo fato de as instituições da cultura poderem ser mantidas apenas

---

* "Desejos instintuais": *Triebwünsche* — nas versões consultadas: "desejos impulsionais", *deseos instintivos, deseos pulsionales, desideri pulsionali, instinctual wishes, libidinal desires.*

através de certo grau de coação: eles não se inclinam espontaneamente a trabalhar e os argumentos são ineficazes contra suas paixões.

Sei o que se poderá dizer contra essas observações. Dirão que o caráter das massas humanas aqui retratado, que provaria a necessidade da coação ao trabalho cultural, é apenas, ele próprio, consequência de instituições* culturais defeituosas, que tornaram os homens amargos, vingativos e intratáveis. Novas gerações, educadas na gentileza e na valorização do pensamento, e tendo experimentado cedo os benefícios da civilização, terão outra relação para com ela, percebendo-a como seu patrimônio mais autêntico e dispostas a fazer os sacrifícios de trabalho e de satisfação instintual que são requeridos para a sua preservação. Elas poderão dispensar a coação e pouco se distinguirão de seus líderes. Se até agora não houve massas humanas dessa qualidade em nenhuma cultura, é porque nenhuma delas encontrou ainda as instituições que influenciem as pessoas de tal maneira, já desde a infância.

Pode-se duvidar que seja de todo possível, ou que o seja agora, no estado atual de nosso domínio da natureza, produzir instituições culturais assim; pode-se perguntar de onde virão os líderes superiores, firmes e desinteressados que serão os educadores das gerações

---

* O termo original — *Einrichtungen* — também admite outras traduções, utilizadas em algumas das versões consultadas, que oferecem: "instituições", *instituiciones*, *normas*, *ordenamenti*, *regulations*, *institutions*. O termo é usado várias vezes neste ensaio.

futuras, e pode-se ficar horrorizado ante o enorme emprego de coação que será inevitável até que se realizem tais intenções. A grandiosidade desse plano e sua importância para o futuro da cultura humana não podem ser questionadas. Ele certamente se baseia na percepção psicológica de que o ser humano é dotado das mais diversas disposições instintuais, cuja orientação definitiva é indicada pelas primeiras vivências da infância. Por causa disso, os limites da educabilidade do ser humano também estabelecem restrições à eficácia de uma transformação cultural desse tipo. Pode-se questionar que um meio cultural diverso consiga — ou até onde conseguiria — eliminar as duas características das massas humanas que tornam tão difícil a condução dos assuntos humanos. O experimento ainda não foi feito. Provavelmente, determinada percentagem da humanidade sempre permanecerá associal, devido a uma predisposição doentia ou a um excesso de força instintual, mas, se for possível converter em minoria a maioria que hoje é hostil à cultura, muito se terá alcançado, talvez tudo o que se pode alcançar.

Não quero dar a impressão de que me afastei muito da via traçada para a minha indagação. Afirmo expressamente, portanto, que não pretendo julgar o grande experimento cultural que agora se faz na imensa terra entre a Europa e a Ásia.* Não possuo os conhecimen-

---

* Alusão à Rússia comunista, naturalmente. Mas veja-se o que ele diz sobre o tema em *O mal-estar na civilização* (1930, cap. v), *Novas conferências introdutórias à psicanálise* (1932, n. 35) e "Por que a guerra?" (1932).

tos nem a capacidade para me pronunciar sobre sua exequibilidade, para examinar a adequação dos métodos empregados ou medir a amplitude do inevitável abismo entre a intenção e a execução. Por ser incompleto, o que ali está sendo preparado não se oferece à reflexão da mesma forma que a nossa civilização, há muito consolidada.

II

Inadvertidamente, passamos do âmbito da economia para o da psicologia. No começo nos inclinamos a enxergar o patrimônio da cultura nos bens disponíveis e nas instituições destinadas à sua distribuição. Mas, com o entendimento de que toda cultura se baseia na coação ao trabalho e na renúncia aos instintos e, portanto, inevitavelmente provoca a oposição daqueles atingidos por tais exigências, tornou-se claro que os próprios bens, os meios para a sua aquisição e os regulamentos para a sua distribuição não podem constituir o essencial ou o único elemento da cultura. Pois eles se acham ameaçados pela rebeldia e pela ânsia destrutiva dos participantes da cultura. Ao lado dos bens, há agora os meios que podem servir para defender a cultura, os meios de coação e de outro tipo, que devem reconciliar os homens com ela e indenizá-los por seus sacrifícios. Esses podem ser caracterizados como o patrimônio psíquico da civilização.

Para nos expressarmos de maneira uniforme, vamos

chamar "frustração"* ao fato de um instinto não poder ser satisfeito, "proibição" ao regulamento que a determina e "privação" ao estado produzido pela proibição. O passo seguinte, então, será distinguir as privações que atingem a todos daquelas que alcançam apenas grupos, classes ou mesmo indivíduos. As primeiras são as mais antigas: com as proibições que as estabeleceram, a cultura começou a desprender-se do estado animal primitivo, há não se sabe quantos milhares de anos. Para nossa surpresa, descobrimos que ainda vigoram, que continuam a formar o núcleo da hostilidade à cultura. Os desejos instintuais que delas se ressentem tornam a nascer com cada criança; há uma classe de pessoas, os neuróticos, que já reagem a essas frustrações com um comportamento associal. Esses desejos instintuais são os do incesto, do canibalismo e do prazer em matar. Causa estranheza colocar esses desejos, que todos os indivíduos parecem unânimes em repudiar, ao lado daqueles em torno dos quais tanto se debate, em nossa cultura, se deveriam ser permitidos ou interditados; mas psicologicamente é justificável fazê-lo. Além disso, a atitude cultural ante esses antiquíssimos desejos instintuais não é absolutamente a mesma, apenas o canibalismo parece proscrito em todo lugar e, para a abordagem não analítica, inteiramente superado; ain-

---

* No original, *Versagung*, substantivo que corresponde ao verbo *versagen*, ("falhar", "recusar, negar"); nas versões consultadas: "frustração", *interdicción, frustración {denegación}, frustrazione, frustration, denial*.

da podemos sentir a força dos desejos incestuosos por trás de sua proibição, e o assassinato, em determinadas circunstâncias, ainda é praticado e até mesmo ordenado por nossa cultura. Talvez o futuro nos reserve desenvolvimentos culturais em que outras satisfações de desejos, agora inteiramente possíveis, parecerão tão inaceitáveis como hoje é o canibalismo.

Já nessas antigas renúncias instintuais comparece um fator psicológico que permanecerá significativo para todas aquelas subsequentes. É incorreto afirmar que a psique humana não experimentou nenhuma evolução desde os tempos mais antigos e, contrastando com os progressos da ciência e da técnica, ainda é a mesma do início da história. Um desses avanços psíquicos podemos demonstrar aqui. Está de acordo com nossa evolução que a coação externa seja gradualmente internalizada, pois uma instância psíquica especial, o Super-eu humano, a acolhe entre os seus mandamentos. Toda criança nos exibe o processo dessa transformação, é o que a torna um ser moral e social. Tal fortalecimento do Super-eu é um valiosíssimo patrimônio cultural psicológico. As pessoas nas quais ele se realizou passam de adversários a portadores da cultura. Quanto maior é o seu número num grupo cultural, tanto mais garantida se acha essa cultura, tanto mais pode prescindir de meios de coação externos. Mas o grau dessa internalização varia muito nas diversas proibições instintuais. Nas mencionadas exigências culturais mais antigas, a internalização parece, se deixamos de lado a indesejável exceção dos neuróticos, amplamente alcançada.

A situação muda quando nos voltamos para as outras exigências instintuais. Nota-se então, com surpresa e inquietação, que a maioria dos indivíduos somente obedece às proibições culturais a elas relativas sob pressão da coação externa, ou seja, apenas quando esta se faz valer e enquanto é temida. Isso acontece também com as chamadas exigências culturais morais, que, do mesmo modo, dirigem-se a todos. A maior parte do que ouvimos falar sobre a pouca retidão moral dos humanos está relacionada a isso. Muitíssimas pessoas civilizadas, que recuariam, horrorizadas, ante o assassinato e o incesto, não se negam à satisfação da sua cobiça, de seu prazer em agredir, de seus apetites sexuais, não deixam de prejudicar outras com mentiras, fraudes e calúnias se puderem fazê-lo impunemente, e assim sempre foi, ao longo de muitas épocas da civilização.

Quanto às restrições que concernem apenas a determinadas classes da sociedade, encontramos condições duras e que jamais foram ignoradas. É de esperar que essas classes desfavorecidas invejem as prerrogativas das privilegiadas e tudo façam para livrar-se de suas privações extras. Quando isso não for possível, haverá uma duradoura insatisfação no interior dessa cultura, que poderá conduzir a rebeliões perigosas. Porém, se uma cultura não foi além do ponto em que a satisfação de uma parte de seus membros tem como pressuposto a opressão de outra parte, talvez da maioria — e esse é o caso de todas as culturas atuais —, então é compreensível que esses oprimidos desenvolvam forte hostilidade em relação à cultura que viabilizam mediante seu trabalho, mas de cujos bens participam muito pouco. Assim, não se pode esperar uma internalização das proibições culturais nos oprimidos; pelo contrário, eles não se dispõem a reconhecê-las, empenham-se em destruir a própria cultura, e eventualmente em abolir seus pressupostos. A hostilidade à cultura dessas classes é tão evidente que não se deu atenção à hostilidade mais latente das camadas favorecidas da sociedade. Não é preciso dizer que uma cultura que deixa insatisfeito e induz à revolta um número tão grande de participantes não tem perspectivas de se manter duradouramente, nem o merece.

O grau de internalização dos preceitos culturais — ou, expresso de maneira popular e não-psicológica: o nível moral dos participantes — não é o único bem de natureza psíquica a ser considerado na avaliação de uma cultura. Há também o seu patrimônio de ideais e criações artísticas, ou seja, as satisfações que podem ser obtidas de ambos.

Com muita facilidade se tende a incluir entre os bens psíquicos de uma cultura os seus ideais, ou seja, as estimativas do que seriam as realizações mais elevadas e mais dignas de serem buscadas. Inicialmente parece que esses ideais determinariam as realizações do grupo cultural; o que sucederia de fato, porém, seria os ideais se formarem após as primeiras realizações possibilitadas pela ação conjunta de dotes interiores e circunstâncias externas de uma cultura, e essas primeiras realizações serem mantidas pelo ideal para terem continuação. Logo, a satisfação que o ideal oferece aos participantes da cultura é de natureza narcísica, baseia-se no orgulho pela realização já conseguida. Para ser completa, necessita da comparação com outras culturas, que se dedicaram a outras realizações e desenvolveram outros ideais. Em virtude dessas diferenças, cada cultura se arroga o direito de menosprezar as outras. Dessa maneira, os ideais culturais se tornam ensejo para discórdia e inimizade entre diferentes grupos culturais, como claramente se vê entre as nações.

A satisfação narcísica advinda do ideal cultural é também uma das forças que atuam eficazmente contra a hostilidade à cultura no interior do grupo cultural. Não apenas as classes privilegiadas que desfrutam os benefícios dessa cultura, mas também os oprimidos podem partilhar essa satisfação, pois o direito de desprezar aqueles de fora os compensa pelos danos que sofrem no seu próprio grupo. O indivíduo pode ser um miserável plebeu, importunado por dívidas e pelo serviço militar, mas é um cidadão de Roma, tem seu quinhão na tarefa de dominar outras nações e ditar-lhes as leis. Mas essa identificação dos oprimidos com a classe que os domina e explora é apenas parte de um contexto maior. Aqueles podem estar afetivamente ligados a esta; apesar da hostilidade, enxergam nos senhores o seu ideal. Se não existissem tais relações fundamentalmente satisfatórias, seria incompreensível que certas culturas se conservassem por tanto tempo, não obstante a justificada hostilidade de grandes massas.

De outro gênero é a satisfação que a arte confere aos participantes de um grupo cultural, embora permaneça geralmente inacessível às massas, absorvidas no trabalho extenuante e desprovidas de educação pessoal. A arte, como há muito sabemos, oferece satisfações substitutivas para as mais antigas renúncias ligadas à cultura, ainda hoje as mais profundamente sentidas, e por isso contribui, mais que qualquer outra coisa, para reconciliar-nos com os sacrifícios que envolvem essas renúncias. Por outro lado, suas criações elevam os sentimentos de identificação, de que todo grupo cultural necessita, ao dar ensejo a experiências emocionais vivenciadas conjuntamente e altamente apreciadas. Mas também servem à satisfação narcísica, quando representam as realizações de determinada cultura e lembram, de forma impressionante, os seus ideais.

Ainda não foi mencionado o que talvez seja o mais importante elemento do inventário psíquico de uma cultura: suas ideias religiosas no mais amplo sentido — em outras palavras, a serem justificadas mais adiante, suas ilusões.

III

Em que reside o valor especial das ideias religiosas?

Falamos aqui da hostilidade à cultura, gerada pela pressão que esta exerce, pelas renúncias instintuais que exige. Imaginemos que suas proibições fossem abolidas: um homem poderia escolher como objeto sexual toda mulher que lhe agradasse, poderia liquidar tranquilamente seu rival ou quem mais estivesse em seu caminho, também poderia tomar qualquer dos bens do outro sem necessidade de permissão, que beleza seria então a vida, que sequência de satisfações! É verdade que logo ele encontraria dificuldades. Cada qual teria os mesmos desejos, e não o trataria de modo mais indulgente do que foi por ele tratado. No fundo, portanto, apenas um indivíduo teria felicidade irrestrita, eliminando-se as restrições culturais: um tirano, um ditador que açambarcasse todos os instrumentos de poder; e mesmo ele teria bons motivos para desejar que os outros observassem pelo menos um dos mandamentos da cultura: o que diz "não matarás".

Mas como seria ingrato, como seria tolo pretender abolir a cultura! O que então restaria seria o estado da natureza, e este é bem mais difícil de suportar. É certo que a natureza não exigia de nós nenhuma restrição dos instintos, permitia-nos fazer de tudo; mas ela tem sua maneira particularmente eficaz de nos restringir, ela nos mata, de modo frio, cruel e inabalável, assim nos parece, e talvez justamente através das coisas que nos satisfazem. Foi precisamente por causa desses perigos com que nos ameaça a natureza que nos juntamos e criamos a cultura, que se destina, entre outras coisas, a tornar possível nossa vida em comum. A principal tarefa da cultura, sua autêntica razão de ser, é nos defender contra a natureza.

Sabe-se que em muitos aspectos ela já o faz razoavelmente bem, e, pelo visto, fará melhor ainda no futuro. Mas ninguém comete o engano de achar que a natureza já está dominada, e poucos têm a audácia de esperar que algum dia ela se sujeite inteiramente ao ser humano. Existem os elementos, que parecem zombar de toda tentativa de coação humana; a terra, que treme, se abre e soterra o que é humano ou obra do homem; a água, que tudo inunda e afoga ao sublevar-se; a tempestade, que tudo varre para longe; há as doenças, que há pouco tempo descobrimos serem ataques de outros seres vivos; e, por fim, o doloroso enigma da morte, para a qual até agora não se achou e provavelmente não se achará remédio. Com essas forças a natureza se ergue contra nós, majestosa, cruel, implacável, sempre nos recordando nossa fraqueza e desvalia, que pensávamos haver superado mediante o trabalho da civilização. Uma das poucas impressões agradáveis e comoventes que podemos ter da humanidade sucede quando, em vista de uma catástrofe natural, ela se esquece de suas discordâncias culturais, de todas as dificuldades e hostilidades internas e se lembra da grande tarefa comum que é sua preservação ante o superior poder da natureza.

Assim como para o conjunto da humanidade, também para o indivíduo é difícil suportar a existência. A cultura de que ele participa lhe impõe certo grau de privação, e as demais pessoas lhe trazem alguma medida de sofrimento, apesar dos preceitos da cultura ou devido às imperfeições dela. A isto se acrescentam os golpes que recebe da natureza indomada — por ele chamados "destino". A consequência dessa situação teria de ser um estado constante de expectativa angustiada e uma severa afronta ao narcisismo natural. Já sabemos como o indivíduo reage aos danos que sofre da cultura e das demais pessoas, ele desenvolve um correspondente grau de resistência às regulamentações dessa cultura, de hostilidade a ela. Mas como se defende ele dos poderes superiores da natureza, do destino, que o ameaçam como todos os demais?

A cultura o dispensa dessa tarefa, executando-a para todos igualmente; e é notável, nisso, que quase todas as culturas ajam da mesma forma. Ela não cessa de realizar sua tarefa de proteger o homem contra a natureza, ela a continua por outros meios. A tarefa é múltipla, a autoestima gravemente ameaçada do ser humano exige consolação, o mundo e a vida devem ficar livres de pavores e, além disso, a ânsia de saber humana — impelida, é verdade, por fortes interesses práticos — também pede uma resposta.

Muito já se obteve com o primeiro passo. Ele consistiu em humanizar a natureza. De forças e destinos impessoais não podemos nos aproximar, eles são eternamente distantes. Mas, se nos elementos as paixões se agitam como no interior da própria alma, se nem sequer a morte é algo espontâneo, e sim o ato violento de uma virtude maligna, se em toda parte, na natureza, o indivíduo está rodeado de seres tais como os que conhece da própria sociedade, então ele respira aliviado, sente-se em casa num meio inquietante, pode elaborar psiquicamente a sua angústia sem sentido. Talvez ainda esteja indefeso, mas não mais paralisado e desvalido, pode ao menos reagir; sim, talvez não esteja sequer indefeso, e possa utilizar, contra os violentos super-homens lá fora, os mesmos recursos que emprega em sua sociedade, tentando suplicar-lhes, aplacá-los, suborná-los, tirando-lhes, assim, parte de seu poder. Tal substituição de uma ciência natural pela psicologia não apenas produz alívio imediato, também mostra o caminho para um subsequente controle da situação.

Pois tal situação não é nova, ela tem um modelo infantil; é, na realidade, apenas a continuação daquela anterior, pois o indivíduo já se encontrou assim desamparado: quando pequeno, perante o pai e a mãe, que ele tinha razões para temer, sobretudo o pai, cuja proteção, porém, também estava seguro de ter, ante os perigos que então conhecia. De modo que era natural igualar as duas situações. E, assim como na vida onírica, o desejo tem seu papel. Um pressentimento da morte assalta aquele que dorme, quer conduzi-lo ao túmulo, mas o trabalho do sonho sabe escolher as condições em que mesmo esse temido acontecimento se torna uma realização de desejo: aquele que sonha se vê num antigo túmulo etrusco, ao qual desceu feliz, contente por satisfazer seu interesse arqueológico. De modo semelhante, o ser humano transforma as forças naturais não simplesmente em indivíduos, com os quais pode lidar como faz com seus iguais — isso não faria jus à impressão avassaladora que elas lhe causam —, mas lhes dá um caráter paterno, transforma-as em deuses, e nisso segue um modelo não apenas infantil, mas também filogenético, como procurei mostrar.

Com o passar do tempo, foram feitas as primeiras observações sobre a regularidade dos fenômenos naturais e sua conformidade a leis, e as forças da natureza perderam seus traços humanos. Mas permanece o desamparo do ser humano, e, com isso, o anseio pelo pai, e os deuses. Esses conservam sua tripla tarefa: afastar os terrores da natureza, conciliar os homens com a crueldade do destino, tal como ela se evidencia na morte, sobretudo, e compensá-los pelos sofrimentos e privações que lhes são impostos pela vida civilizada que partilham.

Mas gradualmente foi deslocada a ênfase, no tocante a essas funções. Observou-se que os fenômenos naturais se desenvolvem por si, conforme necessidades internas; certamente são os deuses os senhores da natureza, eles a dispuseram assim, e agora podem abandoná-la a si mesma. Apenas ocasionalmente, nos chamados "milagres", eles interferem no seu curso, como que para garantir que nada cederam do seu poder original. No que concerne à distribuição dos destinos, persiste a desagradável suspeita de que a perplexidade e o desamparo humanos não podem ser remediados. É nisso, antes de tudo, que os deuses fracassam. Se eles próprios fizeram o destino, temos de considerar inescrutável sua deliberação; o povo mais talentoso da Antiguidade vislumbrou que existe a *Moira* [destino, fatalidade] acima dos deuses, e que os próprios deuses têm seus destinos. E quanto mais a natureza se torna independente, quanto mais os deuses dela se retiram, tanto mais seriamente as expectativas se voltam para a terceira função que lhes foi atribuída, tanto mais a esfera moral se torna o seu verdadeiro domínio. Passa a ser tarefa divina compensar os defeitos e prejuízos da civilização, atentar para os sofrimentos que os homens infligem uns aos outros na vida em comum, zelar pelo cumprimento dos preceitos culturais a que os homens obedecem tão mal. As próprias normas culturais são tidas como de origem divina, são elevadas acima da sociedade humana, estendidas para a natureza e o universo.

Assim é criado um acervo de concepções, nascido da necessidade de fazer suportável o desvalimento humano, e construído com o material das lembranças da infância do indivíduo e da raça humana. Vê-se claramente que esse patrimônio protege os seres humanos em duas direções: contra os perigos da natureza e do destino e contra os danos oriundos da própria sociedade humana. Eis o que ele diz, em seu conjunto: a vida neste mundo serve a um propósito mais elevado, que certamente não é fácil de descobrir, mas que significa, não há dúvida, um aperfeiçoamento da natureza humana. O objeto dessa elevação e exaltação deve ser o elemento espiritual do homem, a alma, que ao longo do tempo se separou de maneira tão lenta e relutante do seu corpo. Tudo o que sucede neste mundo é a realização dos propósitos de uma inteligência superior, que, embora por vias e desvios nada fáceis de acompanhar, termina guiando tudo para o bem, ou seja, para o que nos contenta. Cada um de nós é velado por uma Providência bondosa, só aparentemente severa, que não permite que nos tornemos joguete de forças naturais poderosas e implacáveis. A própria morte não é aniquilação, retorno à inorgânica ausência de vida, mas sim o começo de uma nova espécie de existência que se acha no caminho para um desenvolvimento superior. E, voltando-nos para a outra direção, as mesmas leis morais que nossas culturas instituíram também governam todo o universo, com a diferença de que são mantidas por uma instância judicial suprema de muito maior poder e consistência. Todo o bem encontra enfim sua recompensa, todo o mal seu castigo, se não nesta forma da vida, então nas existências posteriores, que começam após a morte. Assim, todos os terrores, sofrimentos e durezas da vida estão fadados à extinção; a vida após a morte, que dá continuidade à nossa vida terrena, tal como a parte invisível do espectro se acrescenta à visível, traz toda a perfeição de que podemos ter sentido falta aqui. E a superior sabedoria que dirige esse desenvolvimento, a infinita bondade que nele se manifesta, a justiça que nele se implementa, são os atributos dos seres divinos que também nos criaram, a nós e ao mundo como um todo; ou antes do ser divino único em que se condensaram, na nossa cultura, todos os deuses das eras passadas. O povo que primeiramente realizou essa concentração dos atributos divinos teve bastante orgulho desse progresso. Ele pôs à mostra o pai que desde sempre se ocultara, como um núcleo, em cada figura divina. Isso foi, no fundo, um retorno aos começos históricos da ideia de Deus. Agora que Deus era único, as relações com ele podiam reaver a intimidade e intensidade dos laços infantis com o pai. Mas, se fez tanto pelo pai, esse povo também quis ser recompensado, quis ser o único filho amado, o Povo Eleito. Muito tempo depois, a piedosa América pretendeu ser *"God's own country"* [o país de Deus], e, como uma das formas de os homens venerarem a divindade, a pretensão é válida.

As concepções religiosas aqui resumidas perfizeram naturalmente uma longa evolução, foram adotadas por culturas diversas em fases diversas. Tomei apenas uma dessas fases de evolução, que corresponde aproximadamente à forma final assumida em nossa cultura de hoje, branca e cristã. É fácil notar que nem todas as partes desse todo se harmonizam, que nem todas as questões prementes são respondidas, que apenas com algum esforço a divergência da experiência cotidiana pode ser rechaçada. Mas, tal como são, essas concepções — religiosas no sentido mais amplo — são tidas como o mais precioso patrimônio da cultura, a coisa mais valiosa que ela tem a oferecer aos seus participantes, são bem mais apreciadas que todas as artes para extrair da Terra seus tesouros, para prover a humanidade de alimentos, prevenir suas doenças etc. As pessoas acreditam não poder suportar a vida, se não derem a tais concepções o valor que é reivindicado para elas. Cabe então perguntar: o que são essas concepções à luz da psicologia, de onde vem sua alta estima, e, arriscando timidamente, qual o seu real valor?

IV

Uma investigação que procede como um monólogo, imperturbada, não é isenta de perigos. Cede-se facilmente à tentação de afastar pensamentos que buscam interrompê-la, adquirindo-se em troca um sentimento de insegurança que, por fim, pretende-se vencer mediante excessiva resolução. Por isso imaginarei um oponente que segue meus argumentos com desconfiança, e lhe cederei a palavra de quando em quando.

Já o ouço dizer: "Você* usou várias vezes expressões como 'a cultura cria essas concepções religiosas', 'a cultura as coloca à disposição de seus membros', e há algo de estranho nelas; não sei explicar por quê, mas não parece tão evidente como dizer que a cultura criou regulamentos sobre a distribuição dos produtos do trabalho ou sobre os direitos relativos à mulher e aos filhos".

Acho, porém, que é justificado expressar-se dessa forma. Procurei mostrar que as concepções religiosas se originaram da mesma necessidade que todas as demais conquistas da civilização, da necessidade de proteger-se do opressivo poder superior da natureza. A isso juntou-se um segundo motivo, o impulso de corrigir as imperfeições da cultura, dolorosamente sentidas. E é pertinente afirmar que a cultura proporciona ao indivíduo essas concepções, pois ele já as encontra, elas lhe são trazidas prontas, ele não seria capaz de chegar a elas por si só. Ele entra de posse na herança de muitas gerações, dela se apropria como da tabuada, da geometria etc. É certo que há aqui uma diferença, mas ela se acha em outro aspecto, ainda não pode ser esclarecida. O sentimento de estranheza que você menciona pode se ligar ao fato de que esse patrimônio de concepções religiosas nos é geralmente apresentado como revelação divina. Mas isso mesmo já é parte do sistema religioso, ignora completamente o que se sabe do desen-

---

* Ver nota sobre o uso desse pronome acima, p. 132.

volvimento histórico dessas ideias e de suas diferenças em épocas e culturas diversas.

"Eis outro ponto, que me parece mais relevante. Segundo você, a antropomorfização da natureza vem da necessidade de pôr fim à perplexidade e ao desamparo humanos em face das temidas forças naturais, de estabelecer relação com elas e influenciá-las por fim. Mas tal motivo parece desnecessário. O homem primitivo não tem mesmo escolha, não tem outro modo de pensar. É natural, é como que inato, para ele, projetar no mundo seu ser, enxergar todos os eventos que observa como manifestações de seres que, no fundo, são semelhantes a ele próprio. Este é seu único método de compreensão. De maneira nenhuma é evidente, mas sim uma coincidência notável, que ele teria e tenha logrado satisfazer uma de suas grandes necessidades dando rédea larga à sua disposição natural."

Isso não me parece tão extraordinário. Então você acha que o pensamento humano não tem motivos práticos, é somente expressão de uma desinteressada ânsia de saber? Isso é bastante improvável. Acredito, isto sim, que o ser humano, mesmo quando personifica as forças naturais, segue um modelo infantil. Ele aprendeu, com base nas pessoas de seu primeiro ambiente, que estabelecer uma relação com elas é o caminho para influenciá-las, e, por isso, com a mesma intenção tratará depois tudo o que encontra, tal como tratava aquelas pessoas. De modo que não contradigo sua observação descritiva, é mesmo natural, para o ser humano, personificar tudo o que quer compreender, para depois controlá-lo — o domínio psíquico como preparação para o físico —, mas eu acrescento o motivo e a gênese dessa peculiaridade do pensamento humano.

"E agora um terceiro ponto. Você já abordou antes a origem da religião, em seu livro *Totem e tabu* [1913]. Mas ali é diferente. Tudo consiste na relação pai-filho, Deus é o pai elevado, o anseio pelo pai é a raiz da necessidade religiosa. Desde então, ao que parece, você descobriu o fator da impotência e desamparo humanos, ao qual é geralmente atribuído o papel principal na formação das religiões, e agora você transpõe para o desamparo tudo o que antes era complexo paterno. Pode me dar algum esclarecimento sobre essa mudança?"

De bom grado, eu apenas aguardava esta solicitação. Mas será realmente uma mudança? *Totem e tabu* não pretendeu explicar a origem das religiões, apenas a do totemismo. Você poderia, a partir de alguma das abordagens que conhece, explicar por que a primeira forma em que a divindade protetora se manifestou ao ser humano foi a de um animal, por que havia a proibição de matar e devorar esse animal e, ao mesmo tempo, o costume solene de uma vez por ano matá-lo e devorá-lo? É justamente isso o que ocorre no totemismo. Não seria muito pertinente discutir se o totemismo deve ou não ser chamado de religião. Ele tem estreitas relações com as posteriores religiões de deuses, os animais totêmicos se tornam os animais sagrados dos deuses. As primeiras e também mais profundas restrições morais — as proibições de assassinato e de incesto — surgem no âmbito do totemismo. Aceitando ou não as conclusões de *Totem e tabu*, você admitirá — espero — que nele um bom número de fatos dispersos e bastante notáveis é reunido num todo coerente.

A questão de por que, com o passar do tempo, o deus animal não bastou e foi substituído pelo deus humano mal foi tocada em *Totem e tabu*, e outros problemas ligados à formação das religiões não foram sequer mencionados naquela obra. Você acha que tal limitação equivale a uma negação? Meu trabalho é um bom exemplo de estrita demarcação da parte que a abordagem psicanalítica pode contribuir para a solução do problema da religião. Se agora busco acrescentar o resto, que se acha menos oculto, você não deve me acusar de contradição, tal como antes me acusou de parcialidade. É tarefa minha, naturalmente, assinalar as vias de ligação entre o que disse antes e o que apresento agora, entre a motivação mais profunda e a manifesta, entre o complexo paterno e o desamparo e necessidade de proteção do ser humano.

Não é difícil encontrar essas ligações. Trata-se das relações que o desamparo da criança tem com aquele do adulto, que lhe dá prosseguimento, de modo que, como seria de esperar, a motivação psicanalítica da formação da religião se torna a contribuição infantil para a sua motivação manifesta. Transportemo-nos para a vida psíquica de uma criança pequena. Lembra-se do tipo de escolha de objeto por apoio, de que fala a psicanálise? A libido acompanha as vias das necessidades narcísicas e se apega aos objetos que garantem sua satisfação. Assim, a mãe que satisfaz a fome da criança torna-se o primeiro objeto de amor e, certamente, também a primeira proteção contra todos os perigos indeterminados e ameaçadores do mundo exterior, a primeira proteção contra a angústia, podemos dizer.

Nessa função, logo a mãe é substituída pelo pai, que é mais forte e a exercerá por toda a infância. Mas a relação com o pai é dotada de uma peculiar ambivalência. Ele próprio constitui um perigo, talvez devido à anterior relação com a mãe. Assim, a criança o teme tanto quanto anseia por ele e o admira. Os sinais dessa ambivalência da relação com o pai se acham profundamente gravados em todas as religiões, como também mostrei em *Totem e tabu*. Quando o indivíduo em crescimento percebe que está destinado a permanecer uma criança, que nunca pode prescindir da proteção contra superiores poderes desconhecidos, empresta a esses poderes os traços da figura paterna, cria os deuses que passa a temer, que procura cativar e aos quais, no entanto, confia sua proteção. Dessa maneira, o motivo do anseio pelo pai equivale à necessidade de proteção contra os efeitos da impotência humana; a defesa contra o desamparo infantil empresta à reação ao desamparo que o adulto tem de reconhecer — que é justamente a formação da religião — seus traços característicos. Mas não é intenção nossa examinar aqui o desenvolvimento da noção de Deus; interessa-nos o patrimônio já completo das ideias religiosas, tal como a cultura o transmite ao indivíduo.

V

Para retomar o fio de nossa investigação: qual é, portanto, o significado psicológico das ideias religiosas, e como podemos classificá-las? Não é nada fácil responder imediatamente a essa questão. Após haver descartado diversas formulações, ficaremos com esta: as ideias religiosas são ensinamentos,* enunciados sobre fatos e condições da realidade externa (ou interna) que dizem algo que a pessoa não descobriu por si e que exigem a crença. Como nos informam acerca do que é mais importante e mais interessante na vida, são altamente valorizadas. Quem nada sabe delas é muito insciente; quem as incorporou ao próprio saber pode se considerar bastante enriquecido.

Claro que existem ensinamentos sobre as mais diversas coisas deste mundo. Toda aula de escola está plena deles. Tomemos a de geografia. Nela ouvimos que Constança fica no Bodensee.** Uma canção estudantil acrescenta: "Quem não acredita, vá lá e veja". Por acaso estive lá, e posso confirmar que a bela cidade fica à margem de uma vasta superfície de água que todos os habitantes do local chamam Bodensee. Agora também estou convencido da justeza dessa afirmação de caráter geográfico. Mas recordo-me de outra experiência,

---

* No original: *Lehrsätze*; nas versões consultadas: "proposições", *principios, enseñanzas, assiomi, teachings, dogmas*.
** Bodensee (*See* significa "lago") é o nome alemão do lago de Constança. O verso da canção estudantil, que é citado em seguida, rima com esse nome: "*Wer's nicht glaubt, geh' hin und seh'*".

bastante notável. Eu já era um homem maduro quando estive, pela primeira vez, na colina da Acrópole de Atenas, em meio às ruínas do templo, tendo a visão do mar azul. Ao meu contentamento mesclou-se uma sensação de espanto, que assim se expressava em mim: "Então é realmente como aprendemos na escola! E como devia ser fraca e superficial a crença que eu tinha na realidade do que me diziam lá, se hoje fico tão assombrado!". Mas não quero enfatizar demais a importância dessa experiência; é possível dar outra explicação para meu assombro, que não me ocorreu então e que é de natureza puramente subjetiva, relacionando-se ao caráter especial do lugar.*

Todos esses ensinamentos requerem, portanto, a crença em seus conteúdos — mas não sem fundamentar sua pretensão. Eles se apresentam como o resultado abreviado de um longo processo de pensamento baseado na observação e, sem dúvida, também na inferência. Se alguém pretende refazer por si esse processo, em vez de apenas aceitar sua conclusão, eles lhe mostram o caminho para isso. E quando o ensinamento não é óbvio, como é nas afirmações de natureza geográfica, sempre é dada a origem do conhecimento que ele proclama. Por exemplo, o de que a Terra tem o formato de uma esfera; como provas disso são aduzidos a experiência do pêndulo de Foucault, o comportamento do horizonte, a possibilidade de circum-navegar a Terra. Sendo impra-

---

* O episódio é narrado e interpretado em "Um distúrbio de memória na Acrópole" (1936).

ticável — como reconhecem todos os interessados — enviar todo estudante para uma viagem ao redor do mundo, contentamo-nos em fazer que os ensinamentos escolares sejam aceitos "de boa-fé", sabendo, no entanto, que sempre estará aberto o caminho para o convencimento pessoal.

Vamos tentar usar o mesmo critério nos ensinamentos religiosos. Quando perguntamos em que se fundamenta sua reivindicação de que as pessoas acreditem neles, recebemos três respostas que, curiosamente, não se harmonizam muito bem entre si. Primeiro, são dignos de fé porque nossos ancestrais já acreditavam neles; em segundo lugar, possuímos provas que nos foram transmitidas dessa mesma época pré-histórica; por último, é simplesmente proibido questionar essa comprovação. Antes esse atrevimento era punido com as mais severas penas, e ainda hoje a sociedade não gosta de vê-lo renovado.

Esse terceiro ponto suscita fortes reservas de nossa parte. O único motivo que pode haver para essa proibição é que a sociedade sabe perfeitamente como é precária a reivindicação que faz para suas doutrinas religiosas. Não fosse assim, de bom grado ela colocaria o material pertinente à disposição de todo aquele que busca por si próprio chegar a uma convicção. Por isso, é com uma desconfiança difícil de ser atenuada que passamos a examinar os outros dois argumentos. Devemos acreditar porque nossos antepassados acreditavam. Mas esses nossos ancestrais sabiam muito menos do que nós, acreditavam em coisas que hoje em dia não podemos aceitar. É possível, então, que também as doutrinas religiosas sejam desse tipo. As provas que elas nos deixaram estão consignadas em textos que trazem eles mesmos todas as características de algo duvidoso. São contraditórios, foram retocados, falsificados; quando relatam comprovações factuais, eles mesmos carecem de comprovação. Em nada ajuda afirmar que suas palavras, ou apenas seu conteúdo, têm origem na revelação divina, pois tal afirmação é, em si mesma, parte das doutrinas que devem ter sua credibilidade investigada, e, obviamente, nenhum enunciado pode provar a si mesmo.

Assim, chegamos ao curioso resultado de que precisamente as manifestações de nosso patrimônio cultural que poderiam ter o maior significado para nós, que têm o papel de nos esclarecer os enigmas do universo e nos reconciliar com os sofrimentos da vida — precisamente elas têm as mais frágeis comprovações. Mesmo um fato bastante indiferente para nós, como o de as baleias parirem os filhotes, em vez de botarem ovos, nós não conseguiríamos aceitar se ele não pudesse ter melhor confirmação.

Isso é um notável problema psicológico em si mesmo. Mas não se pense que as observações anteriores sobre o caráter indemonstrável das doutrinas religiosas contêm algo de novo. Ele foi percebido em todas as épocas; certamente, também, pelos ancestrais que nos deixaram tal herança. É provável que muitos deles tivessem as mesmas dúvidas que nós, mas estavam submetidos a uma pressão muito forte, não ousariam expressá-las. Desde então, incontáveis indivíduos se atormentaram com as mesmas dúvidas, que quiseram suprimir porque se acreditavam na obrigação de crer; muitos intelectos brilhantes sucumbiram nesse conflito, muitos caracteres sofreram danos devido aos compromissos nos quais buscavam uma saída.

Se todas as provas que são aduzidas em favor da credibilidade dos ensinamentos religiosos vêm do passado, é natural olhar em redor e ver se o presente, que podemos julgar melhor, também não poderia oferecer tais provas. Se conseguíssemos, dessa forma, pôr a salvo de dúvidas um só componente do sistema religioso, todo o conjunto ganharia extraordinariamente em credibilidade. A isso relaciona-se a atividade dos espíritas, que estão convencidos da sobrevivência da alma individual e querem demonstrar de maneira indiscutível a veracidade desse ponto da doutrina religiosa. Mas infelizmente não conseguem refutar o argumento de que as aparições e manifestações dos seus espíritos são apenas produtos de sua própria atividade psíquica. Eles evocaram os espíritos de grandes homens, de eminentes pensadores, mas todos os pronunciamentos e informações que deles receberam eram tão tolos, tão irremediavelmente vazios, que não podemos acreditar em outra coisa senão na capacidade que têm os espíritos de se adaptar ao círculo de pessoas que os invoca.

Agora devemos considerar duas tentativas que nos dão a impressão de serem enérgicos esforços de escapar ao problema. Uma, de natureza bastante forçada, é antiga; a outra, sutil e moderna. A primeira é o *Credo quia* *absurdum* daquele Pai da Igreja.* Isso quer dizer que as doutrinas religiosas se subtraem às exigências da razão, que estão acima da razão. Deve-se sentir interiormente a sua verdade, não é necessário compreendê-las. Ocorre que esse *Credo* é interessante apenas como confissão pessoal, como imperativo não tem valor de obrigatoriedade. Devo ser obrigado a crer em todo absurdo? E, se não, por que precisamente nesse? Não há instância acima da razão. Se a verdade das doutrinas religiosas depender de uma vivência interior que ateste essa verdade, o que fazer das muitas pessoas que não têm essa rara vivência? Pode-se requerer que todas as pessoas utilizem o dom da razão que possuem, mas não se pode estabelecer uma obrigação válida para todos com base num motivo que existe apenas para uns poucos. Se um indivíduo obtém a convicção inabalável da verdade das doutrinas religiosas após ser tomado de profundo êxtase, que significado tem isso para os outros?

A segunda tentativa é a da filosofia do "como se". Ela diz que em nossa atividade de pensamento há bastantes suposições cuja falta de fundamento, e até mesmo absurdo, nós percebemos inteiramente. São chamadas "ficções", mas por diversos motivos práticos temos de nos comportar "como se" acreditássemos nelas. Seria o caso das doutrinas religiosas, devido à sua inigualável impor-

---

* "Creio por ser absurdo": frase de origem desconhecida, mas atribuída a Tertuliano (*c.* 160-*c.* 220). Segundo Paulo Rónai (em *Não perca seu latim*, Rio de Janeiro: Nova Fronteira, 5ª ed., 1980), pode ser adaptação da seguinte frase desse teólogo: "*Certum est quia impossibile est*", "É certo, porque é impossível" (em *Da carne de Cristo*, cap. 5).

tância para a preservação da sociedade humana.[1] Essa argumentação não se acha muito distante do *Credo quia absurdum*. Mas acho que o requisito do "como se" é de natureza tal que somente um filósofo é capaz de fazê-lo. O indivíduo cujo pensamento não é influenciado pelas artes da filosofia jamais poderá aceitá-lo; para ele, tudo está encerrado com a admissão do caráter absurdo, contrário à razão. Ele não pode, justamente ao tratar de seus mais relevantes interesses, ser levado a renunciar às certezas que requer para todas as suas atividades habituais. Lembro-me de um de meus filhos, que cedo se destacou por enfatizar bastante a objetividade. Quando se contava às crianças uma história, que elas escutavam com solene atenção, ele vinha e perguntava: "Essa história é verdadeira?". Ao lhe responderem que não, ele se afastava, com expressão de desdém. É de esperar que as pessoas logo se comportem de igual maneira em relação às fábulas religiosas, apesar da recomendação do "como se".

Mas atualmente elas ainda se comportam de maneira bem diferente, e em épocas passadas, não obstante sua indiscutível falta de comprovação, as ideias religiosas exer-

---

[1] Espero não cometer uma injustiça ao atribuir ao filósofo do "como se" uma concepção que também não é estranha a outros pensadores. Cf. H. Vaihinger, *Die Philosophie des Als ob* [A filosofia do "como se"], 8ª ed., 1922, p. 68: "Nós incluímos no âmbito da ficção não apenas operações teóricas indiferentes, mas também conceitos imaginados pelos homens mais nobres, a que se apegam os corações da parte mais nobre da humanidade, e que esta não permite que lhe sejam arrancados. E tampouco pretendemos fazer isso — deixamos que tudo continue a existir como *ficção prática*; como *verdade teórica*, porém, desaparece".

ceram fortíssima influência sobre a humanidade. Esse é um novo problema psicológico. Devemos perguntar: em que consiste a força interna dessas doutrinas e a que devem sua eficácia, que independe da aceitação racional?

VI

Creio que já preparamos suficientemente a resposta a ambas as perguntas. Ela surge quando consideramos a gênese psíquica das ideias religiosas. Estas, que se proclamam ensinamentos, não são precipitados da experiência ou resultados finais do pensamento: são ilusões, realizações dos mais antigos, mais fortes e prementes desejos da humanidade; o segredo de sua força é a força desses desejos. Como já sabemos, a terrível impressão deixada pelo desamparo da criança despertou a necessidade de proteção — proteção através do amor —, fornecida pelo pai; e a compreensão de que esse desamparo continua por toda a vida motivou o apego à existência de outro pai — agora mais poderoso. Mediante a benévola ação da Providência divina, a angústia ante os perigos da vida é atenuada; o estabelecimento de uma ordem moral universal assegura o cumprimento da exigência de justiça, que tão frequentemente deixou de ser cumprida no interior da cultura humana; a continuação da existência terrena numa vida futura fornece a moldura especial e temporal em que devem se consumar essas realizações de desejos. Dentro dos pressupostos desse sistema são elaboradas respostas aos enigmas da humana ânsia de saber, como o da origem do mundo ou o da relação entre o físico e o psíquico. É um enorme alívio, para a psique individual, que os conflitos da infância originados do complexo paterno (e nunca inteiramente superados) lhe sejam tirados e levados a uma solução aceita por todos.

Se afirmo que todas essas coisas são ilusões, tenho que delimitar o sentido da palavra. Uma ilusão não é idêntica a um erro, tampouco é necessariamente um erro. A opinião de Aristóteles, de que os vermes nascem da sujeira — partilhada ainda hoje pelo povo ignorante —, era um erro, assim como a de uma geração anterior de médicos, segundo a qual a tabes dorsal* resulta de excessos sexuais. Seria incorreto chamar de ilusões esses erros. Por outro lado, foi uma ilusão, da parte de Colombo, achar que havia descoberto um novo caminho marítimo para a Índia. É bastante clara, nesse erro, a participação de seu desejo. Pode-se designar como uma ilusão a afirmação de certos nacionalistas, segundo a qual os indo-germanos são a única raça humana capaz de civilização, ou a crença, que somente a psicanálise destruiu, de que a criança é um ser desprovido de sexualidade. É característico da ilusão o fato de derivar de desejos humanos, nesse aspecto ela se aproxima do delírio psiquiátrico; mas, ainda não considerando a mais complicada estrutura do delírio, também se diferencia dele. O que destacamos como essencial no delírio é a contradição com a realidade; a ilusão não tem de ser necessariamente falsa, isto

---

* Neuropatia provocada pela degeneração da medula espinhal, resultante do não tratamento da sífilis.

é, irrealizável ou contrária à realidade. Uma garota de classe média, por exemplo, pode ter a ilusão de que um príncipe virá buscá-la. É algo possível, já aconteceram casos assim. Bem menos provável é que venha o Messias e dê início a uma nova Idade de Ouro; conforme a atitude pessoal daquele que julga, ele classificará essa crença como ilusão ou como análoga ao delírio. Exemplos de ilusões que se tornaram realidade não são fáceis de encontrar. Mas a ilusão dos alquimistas, de poder transformar qualquer metal em ouro, poderia ser uma delas. O desejo de ter muito ouro, tanto ouro quanto possível, foi amortecido por nossa atual compreensão do que determina a riqueza, mas a química já não vê como impossível a transformação dos metais em ouro. Desse modo, chamamos uma crença de ilusão quando em sua motivação prevalece a realização de desejo, e nisso não consideramos seus laços com a realidade, assim como a própria ilusão dispensa a comprovação.

Após esse esclarecimento, vamos retornar às doutrinas religiosas; e podemos repetir que todas elas são ilusões, são indemonstráveis, ninguém pode ser forçado a tomá-las por verdadeiras, a acreditar nelas. Algumas são tão improváveis, tão incompatíveis com tudo o que laboriosamente viemos a saber sobre a realidade do mundo, que podem — levando-se devidamente em conta as diferenças psicológicas — ser comparadas aos delírios. Acerca do valor de realidade da maioria delas não há como formar um juízo. Assim como são indemonstráveis, são também irrefutáveis. Sabemos ainda muito pouco para abordá-las criticamente. Apenas aos poucos os enigmas do mundo se desvelam à nossa pesquisa, ainda hoje a ciência não é capaz de responder a muitas questões. Mas o trabalho científico é a única via para o conhecimento da realidade exterior. Não passa de ilusão, mais uma vez, esperar algo da intuição e da introspecção. Elas podem nos dar apenas indicações — de difícil interpretação — sobre a nossa própria vida psíquica, jamais informações sobre as questões que a doutrina religiosa responde tão facilmente. Seria um sacrilégio deixar o arbítrio pessoal preencher a lacuna e, seguindo a própria avaliação, declarar que essa ou aquela parte do sistema religioso é mais ou menos aceitável do que outra. Tais questões são importantes demais para isso; quase diríamos: sagradas demais.

Neste ponto devemos estar preparados para a seguinte objeção: "Bem, se os céticos mais duros admitem que as afirmações da religião não podem ser refutadas com a inteligência, por que não devo acreditar nelas, já que têm muito a seu favor: a tradição, a concordância das pessoas e tudo o que há de consolador no que dizem?". Sim, por que não? Assim como ninguém pode ser obrigado a crer, ninguém deve ser obrigado a descrer. Mas não nos deleitemos no autoengano de que, ao usar argumentos assim, estamos no caminho do correto pensar. A acusação de "subterfúgio" é pertinente nesse caso. Ignorância é ignorância; dela não provém nenhum direito a crer em algo. Nenhuma pessoa razoável se comporta de maneira tão leviana em outros assuntos, nem se dá por satisfeita com justificativas tão pobres para seus juízos, suas posições; apenas nas coisas mais elevadas e sagradas ela se permite agir dessa forma. Na realidade, são apenas tentativas de simular, para si ou para os outros, que ainda se atêm à religião, quando há muito já se afastou dela. Quando se trata de religião, as pessoas incorrem em todas as insinceridades e maus costumes intelectuais possíveis. Filósofos estendem o sentido das palavras até sobrar pouco do seu sentido original, chamam "Deus" a alguma vaga abstração que engendraram, tornam-se deístas ou crentes aos olhos do mundo, gabam-se de haver chegado a um conceito mais alto e mais puro de Deus, embora seu Deus seja apenas uma sombra desprovida de substância e não mais a poderosa personalidade da doutrina religiosa. Críticos insistem em designar como "profundamente religioso" alguém que admite o sentimento da pequenez e impotência humana em face do universo, embora tal sentimento não seja o que constitui a essência da religiosidade, e sim o passo seguinte, a reação a ele, a busca de remédio para ele. Quem não vai adiante, quem humildemente se conforma com o mínimo papel do ser humano neste mundo imenso, este é, na verdade, irreligioso no autêntico sentido da palavra.

Não é intenção deste estudo tomar posição quanto ao valor de verdade das doutrinas religiosas. Basta que tenhamos percebido que, em sua natureza psicológica, elas são ilusões. Mas não precisamos ocultar que essa revelação também influi enormemente em nossa atitude ante a questão que deve parecer a mais relevante para muitos. Sabemos aproximadamente em que épocas e por que tipo de homens as doutrinas religiosas foram criadas. Se também soubermos por que motivos isso ocorreu, nosso ponto de vista ante o problema da religião experimentará um sensível deslocamento. Dizemos a nós mesmos que seria muito bom se houvesse um Deus que fosse criador do mundo e benévola Previdência, se houvesse uma ordem moral universal e uma vida após a morte, mas é muito singular que tudo seja como inevitavelmente desejaríamos que fosse. E seria ainda mais estranho se nossos pobres, ignorantes e cativos ancestrais tivessem conseguido resolver todos esses difíceis enigmas do mundo.

VII

Tendo percebido como ilusões as doutrinas religiosas, imediatamente deparamos com mais uma questão: não seriam de natureza semelhante outros bens culturais que temos em alta conta e pelos quais regemos nossa vida? Não deveriam igualmente ser chamados de ilusões os pressupostos que governam nossas instituições políticas, e as relações entre os sexos em nossa cultura não seriam perturbadas por uma ou várias ilusões eróticas? Se nossa desconfiança foi despertada, tampouco recearemos perguntar se teria maior fundamento nossa convicção de que podemos aprender algo sobre a realidade exterior mediante o emprego da observação e do pensamento no trabalho científico. Nada pode nos impedir de considerar válido que a observação seja dirigida a nosso próprio ser e o pensamento seja utilizado em sua própria crítica. Aqui se abre para nós uma série de investigações, cujos resultados seriam certamente decisivos para a construção de uma "visão de mundo". Também imaginamos que tal esforço não será em vão, e que justificará ao menos em parte a nossa suspeita. Mas a capacidade do autor se intimida em face de uma tarefa tão ampla, ele tem de restringir seu trabalho à abordagem de uma só dessas ilusões — a religiosa, precisamente.

Nosso opositor nos diz, com voz firme, que devemos parar. Somos chamados a prestar conta de nosso procedimento irregular:

"Os interesses arqueológicos são certamente louváveis, mas não fazemos escavações quando elas minam as residências dos vivos, de modo que essas desmoronam e soterram as pessoas sob os seus escombros. As doutrinas religiosas não podem ser objeto de reflexões como qualquer outro tema. Nossa cultura está edificada sobre elas, a conservação da sociedade humana tem por pressuposto que a maioria dos seres humanos acredite na verdade dessas doutrinas. Se lhes for ensinado que não existe um Deus inteiramente justo e todo-poderoso, e tampouco uma ordem universal divina e uma vida futura, eles se sentirão livres de toda obrigação de seguir os preceitos culturais. Livre de inibições e de medos, cada qual seguirá seus instintos egoístas e antissociais, procurará exercitar seu poder, e novamente haverá o caos que afastamos em milênios de trabalho cultural. Ainda que soubéssemos e provássemos que a religião não está de posse da verdade, deveríamos silenciar a respeito disso e nos comportar como requer a filosofia do 'como se'. No interesse da conservação de todos! E, não considerando o caráter perigoso da empresa, trata-se também de uma crueldade inútil. Inumeráveis pessoas têm nas doutrinas religiosas o seu único consolo, apenas com o auxílio delas podem suportar a vida. Pretende-se privá--las desse apoio, e não se tem nada de melhor para lhes dar em troca. Já se admitiu que a ciência não é capaz de grande coisa atualmente, mas, ainda que ela tivesse avançado muito, não bastaria para os homens. O ser humano tem também outras necessidades imperiosas, que jamais podem ser satisfeitas pela fria ciência, e é muito estranho, é mesmo o cúmulo da incoerência, que um psicólogo que sempre enfatizou o quanto, na vida humana, a inteligência fica em segundo plano em relação aos instintos, agora procure despojar os homens de uma preciosa satisfação de desejo e queira indenizá-los por isso com nutrição intelectual."

São muitas acusações de uma vez! Mas estou pronto para responder a todas, e, além disso, sustentarei que representa um perigo maior, para a civilização, manter sua atitude atual perante a religião do que abandoná-la. Só não sei exatamente como iniciar minha réplica.

Talvez assegurando que eu próprio considero inofensiva e inócua a minha empresa. Desta vez a superestimação do intelecto não se acha da minha parte. Se as pessoas são como meus oponentes as descrevem — e não vou contradizê-los —, não há o perigo de um devoto, vencido por meus argumentos, ser privado de sua fé. Além disso, não afirmei nada que outros homens melhores não tivessem dito antes, de maneira bem mais completa, vigorosa e efetiva. Seus nomes são conhecidos; não os mencionarei, para não dar a impressão de que desejo me incluir entre eles. Eu apenas — é a única novidade em minha exposição — adicionei alguma fundamentação psicológica à crítica de meus grandes predecessores. É pouco provável que justamente esse acréscimo produza o efeito que foi negado aos autores anteriores. E claro que alguém poderia me perguntar por que escrevo tais coisas, se estou seguro de que não terão nenhum efeito. Mas voltaremos a isso depois.

O único a quem esta publicação pode prejudicar sou eu mesmo. Terei de ouvir as mais indelicadas recriminações de superficialidade, estreiteza e falta de idealismo e de compreensão pelos mais elevados interesses da humanidade. Por um lado, contudo, essas admoestações não são algo novo para mim; e, por outro lado, quando um homem, já em sua mocidade, colocou-se acima do desagrado de seus contemporâneos, como poderá isso afetá-lo na velhice, quando sabe que logo estará fora do alcance de todo favor e desfavor? Em tempos passados era diferente, com declarações deste gênero se obtinha seguramente uma abreviação da própria existência na Terra e uma boa antecipação da oportunidade de fazer observações próprias sobre a vida além-túmulo. Mas repito, esses tempos passaram, e hoje esses escritos são inócuos também para o autor. Quando muito, pode ocorrer que a tradução e difusão do seu livro seja proibida nesse ou naquele país — e justamente, claro, num país que esteja convencido de sua elevada cultura. Mas também precisamos ser capazes de tolerar esse dano, quando defendemos a renúncia do desejo e a aceitação do destino.

Depois perguntei a mim mesmo se a publicação desta obra não poderia, afinal, trazer infortúnio. Não a uma pessoa, é certo, mas a uma causa — a causa da psicanálise. Pois não se pode negar que ela é criação minha, e já deparou com muita desconfiança e má vontade. Se agora apareço com afirmações tão desagradáveis, as pessoas não hesitarão em fazer um deslocamento de minha pessoa para a psicanálise. "Agora se vê", dirão, "aonde leva a psicanálise. A máscara caiu; leva à negação de Deus e do ideal moral, como sempre suspeitamos. Para nos dificultar essa descoberta, simularam que a psicanálise não possui uma visão de mundo e não é capaz de formar uma."

Esse barulho realmente me incomodaria, por causa de meus numerosos colaboradores, dos quais alguns não partilham absolutamente minha atitude ante os problemas da religião. Mas a psicanálise já aguentou muitas tormentas, será preciso expô-la também a esta. Na realidade, a psicanálise é um método de pesquisa, um instrumento imparcial, como o cálculo infinitesimal, digamos. Se, empregando este, um físico viesse a descobrir que a Terra acabará ao fim de certo tempo, as pessoas hesitarão em atribuir tendências destrutivas ao próprio cálculo e interditá-lo por isso. Tudo o que afirmei sobre o valor de verdade das religiões prescinde da psicanálise, já foi dito por outros muito antes que ela existisse. Se a aplicação do método psicanalítico proporcionar um novo argumento contra o teor de verdade da religião, *tant pis* [tanto pior] para a religião; mas os defensores desta poderão, com o mesmo direito, utilizar-se da psicanálise para apreciar plenamente a importância da doutrina religiosa.

Agora prosseguirei com a defesa. É evidente que a religião prestou grande serviço à cultura humana, contribuiu muito para domar os instintos associais, embora não o bastante. Por muitos milênios ela dominou a sociedade humana, teve tempo para mostrar do que é capaz. Se tivesse conseguido tornar feliz a maioria dos homens, consolá-los, conciliá-los com a vida, torná-los portadores da cultura, ninguém pensaria em buscar uma mudança nas condições existentes. E o que vemos, em vez disso? Que um número assustador de indivíduos está insatisfeito com a civilização e nela se sente infeliz, percebe-a como um jugo de que é preciso livrar-se; que tais indivíduos põem todas as forças numa modificação dessa cultura ou chegam ao ponto, em sua hostilidade a ela, de nada mais querer saber de cultura e restrição de instintos. Neste ponto ouviremos a crítica de que isso vem justamente do fato de a religião haver perdido boa parte de sua influência sobre as massas humanas, graças precisamente ao lamentável efeito dos avanços na ciência. Tomaremos nota dessa admissão e de seus motivos, e depois a utilizaremos para nossos propósitos; mas a objeção mesma não tem força.

É duvidoso que na época do domínio inconteste das doutrinas religiosas os seres humanos fossem, em geral, mais felizes do que hoje; mais morais eles certamente não eram. Sempre souberam como banalizar os preceitos religiosos, fazendo assim malograr seus propósitos. Os sacerdotes, que deviam zelar pela obediência à religião, eram complacentes com eles. A bondade de Deus tinha de atrapalhar sua justiça: as pessoas pecavam e depois faziam sacrifícios ou penitências, ficando livres para novamente pecar. A introspectividade* russa chegou ao ponto de concluir que o pecado é indispensável para a fruição de todas as felicidades da graça divina, ou seja, é agradável a Deus, no fundo. Evidentemente, os sacerdotes só puderam manter a sujeição das massas à religião fazendo essas grandes concessões à natureza instintual humana. Ficou assim: apenas Deus é bom e forte, o homem é fraco e pecador. Em todas as épocas, a imoralidade não encontrou menos apoio na religião do que a moralidade. Se não são melhores as realizações da religião no que toca à felicidade dos homens, à aptidão destes para a cultura e a seu controle moral, cabe então perguntar se não superestimamos sua necessidade para a humanidade e se agimos sabiamente ao nela basear nossas exigências culturais.

Tomemos a inconfundível situação de hoje. Como sabemos, já se admitiu que a religião não exerce nas pessoas a mesma influência de antes (falamos da cultura europeia cristã). E isso não porque suas promessas tenham se tornado menores, mas porque as pessoas as consideram menos dignas de crédito. Concedamos que o motivo dessa mudança é o fortalecimento do espírito científico nas camadas superiores da sociedade humana

---

* "Introspectividade" pode não ser um equivalente preciso do termo original, *Innerlichkeit*. As traduções consultadas oferecem: "profundeza de espírito", *fervor, interioridad, interiorità, introspectiveness, inwardness*.

(mas talvez não seja o único). A crítica solapou a força comprobatória dos documentos religiosos, as ciências naturais apontaram os erros que eles continham, os estudos comparativos notaram a fatal semelhança entre as ideias religiosas que veneramos e as produções espirituais de povos e tempos primitivos.

O espírito científico gera uma maneira específica de nos colocarmos diante das coisas deste mundo; ante as coisas da religião ele se detém por um instante, hesita e, afinal, também aí cruza o limiar. Nesse processo não há interrupção, quanto mais pessoas têm acesso aos tesouros do nosso conhecimento, tanto mais se dissemina o afastamento da fé religiosa, primeiro apenas de suas roupagens antiquadas e chocantes, depois também de suas premissas fundamentais. Os americanos que instauraram o "processo dos macacos", em Dayton,* foram os únicos a se mostrar coerentes. Normalmente, a inevitável transição sucede entre meias-tintas e falsidades.

Das pessoas instruídas e dos que trabalham com o intelecto a civilização tem pouco a temer. Neles ocorreria discretamente a substituição dos motivos religiosos do comportamento cultural por outros, seculares; além disso, eles próprios são, em boa parte, portadores da cultura. É diferente com a grande massa dos não instruídos, oprimidos, que têm todas as razões para serem inimigos da civilização. Enquanto não sabem que não se acredita mais

---

* Em 1925, nessa pequena cidade do estado de Tennessee, um professor de ciências, John Scopes, foi processado por ensinar aos alunos que o ser humano descende de animais.

em Deus, tudo está bem. Mas saberão, infalivelmente, mesmo que este livro não seja publicado. E estão prontos para aceitar os resultados do pensamento científico, sem que neles tenha havido a modificação que este produz no homem. Não existe o perigo de que a hostilidade dessas massas à cultura venha a se lançar contra o ponto fraco percebido em sua tirana?* Quando alguém não pode matar o próximo apenas porque Deus não o permite e o punirá severamente nesta ou na outra vida, mas depois esse alguém descobre que não há nenhum Deus, que não precisa temer sua ira, então matará o próximo sem qualquer escrúpulo, apenas um poder terreno o impedirá de fazê-lo. Portanto, ou se faz uma severa contenção dessas massas perigosas, um rigoroso bloqueio de toda oportunidade para o despertar intelectual, ou uma profunda revisão dos laços entre civilização e religião.

VIII

Seria de acreditar que a implementação desta última proposta não encontrará dificuldades especiais. É certo que ela envolve alguma renúncia, mas o ganho é talvez maior, e evita-se um grande perigo. Há receio em executá-la, porém, como se assim a cultura fosse exposta

---

* "Tirana": *Zwangsherrin*, palavra composta de *Zwang*, "coação" e *Herrin*, "senhora"; nas versões consultadas: "subjugadora", *amos, sujuzgadora, tiranna, task-mistress, the system that keeps them in check* (com nota).

a um perigo ainda maior. Quando são Bonifácio abateu a árvore tida como sagrada pelos saxões, os circunstantes acharam que um evento terrível sucederia ao sacrilégio. Nada ocorreu, e os saxões aceitaram o batismo.*

Se a cultura instituiu o mandamento de não assassinar o próximo que odiamos, que está em nosso caminho ou cujos bens cobiçamos, evidentemente isso se deu no interesse da convivência humana, que, caso contrário, seria impraticável. Pois o homicida atrairia a vingança dos parentes do morto e também a surda inveja de outros que sentissem a mesma inclinação para tal violência. Assim, ele não fruiria por muito tempo a vingança ou o roubo, provavelmente seria logo assassinado por sua vez. Ainda que, mediante extraordinária força e cautela, ele se protegesse de oponentes isolados, sucumbiria à associação de homens mais fracos. Não havendo esta associação, os assassinatos não teriam fim, e os homens acabariam por exterminar uns aos outros. Seria o mesmo estado de coisas que ainda perdura na Córsega entre famílias, mas em outras partes apenas entre nações. A insegurança na vida, perigo igual para todos, junta os homens numa sociedade que proíbe ao indivíduo o assassinato e se reserva o direito de assassinar comunalmente aquele que desrespeita a proibição. Temos aí, então, justiça e castigo.

Mas não fornecemos essa fundamentação racional da proibição de matar; afirmamos, isto sim, que Deus

---

* São Bonifácio (675-c. 754), nascido na Inglaterra, foi missionário de povos germânicos, sendo chamado "o apóstolo da Alemanha".

ditou essa proibição. Desse modo, ousamos adivinhar seus propósitos e constatamos que também ele não quer que os homens se exterminem. Assim procedendo, revestimos a proibição cultural de uma solenidade toda especial, mas arriscamos fazer com que sua obediência dependa da fé em Deus. Se nisso retrocedemos, se não mais atribuímos a Deus nossa vontade e nos contentamos com a fundamentação social, é certo que renunciamos a essa transfiguração da proibição cultural, mas também evitamos pô-la em risco. Também ganhamos outra coisa, porém. Por uma espécie de difusão ou infecção, o caráter de santidade, inviolabilidade, de pertencimento ao outro mundo, digamos, estendeu-se de umas poucas proibições maiores para todas as demais instituições, leis e prescrições culturais. Mas nessas o halo de santidade raramente fica bem; não só elas mesmas invalidam umas às outras, ao estabelecer coisas opostas em diferentes tempos e lugares, como exibem todo sinal de imperfeição humana. Facilmente distinguimos nelas o que pode ser apenas produto de uma estreita ansiedade, manifestação de interesses mesquinhos ou conclusão a partir de premissas frágeis. A crítica que temos de fazer a elas também diminui, em grau indesejável, o respeito por outras exigências culturais mais justificáveis. Como é uma tarefa delicada separar o que o próprio Deus exige do que vem da autoridade de um parlamento com plenos poderes ou de um alto magistrado, seria uma vantagem indiscutível deixar Deus de fora e honestamente reconhecer a origem puramente humana de todas as instituições e normas culturais.

Com sua pretendida santidade, também desapareceria a rigidez e a imutabilidade desses mandamentos e leis. Os homens poderiam compreender que estes são criados não tanto para dominá-los, mas para servir a seus interesses; adotariam uma atitude mais amistosa para com eles, visariam seu melhoramento, em vez de sua abolição. Este seria um importante progresso no caminho que leva à reconciliação com as pressões da cultura.

Aqui, porém, nosso arrazoado em prol de uma fundamentação puramente racional dos preceitos culturais, ou seja, de sua explicação a partir da necessidade social, é subitamente interrompido por uma dúvida. Tomamos como exemplo a origem da proibição de matar. Mas nossa descrição dela corresponde à verdade histórica? Receio que não; ela parece ser apenas uma construção racionalista. Justamente essa parte da história cultural humana nós estudamos com o auxílio da psicanálise, e, com base nesse esforço, precisamos dizer que, na realidade, foi diferente. Ainda nos homens de hoje, motivos puramente racionais não podem muito contra os impulsos passionais;* quanto mais impotentes deviam ser naqueles bichos-homens da pré-história! Talvez os seus descendentes ainda hoje liquidassem uns aos outros sem inibições se entre aqueles assassinatos não tivesse havido um, a eliminação do pai primitivo, que provocasse

---

* No original, *leidenschaftliche Antriebe*; note-se o substantivo (formado de *Trieb* mais o prefixo *an*), que os dicionários traduzem por "impulso, impulsão, incitamento etc.". As versões consultadas trazem: "ímpetos passionais", *passiones*, *impulsiones apasionadas*, *impulsi passionali*, *passionate impulsions*, *passionate impulses*.

uma reação emocional irresistível e de grande consequência. Dela surgiu o mandamento que diz "Não matarás", que no totemismo se limitava ao sucedâneo do pai, depois foi estendido a outros, e ainda hoje não é universalmente obedecido.

Mas esse pai primordial foi, de acordo com argumentos que não cabe repetir aqui, o protótipo de Deus, o modelo segundo o qual gerações posteriores formaram a figura de Deus. Assim, a narrativa religiosa está certa: Deus realmente participou da gênese daquela proibição, foi sua influência que a criou, não a compreensão da necessidade social. E o deslocamento da vontade humana para Deus se justifica plenamente: os homens sabiam que haviam eliminado violentamente o pai, e, na reação a seu ultraje, propuseram-se respeitar a vontade do pai dali em diante. Portanto, a doutrina religiosa nos comunica a verdade histórica, com alguma modificação e disfarce, é certo; nossa explicação racional, ela renega.

Agora notamos que o patrimônio de ideias religiosas não inclui apenas realizações de desejos, mas também importantes reminiscências históricas. Essa atuação conjunta de passado e futuro deve dotar de incomparável poder a religião! Mas, com o auxílio de uma analogia, talvez já vislumbremos uma outra percepção. Não é bom trasladar conceitos para muito longe do solo em que nasceram, mas há uma concordância que temos de explicitar. Sabemos, a respeito da criança, que ela não perfaz seu desenvolvimento rumo à cultura sem passar por uma fase de neurose — ora mais, ora menos nítida. Isso vem do fato de a criança não poder suprimir com o trabalho intelectual racional muitas das exigências instintuais que depois serão inúteis, e sim precisar domá-las com atos de repressão que, via de regra, têm por trás de si o motivo do medo. A maioria dessas neuroses infantis é superada espontaneamente ao longo do crescimento, sobretudo as neuroses obsessivas da infância têm esse destino. Quanto ao resto, o tratamento psicanalítico deverá removê-las mais tarde. De maneira muito semelhante, podemos supor que a humanidade como um todo, em seu desenvolvimento ao longo dos séculos, põe-se em estados que são análogos às neuroses, e pelas mesmas razões, porque em seus tempos de insciência e fraqueza intelectual ela só pôde fazer as renúncias instintuais indispensáveis à convivência humana recorrendo a forças puramente afetivas. Os precipitados dos processos similares à repressão, ocorridos na pré-história, permaneceram ainda por muito tempo na cultura. A religião seria a neurose obsessiva universal da humanidade, originando-se, tal como a da criança, do complexo de Édipo, da relação com o pai. Segundo essa concepção, é de supor que o afastamento da religião deverá suceder com a mesma fatal inexorabilidade de um processo de crescimento, e que justamente agora nos encontramos no meio dessa fase de desenvolvimento.

Nossa conduta, então, deveria se orientar pelo modelo de um educador compreensivo, que não se opõe a uma reorganização iminente, buscando, isto sim, promovê-la e refrear a violência de sua irrupção. Mas com essa analogia não se esgota a questão da natureza da religião. Se, por um lado, ela traz restrições obsessivas como somente a neurose obsessiva costuma fazer, ela contém, por outro lado, um sistema de ilusões de desejo com repúdio* da realidade, como apenas encontramos de forma isolada na *amência*, um estado de alegre confusão alucinatória. São apenas comparações com que buscamos compreender o fenômeno social, a patologia individual não nos fornece uma contrapartida inteiramente válida.

Já foi assinalado várias vezes (por mim e especialmente por Theodor Reik) o grau de detalhes a que pode chegar a analogia entre a religião e a neurose obsessiva, quantas peculiaridades e vicissitudes da formação da religião podem ser compreendidas por essa via. E bem se harmoniza com isso o fato de o crente religioso estar altamente protegido de certas enfermidades neuróticas; a adoção da neurose geral o dispensa da tarefa de desenvolver uma neurose pessoal.

O reconhecimento do valor histórico de certas doutrinas religiosas aumenta o nosso respeito por elas, mas não invalida nossa proposta de excluí-las como motivação para os preceitos culturais. Pelo contrário! Graças a esses resíduos históricos pudemos formar a concepção das teses religiosas como relíquias neuróticas, digamos, e hoje podemos afirmar que provavelmente é hora de, como acontece no tratamento analítico, substituir os efeitos da repressão pelos resultados do trabalho do in-

---

* "Repúdio": *Verleugnung* — cf. "O fetichismo" (1927, neste volume), com nota sobre a tradução do termo. Sobre a "amência", nessa mesma frase, ver "Complemento metapsicológico à teoria dos sonhos" (1917).

telecto. Pode-se prever — mas dificilmente lamentar — que essa reelaboração não ficará na renúncia à transfiguração solene dos preceitos culturais, que uma revisão geral destes últimos deverá trazer a abolição de muitos. É desse modo que nossa tarefa de conciliar os homens com a cultura será realizada em ampla medida. Não precisamos lamentar a renúncia à verdade histórica, ao fornecer uma motivação racional para os preceitos culturais. As verdades contidas nas doutrinas religiosas são tão deformadas e tão sistematicamente disfarçadas que a grande massa dos seres humanos não pode reconhecê-las como verdade. Algo semelhante ocorre quando dizemos a uma criança que a cegonha traz os bebês. Também aí falamos a verdade em roupagem simbólica, pois sabemos o que significa essa grande ave. Mas a criança não sabe, ouve apenas o elemento distorcido, sente-se enganada, e sabemos que muitas vezes sua desconfiança dos adultos e sua rebeldia se ligam justamente a essa impressão. Adquirimos a convicção de que é melhor evitar esses encobrimentos simbólicos da verdade e não privar a criança do conhecimento das circunstâncias reais, conforme o seu estágio intelectual.

IX

"Você se permite incorrer em contradições muito difíceis de serem harmonizadas. Primeiro afirma que um livro como o seu é completamente inofensivo, que ninguém se desfará da própria fé religiosa por causa de considerações desse tipo. Mas, visto que sua intenção é realmente abalar essa fé, como depois se verificou, podemos perguntar: por que vai publicá-las, enfim? Em outra passagem, porém, você admite que pode ser perigoso, perigosíssimo até, uma pessoa descobrir que não se acredita mais em Deus. Até então ela era dócil, mas agora manda às favas a obediência aos preceitos culturais. Todo o seu argumento de que a motivação religiosa dos mandamentos culturais representa um perigo para a cultura se baseia na suposição de que o crente pode ser convertido em descrente, e isso é uma contradição total.

"Outra contradição se dá quando você, por um lado, admite que o ser humano não se deixa guiar pela inteligência, que é governado pelas paixões e pelas exigências dos instintos, mas, por outro lado, propõe que os fundamentos afetivos da obediência humana à cultura sejam substituídos por fundamentos racionais. Quem puder, que entenda isso. A meu ver, uma coisa exclui a outra.

"Além disso, a história não lhe ensinou nada? A tentativa de substituir a religião pela razão já foi feita uma vez, de modo oficial e em grande estilo. Então não se lembra da Revolução Francesa e de Robespierre? Claro que sim, mas também se recorda da brevidade e do lamentável fracasso do experimento. Está sendo repetido agora na Rússia, e não precisamos perguntar como terminará. Você não acha que devemos aceitar que o ser humano não pode viver sem religião?

"Você mesmo disse que a religião é mais que uma neurose obsessiva. Mas não tratou desse outro aspecto dela. Bastou-lhe fazer a analogia com a neurose. E de uma neurose as pessoas têm de ser libertadas. O que por outro lado se perde com isso não o interessa."

Essa aparência de contradição provavelmente surgiu porque tratei de coisas complicadas de maneira apressada. Podemos remediar isso em parte. Ainda sustento que meu pequeno livro é inofensivo num aspecto. Nenhum crente deixará que argumentos semelhantes perturbem a sua fé. Quem crê mantém certos laços de afeto com o teor da religião. Certamente há muitos outros que não são crentes no mesmo sentido. Obedecem aos preceitos da cultura porque se deixam intimidar pelas ameaças da religião, e temem a religião enquanto têm de considerá-la parte da realidade que os limita. São esses que se afastam dela assim que podem abandonar a crença em seu valor de realidade, mas também aí os argumentos não exercem nenhuma influência. Eles cessam de temer a religião quando notam que outros não a temem; foi acerca deles que afirmei que saberiam do declínio da influência religiosa mesmo que eu não publicasse este trabalho.

Mas acho que você dá mais peso à outra contradição de que me acusa. Os homens são pouco acessíveis a motivos racionais, são inteiramente governados por seus desejos instintuais. Por que deveríamos, então, retirar-lhes uma satisfação instintual, substituindo-a por motivos racionais? Certamente os homens são assim, mas você já se perguntou se eles têm de ser assim, se a sua íntima natureza os obriga a isso? Um antropólogo é capaz de fornecer o índice craniano de um povo que tem o costume de pôr bandagens nas cabeças das crianças desde cedo, deformando-as? Pense no penoso contraste entre a radiante inteligência de uma criança saudável e a fraqueza de intelecto de um adulto mediano. Não será possível que justamente a educação religiosa tenha boa parte de culpa por essa relativa atrofia? Acho que uma criança livre de influência demoraria muito para começar a refletir sobre Deus e as coisas do além. Talvez essas reflexões tomassem os mesmos caminhos que percorreram nos antepassados da criança, mas não esperamos por esse desenvolvimento, incutimos nela as doutrinas religiosas numa época em que não tem interesse por elas nem capacidade de lhes compreender o alcance. Postergação do desenvolvimento intelectual e antecipação da influência religiosa — não são esses os dois pontos principais na agenda da pedagogia atual? Quando o intelecto da criança desperta, as doutrinas religiosas já se tornaram inatacáveis. Ou você acha que contribui para o fortalecimento da função intelectual que uma área tão relevante lhe seja interditada com a ameaça dos castigos do inferno? Se alguém chegou a aceitar todos os absurdos que as doutrinas religiosas lhe apresentam, sem críticas e sem enxergar inclusive as contradições entre elas, não devemos nos espantar com sua fraqueza de intelecto. Mas não temos outro meio de controlar nossos instintos* senão a inteligência. Como esperar que indivíduos sujei-

---

* No original: *Triebhaftigkeit*, substantivação do adjetivo *triebhaft*, que nesta edição traduzimos por "instintual" e que outros preferem verter por "pulsional"; nas versões consultadas: "impulsos", *instintos*, *pulsionalidad*, *pulsionalità*, *instinctual nature*, *libidinal nature*.

tos a proibições de pensar alcancem o ideal psicológico, o primado da inteligência? Como você sabe, atribui-se às mulheres em geral a "debilidade mental fisiológica",* ou seja, uma inteligência menor que a do homem. O fato em si é discutível e sua interpretação é duvidosa, mas um argumento quanto à natureza secundária dessa atrofia intelectual diz que as mulheres sofrem sob o rigor da proibição precoce de voltar o pensamento para aquilo que mais as interessaria, ou seja, os problemas da vida sexual. Enquanto influírem nos primeiros anos de vida da pessoa, além da inibição de pensar sobre o sexo, a inibição religiosa e a política, derivada desta, não se pode realmente dizer como é a pessoa de fato.

Mas vou moderar meu zelo e admitir a possibilidade de que também eu persigo uma ilusão. Talvez o efeito da proibição religiosa de pensar não seja tão mau como suponho, talvez se evidencie que a natureza humana permanece a mesma ainda que não se abuse da educação para a submissão religiosa. Isso nem eu nem você podemos saber. Não só os grandes problemas desta vida parecem insolúveis no momento, mas também muitas questões de menor monta são difíceis de resolver. Você há de convir, porém, que nisso é justificado ter esperança quanto ao futuro, que talvez se possa desenterrar um tesouro que enriqueça a cultura, que vale a pena fazer a

---

* No original, *physiologischer Schwachsinn*, expressão do neurólogo e psiquiatra Paul Julius Moebius (1853-1907), usada no título da controversa obra que publicou em 1903, *Sobre a debilidade mental fisiológica da mulher*; cf. o ensaio "A moral sexual 'civilizada' e o nervosismo moderno" (1908), em que Freud discute brevemente esse livro.

tentativa de uma educação sem religião. Se o resultado for insatisfatório, estarei disposto a desistir da reforma e voltar ao julgamento anterior, puramente descritivo: o homem é um ser de inteligência fraca, governado por seus desejos instintuais.

Em outro ponto concordo com você inteiramente. Sem dúvida, é um começo insensato querer eliminar a religião violentamente e de uma vez. Sobretudo porque não há perspectiva de êxito. O crente não deixará que lhe tirem sua fé — seja com argumentos, seja com proibições. E mesmo que se conseguisse fazer isso com alguns, seria uma crueldade. Quem tomou soníferos durante décadas naturalmente não dorme quando o privam do remédio. O efeito das consolações religiosas pode ser igualado ao de um narcótico, algo que é bem ilustrado pelo que ocorre na América de hoje. Lá se procura — sob a clara influência do domínio das mulheres — privar os indivíduos de toda substância que produz embriaguez, estímulo ou prazer, e saturá-los do temor a Deus, como compensação. Não precisamos perguntar como também terminará esse experimento.*

Discordo, portanto, quando você conclui que o ser humano é incapaz de prescindir do consolo da ilusão religiosa, que ele não suportaria, sem ela, o peso da vida, a realidade cruel. De fato, não o indivíduo a quem desde a infância tenha sido instilado esse doce — ou doce-amargo — veneno. Mas e outro, que tenha sido edu-

---

* Referência à chamada "Lei Seca", então em vigor nos Estados Unidos (entre 1920 e 1933).

cado sobriamente? Não sofrendo da neurose, talvez ele não necessite de um tóxico para entorpecê-la. Claro que o ser humano se verá então numa situação difícil, terá de admitir seu completo desamparo, sua irrelevância na engrenagem do universo, já não será o coração da Criação o objeto da carinhosa atenção de uma Providência bondosa. Estará na mesma situação de um filho que deixou a casa do pai, que era aquecida e confortável. Mas não é inevitável que o infantilismo seja superado? O ser humano não pode permanecer eternamente criança, tem de finalmente sair ao encontro da "vida hostil". Podemos chamar a isso *"educação para a realidade"*; ainda preciso lhe dizer que o único objetivo deste trabalho é chamar a atenção para a necessidade de dar esse passo?

Você teme, provavelmente, que o ser humano não resista a essa dura prova. Bem, vamos esperar que sim. Já é alguma coisa quando alguém sabe que conta apenas com as próprias forças; então aprende a usá-las corretamente. E o ser humano não é inteiramente sem recursos, desde os tempos do Dilúvio sua ciência lhe ensinou muita coisa, e incrementará mais ainda o seu poder. Quanto às inevitabilidades do destino, contra as quais não existe remédio, ele aprenderá a suportá-las com resignação. De que lhe serve a miragem de uma grande fazenda na Lua, cuja colheita ninguém jamais viu? Como honesto camponês aqui na Terra, ele saberá cultivar seu pequeno torrão de modo que este o alimente. Retirando as expectativas que havia posto no Além e concentrando na vida terrena todas as forças assim liberadas, ele provavelmente alcançará que a vida se torne suportável para todos e a civilização não mais oprima ninguém. Então poderá dizer, como um de nossos companheiros de descrença, sem lamentar:

*O céu deixaremos
Para os anjos e os pardais.**

X

"Isso parece mesmo formidável. Uma humanidade que, abandonando todas as ilusões, tornou-se capaz de arranjar-se toleravelmente na Terra! Mas não posso partilhar suas expectativas. Não por ser o teimoso reacionário que talvez me considere, mas por prudência. Acho que agora trocamos os papéis: você se apresenta como o entusiasta que se deixa arrebatar por ilusões, e eu represento as demandas da razão, os direitos do ceticismo. O que você expôs me parece baseado em erros que, acompanhando o seu procedimento, posso chamar de ilusões, pois claramente revelam a influência de seus desejos. Você tem esperança de que as gerações que não sofreram a influência de doutrinas religiosas na infância atingirão facilmente a ansiada primazia da inteligência sobre os instintos. Mas isso é uma ilusão; nesse ponto decisivo, a natureza humana dificilmente mudará. Se não estou enganado — sabemos tão pouco de outras

---

* No original: *"Den Himmel überlassen wir/ Den Engeln und den Spatzen"*, Heinrich Heine, *Deutschland*, cap. I.

culturas —, já existem povos que não vivem sob a pressão de um sistema religioso, e eles não se aproximam mais do que outros deste seu ideal. Se você pretende expulsar a religião de nossa cultura europeia, isso poderá ocorrer apenas mediante outro sistema doutrinal, e este assumiria, desde o começo, todas as características psicológicas da religião, a mesma sacralidade, rigidez e intolerância, e a mesma proibição de pensar, para defender-se. Alguma coisa assim é preciso ter, para fazer frente às necessidades da educação. E não é possível abdicar da educação. O caminho que vai do lactente ao adulto civilizado é longo, muitos pequenos humanos se perderiam nele e não chegariam a realizar sua tarefa na vida, se fossem abandonados sem direção ao próprio desenvolvimento. As doutrinas empregadas na educação deles sempre poriam limites ao pensamento dos anos maduros, exatamente como você recrimina hoje à religião. Não percebe que o inerradicável defeito congênito da nossa e de toda cultura é solicitar da criança, governada por instintos e fraca de intelecto, que tome decisões que apenas a inteligência amadurecida de um adulto pode justificar? Mas não pode ser de outra forma, pois o desenvolvimento humano de séculos é concentrado em alguns anos da infância, e apenas através de forças afetivas a criança pode ser levada a lidar com a tarefa que lhe foi dada. São essas as perspectivas para o seu 'primado do intelecto'.

"Não se surpreenda se me pronuncio pela manutenção do sistema doutrinal religioso como base da educação e da vida humana em comunidade. É um problema prático, não diz respeito ao valor real. Como, no interesse da preservação de nossa cultura, não podemos aguardar que o indivíduo se torne culturalmente maduro para influenciá-lo — muitos jamais se tornarão —, como temos de impor ao indivíduo em crescimento algum sistema de doutrinas, que nele funcione como um pressuposto a salvo da crítica, o sistema religioso me parece o mais apropriado. Graças, naturalmente, a seu poder de consolar e ir ao encontro dos desejos, no qual você acredita reconhecer uma 'ilusão'. Considerando as dificuldades em conhecer algo da realidade, e até mesmo a dúvida de que isso nos seja possível, não esqueçamos que também as necessidades humanas constituem parte da realidade — uma parte muito importante, que nos concerne de maneira especial.

"A meu ver, outra vantagem da doutrina religiosa está numa peculiaridade que parece chocá-lo de modo especial. Ela permite uma purificação e sublimação conceitual em que se pode anular a maior parte daquilo que tem traços do pensamento primitivo e infantil. O que resta, então, é um teor de ideias que a ciência já não contradiz e que também não pode refutar. Essas modificações da doutrina religiosa, que você condenou como sendo meias-tintas e compromissos, tornam possível prevenir a ruptura entre a massa não instruída e o pensador filosófico, mantêm o laço comum entre eles, tão importante para a salvaguarda da cultura. Não será de temer, então, que o homem do povo descubra que as camadas superiores da sociedade 'não creem mais em Deus'. Assim, acredito haver mostrado que os seus esforços se reduzem à tentativa de trocar uma ilusão provada e afetivamente valiosa por outra que não é provada nem tem esse valor."

Não pense que sou indiferente à sua crítica. Sei como é difícil escapar às ilusões; talvez as esperanças que eu manifesto sejam também de natureza ilusória. Mas insisto em que há uma diferença. Minhas ilusões — além do fato de não haver punição por não serem partilhadas — não são incorrigíveis como as religiosas, não têm caráter delirante. Se a experiência vier a mostrar — não a mim, mas a outros depois de mim, que pensam da mesma forma — que nos equivocamos, abandonaremos nossas expectativas. Você deve tomar minha tentativa pelo que ela é. Um psicólogo, que não se engana quanto à dificuldade de alguém se orientar neste mundo, empenha-se em avaliar o desenvolvimento da humanidade à luz da pequena compreensão que adquiriu através do estudo dos processos psíquicos do indivíduo, em seu desenvolvimento de criança a adulto. Ao fazê-lo, impõe-se-lhe a ideia de que a religião é comparável a uma neurose infantil, e ele é otimista o bastante para supor que a humanidade superará essa fase neurótica, assim como muitas crianças deixam para trás a neurose à medida que crescem. Esses conhecimentos extraídos da psicologia individual podem ser insuficientes, a transposição para a espécie humana pode não se justificar, e o otimismo pode ser infundado. Admito todas essas incertezas; mas é frequente não conseguirmos deixar de dizer o que achamos, e nossa desculpa é que não o oferecemos por mais do que aquilo que vale.

Há dois outros pontos em que ainda preciso me deter. Primeiro, a fraqueza de minha posição não significa um fortalecimento da sua. Acho que você defende uma causa perdida. Podemos repetir à vontade que o intelecto humano é impotente em comparação aos instintos, e ter razão nisso. No entanto, há algo de peculiar nessa fraqueza; a voz do intelecto pode ser baixa, mas não descansa até ser ouvida. E afinal o consegue, após inumeráveis, repetidas rejeições. Certamente é um dos raros pontos em que podemos ser otimistas em relação ao futuro da humanidade, mas o seu significado não é pequeno. A ele podem se ligar outras esperanças. O primado do intelecto está, sem dúvida, a uma distância muito grande, mas não infinita. E, como é de se presumir que ele terá os mesmos objetivos que você espera serem realizados por seu Deus — na medida humana, claro, até onde o permitir a realidade externa, a Ἀνάγκη [*Ananke*: necessidade, destino] —: o amor entre os homens e a limitação do sofrimento —, podemos dizer que o nosso antagonismo é apenas temporário, não é irreconciliável. Esperamos a mesma coisa, mas você é mais impaciente, mais exigente e — por que não dizê-lo? — mais egoísta do que eu e os que pensam como eu. Você deseja que a bem-aventurança comece logo depois da morte, solicita dela o impossível e não quer abandonar as pretensões do indivíduo. Desses desejos nosso deus Λόγος [*Logos*: razão, palavra]* realizará o que nos

---

* O par de divindades Λόγος-Ἀνάγκη, do holandês Multatuli [pseudônimo de E. Douwes-Dekker (1820-87), um dos autores favoritos de Freud; cf. a referência a ele e a essas "divindades" em

permitir a natureza fora de nós, mas muito gradualmente, num futuro indefinido, para novas criaturas humanas. E ele não promete nenhuma recompensa para nós, que tanto sofremos com a vida. No caminho para essa meta distante, suas doutrinas religiosas terão de ser abandonadas, não importando que as primeiras tentativas fracassem ou que os primeiros substitutos se mostrem insustentáveis. Você sabe por quê: a longo prazo, nada pode resistir à razão e à experiência, e é palpável que a religião contraria ambas. Tampouco as ideias religiosas purificadas escaparão a esse destino, enquanto mantiverem algo do conteúdo consolador da religião. É verdade que, se elas se limitarem a proclamar a existência de um ser espiritual superior, de atributos indefiníveis e propósitos indiscerníveis, estarão imunes às objeções da ciência — mas perderão o interesse para os homens.

Em segundo lugar, veja a diferença entre a sua e a minha atitude diante da ilusão. Você precisa defender a ilusão religiosa com todas as forças; se ela ficar sem valor — e está verdadeiramente ameaçada —, o seu mundo desmoronará, nada lhe restará senão o desespero, com a civilização e com o futuro da humanidade. Dessa servidão eu estou, nós estamos livres. Como estamos dispostos a renunciar a boa parte de nossos desejos infantis, podemos tolerar que algumas de nossas expectativas se revelem ilusões.

A educação liberada do peso das doutrinas religiosas talvez não venha a alterar muita coisa na natureza

---

"O problema econômico do masoquismo", de 1924].

psicológica do ser humano; nosso deus Λόγος talvez não seja muito poderoso, cumpre somente uma pequena parte do que seus antecessores prometiam. Se temos de reconhecer isso, vamos aceitá-lo com resignação. Não perderemos o interesse na vida e no mundo por causa disso, pois temos um firme apoio que lhe falta. Acreditamos que seja possível, para o trabalho científico, obter algum conhecimento sobre a realidade do mundo, através do qual podemos aumentar nosso poder e organizar nossa vida. Se esta crença é uma ilusão, achamo-nos na mesma situação que você, mas a ciência já nos provou, por meio de numerosos e importantes êxitos, que não é uma ilusão. Ela tem muitos inimigos declarados (e inúmeros outros disfarçados) entre aqueles que não lhe perdoam haver debilitado a fé religiosa e ameaçar destroná-la. Recriminam-lhe o pouco que nos ensinou e o tanto que deixou na escuridão. Mas esquecem como ainda é jovem, como foi duro o seu início e como transcorreu pouquíssimo tempo desde que o intelecto humano se fortaleceu para as tarefas da ciência. Não cometemos todos o erro de basear nossos juízos em períodos de tempo demasiado curtos? Deveríamos seguir o exemplo dos geólogos. Deplora-se a incerteza da ciência, diz-se que ela anuncia como lei o que a próxima geração reconhece como erro e substitui por nova lei, de validade igualmente curta. Mas isso é injusto e apenas parcialmente verdadeiro. As mudanças nas opiniões científicas são desenvolvimento, avanço, não reviravolta. Uma lei que foi tida como absolutamente válida no início, revela-se o caso especial de uma mais ampla regularidade ou é restringida por outra lei que apenas depois se descobre; uma grosseira aproximação à verdade é substituída por outra mais cuidadosamente adequada, que, por sua vez, aguarda novo aperfeiçoamento. Em diversas áreas ainda não se ultrapassou a fase da pesquisa em que são testadas hipóteses que logo serão rejeitadas como deficientes; em outras, porém, existe já um núcleo garantido e quase imutável de conhecimento. Por fim, fez-se a tentativa de desvalorizar radicalmente o esforço científico, observando que, ligado às condições de nossa própria organização, ele não pode fornecer senão resultados subjetivos, enquanto lhe permanece inalcançável a verdadeira natureza das coisas fora de nós. Mas isso não leva em conta vários fatores decisivos para a concepção do trabalho científico: que nossa organização, nosso aparelho psíquico foi desenvolvido justamente no esforço de indagar o mundo exterior, e, portanto, deve ter incorporado certa adequação funcional em sua estrutura; que ele próprio é parte desse mundo que investigamos, e admite muito bem tal investigação; que a tarefa da ciência fica plenamente circunscrita quando ela se limita a mostrar como deve se apresentar para nós o mundo, em consequência da particularidade de nossa organização; que os resultados finais da ciência, justamente devido à maneira como foram obtidos, não são condicionados apenas por nossa organização, mas também pelo que agiu sobre essa organização; e, enfim, que sem considerar nosso aparelho psíquico perceptivo o problema da constituição é uma abstração vazia, sem interesse prático.

Não, nossa ciência não é uma ilusão. Seria ilusão, isto sim, acreditar que poderíamos obter de outras fontes aquilo que ela não pode nos dar.

O FETICHISMO (1927)

TÍTULO ORIGINAL: "FETISCHISMUS".
PUBLICADO SIMULTANEAMENTE EM *ALMANACH 1928*, PP. 17-24 E *INTERNATIONALE ZEITSCHRIFT FÜR PSYCHOANALYSE* [REVISTA INTERNACIONAL DE PSICANÁLISE], V. 13, N. 4, PP. 373-8. TRADUZIDO DE *GESAMMELTE WERKE* XIV, PP. 311-7. TAMBÉM SE ACHA EM *STUDIENAUSGABE* III, PP. 379-88.
ESTA TRADUÇÃO FOI PUBLICADA ORIGINALMENTE EM *JORNAL DE PSICANÁLISE*, SOCIEDADE BRASILEIRA DE PSICANÁLISE DE SÃO PAULO, V. 30, N. 55/56, 1997, PP. 365-70.
ALGUMAS NOTAS DO TRADUTOR FORAM OMITIDAS OU MODIFICADAS NA PRESENTE EDIÇÃO.

O FETICHISMO

Nos últimos anos tive oportunidade de estudar analiticamente vários homens cuja escolha de objeto era dominada por um fetiche. Não se suponha que essas pessoas tenham recorrido à análise por causa do fetiche, pois ele é reconhecido como anormalidade por seus adeptos, mas raramente percebido como sintoma de doença; em geral parecem bem satisfeitos com ele, e chegam a louvar as facilidades que traz à sua vida amorosa. Logo, o fetiche apareceu geralmente como uma descoberta secundária.

Por razões evidentes os detalhes desses casos não devem ser publicados. Por isso não posso mostrar de que maneira circunstâncias ocasionais contribuíram para a escolha do fetiche. O caso mais curioso foi o de um jovem que tinha elevado certo "brilho no nariz" [*Glanz auf der Nase*] à condição de fetiche. A explicação surpreendente para isso era que o paciente havia sido criado na Inglaterra, mudando-se depois para a Alemanha, onde esqueceu quase completamente sua língua materna. O fetiche, originário de sua infância mais recuada, devia ser lido em inglês, não em alemão; o "brilho no nariz" era na verdade um "olhar para o nariz" (*glance* = olhar), o nariz era então o fetiche, ao qual ele emprestava esse brilho peculiar que os outros não viam.

A resposta que a psicanálise deu sobre o sentido e propósito do fetiche foi a mesma em todos os casos. E revelou-se de modo tão desimpedido, parecendo-me tão categórica, que não me surpreenderei se deparar com a mesma solução em todos os casos de fetichismo. Se eu afirmar agora que o fetiche é um substituto para o pênis, certamente causarei decepção. Apresso-me então a acrescentar que não é o substituto de um pênis qualquer, mas de um especial, bem determinado, que nos primeiros anos infantis tem grande importância, porém é perdido depois. Isto é: normalmente seria abandonado, mas o fetiche se destina exatamente a preservá-lo. Colocando isso de maneira mais clara, o fetiche é o substituto para o falo da mulher (da mãe), no qual o menino acreditou e ao qual — sabemos por quê — não deseja renunciar.[1]

Sucedeu, então, que o menino se recusou a tomar conhecimento de um dado de sua percepção, o de que a mulher não possui pênis. Não, isso não pode ser verdade, pois se a mulher é castrada, o seu próprio pênis corre perigo, e contra isto se rebela a porção de narcisismo de que a natureza, por cautela, dotou precisamente esse órgão. Um pânico semelhante talvez experimente depois o adulto, quando se ouve o grito de que o Trono e o Altar estão ameaçados, pânico esse que trará consequências igualmente ilógicas. Se não me engano, Laforgue diria nesse caso que o menino "escotomizou" a percepção da falta de pênis na mulher.[2] Um termo novo se justifica quando descreve ou ressalta um fato novo.

---

[1] Em *Uma recordação de infância de Leonardo da Vinci* (1910), fiz essa interpretação sem fundamentá-la.

[2] Corrijo a mim mesmo, porém, afirmando que tenho boas razões para pensar que Laforgue não diria isso. Segundo suas próprias observações, "escotomização" é um termo que se origina da descrição da *dementia praecox*, que não surgiu do emprego de concepções psicanalíticas nas psicoses e não pode ser aplicado aos processos de desenvolvimento e à formação de neuroses. A exposição se empenha em tornar clara essa incompatibilidade.

O FETICHISMO

Este não é o caso; a mais antiga palavra de nossa terminologia psicanalítica, "repressão" [*Verdrängung*], já se refere a esse processo patológico. Querendo-se diferenciar mais firmemente o destino da ideia daquele do afeto, reservando o termo "repressão" para o afeto, a designação alemã correta para o destino da ideia seria *Verleugnung* [recusa, repúdio].* "Escotomização" me parece particularmente inadequado, por dar a entender que a percepção foi simplesmente apagada, tal como ocorreria se uma impressão visual caísse no ponto cego da retina. A situação que consideramos mostra, pelo contrário, que a percepção permaneceu e que uma ação bastante enérgica foi realizada para sustentar a recusa. Não é certo dizer que a criança, depois de fazer sua observação da mulher, manteve intacta a crença de que ela tem um falo. Conservou esta crença, mas também a abandonou; no conflito entre o peso da percepção indesejada e a força do desejo contrário chegou a um compromisso, o que é possível apenas sob a direção das leis do pensamento inconsciente — dos processos primários. Sim, na psique a mulher continua a ter um pênis, mas este pênis já não é o mesmo de antes. Outra coisa ocupou seu lugar, foi como que nomeada seu substitu-

---

* Nas versões estrangeiras consultadas há as seguintes equivalências para *Verleugnung*: *renegación o repudiación*, *desmentida*, *rinnegamento*, *déni*, *disavowal* (além daquelas normalmente utilizadas, dispusemos de uma antiga versão francesa realizada por Jean Laplanche e outros, num volume intitulado: *La Vie sexuelle*, Paris: PUF, 1969). Ver nota sobre o termo na tradução do ensaio "A organização genital infantil" (1923), no v. 16 destas *Obras completas*, p. 173.

to e veio a herdar o interesse que antes se dirigia a ele. Mas tal interesse experimenta ainda um extraordinário acréscimo, porque o horror à castração ergue para si um monumento, ao criar esse substituto. Também uma aversão frente ao genital feminino real, jamais ausente num fetichista, permanece como *stigma indelebile* da repressão ocorrida. Agora vemos o que o fetiche faz e de que modo é mantido. Ele subsiste como signo de triunfo sobre a ameaça de castração e como proteção contra ela; ele permite também que o fetichista não se torne um homossexual, ao emprestar à mulher a característica que a torna aceitável como objeto sexual. Em sua vida posterior, o fetichista acredita desfrutar ainda de outra vantagem do seu substituto para o genital. A significação do fetiche não é reconhecida pelos outros, portanto ele não lhe é negado, é facilmente acessível, a satisfação sexual a ele relacionada pode ser comodamente obtida. O fetichista não tem dificuldade em conseguir o que outros homens têm de solicitar e buscar com empenho.

Provavelmente nenhum ser masculino é poupado do pavor da castração ao avistar os genitais femininos. Por que alguns se tornam homossexuais em consequência desta impressão, outros a rechaçam pela criação de um fetiche e a grande maioria chega a superá-la, é algo que não conseguimos explicar. É possível que ainda não conheçamos, entre os fatores que agem simultaneamente, aqueles decisivos nos raros desenlaces patológicos; de resto devemos nos dar por satisfeitos se podemos explicar o que aconteceu, deixando provisoriamente de lado a tarefa de explicar por que algo *não* aconteceu.

Pode-se esperar que, como substitutos do falo cuja falta se sente na mulher, sejam escolhidos os órgãos ou objetos que em outros casos também simbolizam o pênis. Isso pode ocorrer com frequência, mas certamente não é determinante. A instauração de um fetiche parece antes obedecer a um processo que lembra a detenção da memória na amnésia traumática. De modo semelhante, o interesse como que se detém no caminho, a última impressão antes do que foi traumático, inquietante, seria conservada como fetiche. Assim, o pé ou o sapato deve sua preferência como fetiche — ou parte dela — à circunstância de que a curiosidade do menino olhou a partir de baixo, a partir das pernas, para o órgão genital da mulher; veludos e peles — como há muito se presumia — fixam a visão dos pelos púbicos, à qual seguiria a ansiada visão do membro feminino; as peças íntimas de roupa, tão frequentemente tomadas como fetiche, retêm o instante do desnudamento, no qual ainda se podia imaginar a mulher como fálica. Não pretendo afirmar, no entanto, que toda vez se possa discernir com segurança a determinação do fetiche. A investigação do fetichismo é recomendada a todos que ainda duvidam da existência do complexo da castração ou acreditam que o pavor ao genital feminino tenha outro motivo, que derive, por exemplo, da suposta lembrança do trauma do nascimento. Para mim o esclarecimento do fetiche teve ainda outro interesse teórico.

Recentemente descobri, por via especulativa apenas, que a diferença essencial entre neurose e psicose está em que na primeira o Eu, a serviço da realidade, suprime* uma parte do Id, enquanto na psicose ele é levado a desprender-se de uma parte da realidade pelo Id. Depois abordei mais uma vez o tema.³ Mas logo tive ocasião de lamentar que tivesse me adiantado tanto. A análise de dois jovens me revelou que ambos haviam se negado a reconhecer, haviam "escotomizado" a morte do pai querido, quando tinham dois e dez anos de idade — e no entanto nenhum deles desenvolvera uma psicose. Uma significativa porção da realidade fora repudiada pelo Eu, tal como, no fetichista, o desagradável fato da castração da mulher. Comecei também a suspeitar que ocorrências desse tipo não são raras na vida infantil, e me considerei culpado de um erro na caracterização da neurose e da psicose. É certo que restava uma saída; minha fórmula precisava ser válida apenas num grau mais elevado de diferenciação do aparelho psíquico; à criança talvez fosse permitido o que traria sérios danos para o adulto. Mas novas pesquisas conduziram a outra solução da contradição.

Verificou-se, de fato, que os dois jovens haviam "escotomizado" a morte do pai tanto quanto os fetichistas a castração da mulher. Apenas uma corrente de sua vida psíquica não reconhecera a morte do pai; havia também uma outra, que tinha plenamente em conta esse fato; a atitude conforme ao desejo e a atitude conforme à rea-

* No original, *unterdrückt*; nas versões consultadas: *somete*, *sofoca*, *reprime*, *réprime*, *suppresses*. Ver nota sobre *unterdrücken* e *verdrängen* ("reprimir") no v. 10 destas *Obras completas*, p. 88.
3 "Neurose e psicose" (1924) e "A perda da realidade na neurose e na psicose" (1924).

lidade existiam lado a lado. Em um dos dois casos, esta cisão constituía a base de uma neurose obsessiva medianamente severa; em todas as situações da vida ele oscilava entre dois pressupostos: o de que seu pai ainda vivia e estorvava suas ações, e o contrário, de que ele tinha o direito de ver-se como sucessor do pai falecido. Posso então conservar a expectativa de que na psicose uma dessas correntes, aquela conforme à realidade, estaria mesmo ausente.

Retornando à descrição do fetichismo, devo acrescentar que há outras provas ainda, numerosas e de peso, para a atitude dividida dos fetichistas ante a castração feminina. Em casos bem refinados, o próprio fetiche acolheu, na sua construção, tanto a recusa como a afirmação da castração. Assim ocorreu com um homem cujo fetiche era um suporte atlético que podia ser usado também como calção de banho. Essa peça de roupa cobria totalmente os genitais, e portanto a diferença entre eles. Como demonstrou a análise, isto significava que a mulher era castrada e também que não era, e além disso permitia supor a castração do homem, pois todas essas possibilidades podiam se esconder atrás do suporte, cujo precursor tinha sido a folha de parreira de uma estátua vista na infância. Um tal fetiche, duplamente sustentado por opostos, é sem dúvida particularmente sólido. Em outros a divisão se mostra no que o fetichista faz com o seu fetiche — na realidade ou em fantasia. Não basta sublinhar que ele venera o fetiche; em muitos casos ele o trata de um modo que claramente equivale a uma representação da castração. Isso ocorre especialmente quando se desenvolveu uma forte identificação com o pai e ele faz o papel do pai, pois a este o menino atribuíra a castração da mulher. A ternura e a hostilidade no tratamento do fetiche, que correspondem à recusa e ao reconhecimento da castração, misturam-se desigualmente em casos diversos, de maneira que ora uma, ora outra é mais facilmente reconhecível. Dessa perspectiva acreditamos entender, ainda que à distância, o comportamento do "cortador de tranças",* no qual a necessidade de efetuar a castração negada colocou-se em primeiro plano. Seu ato reúne em si as duas afirmações incompatíveis: a mulher manteve o pênis e o pai castrou a mulher. Outra variante, também um paralelo etnopsicológico para o fetichismo, pode ser vista no costume chinês de primeiramente mutilar o pé da mulher e depois venerá-lo como um fetiche. É como se o homem chinês quisesse agradecer à mulher por se haver submetido à castração.

Por fim, pode-se dizer que o modelo normal do fetiche é o pênis do homem, assim como o do órgão inferior é o pequeno pênis da mulher, o clitóris.**

---

* Cf. *Uma recordação de infância de Leonardo da Vinci* (1910), cap. III.
** Alusão ao conceito de "inferioridade de órgão", de Alfred Adler; cf. *Novas conferências introdutórias à psicanálise* (1933), nº 31.

PSICANÁLISE (1926)

TÍTULO ORIGINAL: "PSYCHO-ANALYSIS".
PUBLICADO PRIMEIRAMENTE EM VERSÃO
INGLESA: *ENCYCLOPAEDIA BRITANNICA*,
13ª ED., NEW V. 3, PP. 253-5.
PRIMEIRA EDIÇÃO ALEMÃ EM *GESAMMELTE
SCHRIFTEN* XII, PP. 372-80. TRADUZIDO
DE *GESAMMELTE WERKE* XIV, PP. 299-307.

Como a psicanálise não foi mencionada na 11ª edição da *Encyclopaedia Britannica*, é impossível limitar este relato a seus progressos desde 1910. O período mais importante e mais interessante de sua história é anterior a esse ano.*

PRÉ-HISTÓRIA

Entre 1880 e 1882, um médico vienense, dr. Josef Breuer (1842-1925), inventou um novo procedimento para livrar de diversos sintomas uma garota que sofria grave histeria. Ocorreu-lhe que os sintomas podiam estar relacionados às impressões de um período agitado em que ela cuidara do pai doente. Então ele a induziu, em estado de sonambulismo hipnótico, a procurar esses nexos na memória e reviver as cenas "patogênicas" sem inibir os afetos que se mostravam. Depois disso, o sintoma desapareceu permanentemente.

Nessa época ainda não havia os trabalhos de Charcot e P. Janet sobre a gênese dos sintomas histéricos. Portanto, Breuer agiu de modo independente desses estímulos. Mas não deu prosseguimento à sua descoberta; apenas dez anos depois veio a retomá-la, em colaboração com S. Freud. Em 1895, os dois publicaram o livro *Estudos sobre a histeria*, que informava sobre os achados

---

* Trecho omitido na *Encyclopaedia Britannica*. Freud redigiu esse texto como um verbete para três volumes complementares lançados em 1926, que pretendiam apenas atualizar a 11ª edição, de 1911. Por isso achou necessária essa explicação preliminar.

de Breuer e buscava explicá-los mediante a teoria da catarse. Conforme sua hipótese, o fenômeno histérico surge porque a energia de um processo psíquico é impedida de ter elaboração consciente e dirigida para a inervação somática (*conversão*). O sintoma histérico seria, então, o substituto para um ato psíquico não acontecido e a reminiscência do ensejo que deveria tê-lo ocasionado. A cura se daria através da liberação do afeto desencaminhado e de sua descarga pelo caminho normal (ab-reação). O tratamento catártico teve ótimos resultados terapêuticos, mas não eram duradouros e dependiam da relação pessoal entre o doente e o médico. Freud, que depois continuou sozinho essa pesquisa, modificou a técnica, empregando o método da associação livre em vez da hipnose. Ele criou o nome psicanálise, que no curso do tempo adquiriu dois significados. Hoje significa: 1) um método especial para tratamento de doenças neuróticas; 2) a ciência dos processos psíquicos inconscientes, que também é chamada, apropriadamente, "psicologia profunda".

TEOR DA PSICANÁLISE

Como procedimento terapêutico a psicanálise ganha cada vez mais adeptos, pois faz mais pelos doentes do que qualquer outro método de tratamento. Seu campo de aplicação são as neuroses mais leves, a histeria, as fobias e os estados obsessivos, e também deformações de caráter, inibições sexuais e anormalidades, em que obtém consideráveis melhoras e inclusive curas. Sua influência sobre a *dementia praecox* e a paranoia é duvidosa; em circunstâncias favoráveis pode lidar também com depressões severas. Em todos os casos ela exige bastante do médico e do paciente, requer do primeiro uma formação especial e uma prolongada dedicação a cada paciente, e deste, notáveis sacrifícios materiais e psíquicos; mas na maioria dos casos compensa todos os esforços. A psicanálise não é uma cômoda panaceia para os males psíquicos (*cito, tuto, jucunde*);* pelo contrário, sua aplicação contribuiu primeiramente para esclarecer as dificuldades e os limites da terapia em tais afecções. No momento, apenas em Berlim e Viena há instituições privadas que tornam o tratamento psicanalítico acessível também à população trabalhadora sem recursos. A influência terapêutica da psicanálise baseia-se na substituição de atos psíquicos inconscientes por conscientes, e seu alcance é determinado por esse fator. Tal substituição é efetuada superando-se resistências internas na vida psíquica do paciente. O futuro provavelmente dirá que a importância da psicanálise como ciência do inconsciente ultrapassa em muito a sua importância terapêutica.

A psicanálise, como psicologia profunda, considera a vida psíquica de três perspectivas: a dinâmica, a econômica e a topológica. Na primeira delas, faz remontar todos os processos psíquicos — salvo a recepção de es-

---

* Cf. Aulo Cornélio Celso, *De medicina*, III, 4:1: *"Asclepiades officium esse medici dicit, ut tuto, ut celeriter, ut jucunde curet"* [Esculápio diz que o ofício do médico é curar de forma segura, rápida e agradável].

tímulos externos — ao jogo de forças que promovem ou inibem uma às outras, juntam-se, entram em compromissos etc. Originalmente estas forças são todas da natureza de instintos [*Triebe*], ou seja, de origem orgânica, caracterizadas por enorme capacidade somática (compulsão à repetição), e acham representação psíquica em ideias investidas de afeto. A teoria dos instintos é um terreno obscuro também para a psicanálise. A análise das observações leva a postular dois grupos de instintos, os chamados instintos do Eu, cuja meta é a autoafirmação, e os instintos objetais, que consistem na relação com o objeto. Os instintos sociais não são vistos como elementares e irredutíveis. A especulação teórica leva a supor a existência de dois instintos fundamentais que se escondem por trás dos instintos do Eu e objetais que são manifestos: o instinto que busca a união sempre maior, Eros, e o que conduz à dissolução do que é vivo, o instinto de destruição. A manifestação da energia de Eros é denominada *libido* na psicanálise.

O ponto de vista econômico supõe que as representações psíquicas dos instintos sofrem investimento (*cathexis*)* de determinadas quantidades de energia e que o aparelho psíquico tende a evitar um represamento dessas energias e manter o mais baixa possível a soma total de excitações que a atingem. O curso dos processos psíquicos é regulado automaticamente pelo princí-

---

* O termo inglês consta no original alemão — provavelmente a única vez, segundo Strachey, em que o próprio Freud usou o termo como equivalente do alemão *Besetzung*.

pio do prazer-desprazer, no qual o desprazer se liga de alguma forma ao crescimento e o prazer, ao decréscimo da excitação.

O princípio de prazer original experimenta, no curso do desenvolvimento, uma modificação tendo em vista o mundo exterior (princípio da realidade), em que o aparelho psíquico aprende a postergar satisfações do prazer e tolerar por algum tempo sensações de desprazer.

O ponto de vista topológico apreende o aparelho psíquico como um instrumento composto e busca verificar em que lugares dele ocorrem os diferentes processos psíquicos. Segundo nossas concepções atuais, o aparelho psíquico se divide em um *Id*, que é o portador dos impulsos instintuais, em um *Eu*, que constitui a parte mais superficial do Id, modificada por influência do mundo exterior, e um *Super-eu*, que, oriundo do Id, domina o Eu e representa as inibições instintuais características do ser humano.

Também a qualidade de ser consciente tem sua referência topológica, os processos do Id são inteiramente inconscientes, a consciência é a função da camada mais externa do Eu, destinada à percepção do mundo exterior.

Duas observações cabem aqui. Não se deve supor que essas concepções bastante gerais sejam os pressupostos do trabalho psicanalítico. São, isto sim, seus resultados últimos, abertos à revisão. A psicanálise baseia-se firmemente na observação dos fatos da vida psíquica, por isso a sua superestrutura teórica é ainda incompleta e sujeita a constante transformação. Além disso, não deve surpreender que a psicanálise, que originalmente queria apenas explicar fenômenos psíquicos patológicos, tenha chegado a desenvolver uma psicologia da vida psíquica normal. Isso justificou-se quando se descobriu que os sonhos e os atos falhos de indivíduos normais têm o mesmo mecanismo dos sintomas neuróticos.

A tarefa imediata da psicanálise foi o esclarecimento das doenças neuróticas.

A teoria psicanalítica das neuroses baseia-se em três pilares: 1. a teoria da repressão; 2. da importância dos instintos sexuais; 3. da transferência.

Na psique há um poder censurador, que evita que os impulsos que lhe desagradam se tornem conscientes e influenciem os atos. Diz-se que tais impulsos são reprimidos. Eles permanecem inconscientes; quando o analista se empenha em torná-los conscientes para o paciente, provoca uma resistência. Mas esses impulsos instintuais reprimidos não ficam sempre impotentes, em muitos casos conseguem adquirir influência sobre a psique mediante rodeios, e as satisfações substitutivas do reprimido assim alcançadas formam os sintomas neuróticos.

Por razões culturais os instintos sexuais são os mais fortemente afetados pela repressão, de modo que os sintomas neuróticos aparecem como satisfação substitutiva da sexualidade reprimida. Não é certo que a vida sexual do ser humano comece apenas na puberdade; já no início da vida extrauterina pode-se comprová-la, ela alcança o primeiro auge até o quinto ano de idade (primeiro período) e experimenta então uma inibição ou interrupção (época de latência) que tem fim com a puberdade, o segundo clímax do desenvolvimento.

O começo em dois tempos da vida sexual parece ser peculiar ao gênero humano. Todas as vivências desse primeiro período da infância são de enorme importância para o indivíduo, juntamente com a constituição sexual herdada elas geram as predisposições para o posterior desenvolvimento do caráter e das doenças. É errado acreditar que a sexualidade coincide com a "genitalidade". Os instintos sexuais perfazem um desenvolvimento complicado, apenas no final deste há o "primado das zonas genitais". Ao longo do caminho se instauram diversas organizações "pré-genitais", nas quais a libido pode se "fixar" e às quais retorna em caso de repressão posterior (regressão). As fixações infantis da libido determinam a posterior escolha da forma de doença. Assim, as neuroses aparecem como inibições no desenvolvimento da libido. Não se encontram causas específicas para o adoecimento neurótico, são relações quantitativas que decidem se o desfecho do conflito será a saúde ou uma neurótica inibição funcional.

A mais relevante situação de conflito que a criança tem de resolver é a da relação com os pais, o complexo de Édipo; tentando lidar com ele é que fracassam, via de regra, aqueles destinados à neurose. As mais valiosas e socialmente mais significativas realizações do espírito humano se originam das reações às exigências instintuais do complexo de Édipo, tanto na vida do indivíduo como, provavelmente, na história da espécie humana. Quando da superação do complexo de Édipo surge também a instância moral do Super-eu, que domina o Eu.

3. "Transferência" é como se chama a notável peculiaridade que têm os neuróticos de desenvolver relações emocionais de natureza tanto afetuosa como hostil em relação ao médico, que não se fundamentam na situação real, procedendo, isto sim, da relação dos pacientes com os pais (complexo de Édipo). A transferência é uma prova de que também o adulto não superou a dependência infantil de outrora, ela coincide com a força que foi denominada "sugestão". O médico tem de aprender a manejá-la, e apenas assim é capaz de induzir o doente a superar suas resistências internas e eliminar suas repressões. Desse modo, o tratamento psicanalítico vem a ser uma "pós-educação" do adulto, uma correção da educação infantil.

Neste breve resumo da psicanálise não podem ser abordados muitos temas do mais amplo interesse, como a sublimação dos instintos, o papel do simbolismo, o problema da ambivalência etc. Também não é possível, infelizmente, referir as aplicações da psicanálise — originada no terreno da medicina — às ciências humanas, à história da civilização e da literatura, ao estudo da religião e à pedagogia. Limitemo-nos a observar que a psicanálise — como psicologia dos atos psíquicos profundos, inconscientes — promete converter-se no elo entre a psiquiatria e todas estas ciências do espírito.

VICISSITUDES EXTERNAS DA PSICANÁLISE

O começo da psicanálise foi marcado por duas datas: 1895, ano da publicação de *Estudos sobre a histeria*, de Breuer e Freud, e 1900, da *Interpretação dos sonhos*, de Freud. Inicialmente ela não despertou interesse entre os médicos e no público em geral. Em 1907 teve início a colaboração de psiquiatras suíços, liderados por E. Bleuler e C. G. Jung. Em Salzburgo, em 1908, houve o primeiro encontro de adeptos de vários países. Em 1909, Freud e Jung foram convidados por G. Stanley Hall para ir à América, para dar conferências sobre psicanálise na Clark University, em Worcester, Massachusetts. O interesse na Europa cresceu rapidamente, mas manifestou-se em rejeição enérgica, frequentemente pouco científica. Essa hostilidade era motivada, do lado da medicina, pela ênfase dada pela psicanálise ao fator psíquico; do lado filosófico, pela fundamental adoção do conceito de atividade psíquica inconsciente; sobretudo, porém, pela aversão geral a conceder ao fator da sexualidade a importância que a psicanálise lhe reserva. Não obstante a oposição geral, o movimento em favor da psicanálise não pôde ser detido. Seus adeptos se organizaram numa Associação Internacional que passou pela prova da Grande Guerra e atualmente (1925) abrange as sociedades locais de Viena, Berlim, Budapeste, Londres, Suíça, Holanda, Moscou e Calcutá, além de duas americanas. Algumas revistas servem aos propósitos dessas sociedades: a *Internationale Zeitschrift für Psychoanalyse*, a *Imago* (para aplicações às ciências humanas) e o *International Journal of Psycho-Analysis*. Entre os anos de 1911 e 1913, dois dos seguidores, Alfred Adler (de Viena) e C. G. Jung (de Zurique), abandonaram o movimento e fundaram correntes próprias, tiveram acolhida benevolente, graças à hostilidade geral contra a psicanálise, mas que permaneceram cientificamente estéreis.* Em 1921, o dr. M. Eitingon fundou, em Berlim, a primeira policlínica psicanalítica e instituto de ensino, logo seguida por outra em Viena.

Bibliografia

Breuer e Freud, *Studien über Hysterie* [*Estudos sobre a histeria*], 1895; Freud, *Die Traumdeutung* [*A interpretação dos sonhos*], 1900; Freud, *Psychopathologie des Alltagslebens* [*Psicopatologia da vida cotidiana*], 1904; *Drei Abhandlungen zur Sexualtheorie* [*Três ensaios de uma teoria da sexualidade*], 1905; *Vorlesungen zur Einführung in die Psychoanalyse* [*Conferências introdutórias à psicanálise*], 1916. As obras de Freud tiveram edição completa em alemão: *Gesammelte Schriften*, de I a X. Desde 1923 há também uma edição espanhola (*Obras completas*). A maioria dos textos foi traduzida para o inglês e outras línguas. Como breves exposições do teor e da história da psicanálise mencionem-se: Freud, *Über Psychoanalyse* [*Cinco lições de psicanálise* (as conferências de Worcester)]; *Zur Geschichte der psychoanalytischen Bewegung* [*Contribuição à história do movimento psicanalítico*], 1914; "Selbstdarstellung" ["Autobiografia"], na coletânea de Grote, *Die Medizin der Gegenwart* [da atualidade] *in Selbstdarstellungen*, 1925. Particularmente acessíveis aos leitores de língua inglesa são: Ernest Jones, *Collected Papers on Psycho-Analysis*, e A. A. Brill, *Psychoanalysis*.

* A última oração foi omitida na versão publicada na *Encyclopaedia Britannica*, como informa Strachey.

O HUMOR (1927)

TÍTULO ORIGINAL: "DER HUMOR".
PUBLICADO PRIMEIRAMENTE
EM *ALMANACH 1928*, PP. 9-16.
TRADUZIDO DE *GESAMMELTE WERKE* XIV,
PP. 383-9. TAMBÉM SE ACHA
EM *STUDIENAUSGABE* IV, PP. 275-82.

O HUMOR

Em *O chiste e sua relação com o inconsciente*, livro que publiquei em 1905, tratei o humor apenas do ponto de vista econômico. Procurei discernir a fonte do prazer que temos com o humor, e acredito haver demonstrado que o ganho de prazer humorístico vem de uma economia no dispêndio afetivo.

O processo humorístico pode ocorrer de duas formas: ou numa única pessoa que adota ela mesma a atitude humorística, enquanto outra pessoa tem o papel de espectador e fruidor, ou entre duas pessoas, das quais uma não tem participação nenhuma no processo, mas a outra toma esta pessoa como objeto de sua consideração humorística. Quando, para ficarmos num exemplo bem cru, um condenado que está sendo levado para a forca numa segunda-feira diz: "É, a semana começa bem", ele próprio faz o humor, o processo humorístico se completa em sua pessoa e, claramente, produz-lhe certa satisfação. Quanto a mim, o ouvinte não participante, sou como que afetado à distância pela frase de humor do condenado; sinto, talvez como ele, o ganho de prazer humorístico.

O segundo caso acontece quando, por exemplo, um escritor ou um narrador descreve de forma humorística o comportamento de pessoas reais ou inventadas. Tais pessoas não precisam mostrar humor elas mesmas, a atitude humorística é coisa apenas daquele que as toma por objeto de humor, e, como no caso anterior, o ouvinte ou leitor participa da fruição do humor. Resumindo, pode-se dizer que a postura humorística — não importando em que ela consista — pode ser dirigida para a própria pessoa ou para outras; é de supor que traga um ganho de prazer para quem a adota; o espectador não participante tem um ganho de prazer semelhante.

Compreenderemos melhor como surge o ganho de prazer humorístico se nos voltarmos para o que ocorre no ouvinte diante do qual outro indivíduo produz humor. Ele vê esse outro numa situação que leva a esperar que o outro vai gerar sinais de algum afeto; vai se zangar, se queixar, expressar dor, se horrorizar, talvez até se desesperar, e o ouvinte-espectador se acha pronto para acompanhá-lo nisso, para evocar em si os mesmos impulsos emocionais. Mas essa disposição para emocionar-se é fraudada, o outro não exprime nenhum afeto, faz um chiste. Do dispêndio afetivo assim poupado nasce, no ouvinte, o prazer do humor.

Não temos dificuldade em chegar a isso, mas logo achamos que o que sucede no outro, no "humorista", é que merece maior atenção. Não há dúvida, a essência do humor consiste em que o indivíduo se poupa dos afetos que a situação ocasionaria e, com uma piada, afasta a possibilidade de tais expressões de afeto. Nisso o que ocorre no humorista tem de coincidir com o que sucede no ouvinte, mais corretamente, o processo que tem lugar neste precisa haver copiado o que ocorre no humorista. Mas como cria este a postura psíquica que lhe torna supérflua a liberação de afeto, o que se passa nele, do ponto de vista dinâmico, na "postura humorística"? Claramente, deve-se buscar a solução do problema no humorista; no ouvinte cabe supor apenas um eco, uma cópia desse processo desconhecido.

É hora de nos familiarizarmos com algumas características do humor. Ele não apenas possui algo liberador, como o chiste e a comicidade, mas também algo de grandioso e exaltante, traços que não se acham nos dois outros tipos de ganho de prazer a partir da atividade intelectual. O traço grandioso está claramente no triunfo do narcisismo, na vitoriosa afirmação da invulnerabilidade do Eu. Este se recusa a deixar-se afligir pelos ensejos vindos da realidade, a ser obrigado a sofrer; insiste em que os traumas do mundo externo não podem tocá-lo, mostra, inclusive, que lhe são apenas oportunidades para a obtenção de prazer. Esta última característica é absolutamente essencial no humor. Suponhamos que o criminoso levado para a execução na segunda-feira dissesse: "Isso não me preocupa, que importa se um sujeito como eu é enforcado, o mundo não vai acabar por isso" — concluiríamos, então, que essa fala implica uma grandiosa superioridade sobre a situação real, que é sábia e justificada, mas não revela nenhum sinal de humor, baseia-se, inclusive, numa avaliação da realidade que contraria diretamente a do humor. O humor não é resignado, é rebelde, ele significa não apenas o triunfo do Eu, mas também do princípio do prazer, que nele consegue afirmar-se, contra a adversidade das circunstâncias reais.

Mediante esses dois últimos traços, o repúdio às exigências da realidade e a imposição do princípio do prazer, o humor se avizinha dos processos regressivos ou reacionários que tanto nos ocupam na psicopatologia. Com sua rejeição da possibilidade de sofrer, ele assume um lugar na série de métodos que a psique humana desenvolveu para fugir à coação do sofrimento, uma série que tem início com a neurose e culmina na loucura, e na qual se incluem também a intoxicação, o ensimesmamento e o êxtase. O humor deve a esta relação uma dignidade que falta inteiramente ao chiste, por exemplo, já que este ou serve apenas ao ganho de prazer ou coloca o ganho de prazer a serviço da agressão. Em que consiste então a postura humorística, mediante a qual a pessoa se recusa ao sofrimento, enfatiza a invencibilidade do Eu ante o mundo exterior, sustenta vitoriosamente o princípio do prazer — mas isso tudo sem abandonar o terreno da saúde psíquica, como outros procedimentos que têm a mesma intenção? Essas duas realizações não seriam inconciliáveis?

Se nos voltamos para a situação em que alguém se coloca humoristicamente em relação a outros, apresenta-se a concepção que já propus timidamente no livro sobre os chistes: ele se comportaria diante deles como o adulto em relação à criança, na medida em que reconhece e ri da futilidade dos interesses e sofrimentos que a ela parecem grandes. Então o humorista obteria sua superioridade por colocar-se no papel do adulto, por identificar-se de certo modo com o pai e reduzir os outros a crianças. Esta suposição provavelmente corresponde aos fatos, mas não é inteiramente persuasiva. Perguntamo-nos como pode o humorista se arrogar esse papel.

Mas recordemos a outra situação do humor, provavelmente mais antiga e mais significativa, em que a pessoa dirige a postura humorística para si mesma, a fim de afastar o sofrimento possível. Há sentido em dizer que alguém trata a si mesmo como uma criança e, simultaneamente, faz o papel de adulto superior diante dessa criança?

Acho que daremos boa sustentação a essa hipótese pouco plausível se levarmos em consideração o que aprendemos sobre a estrutura de nosso Eu, a partir de observações patológicas. Esse Eu não é algo simples, ele abriga no interior, como seu núcleo, uma instância especial, o Super-eu,* e às vezes os dois convergem de forma tal que não conseguimos diferenciá-los, enquanto em outras circunstâncias se distinguem agudamente. No que toca à sua gênese, o Super-eu é herdeiro da instância parental; muitas vezes ele mantém o Eu em rigorosa dependência, tratando-o realmente como os pais — ou o pai — trataram a criança nos primeiros anos. Assim, chegaremos a uma elucidação dinâmica da postura humorística se supusermos que ela consiste em que a pessoa do humorista tirou o acento psíquico de seu Eu e o transpôs para seu Super-eu. O Eu, então, pode parecer pequenino para o Super-eu assim inflado, e todos os seus interesses, insignificantes, e pode se tornar fácil para o Super-eu, nessa nova distribuição de energia, suprimir as possibilidades de reação do Eu.

Fiéis a nosso modo de expressão habitual, diremos, em vez de transposição do acento psíquico, deslocamento de grandes montantes de investimento. Cabe

---

* James Strachey observa que em *O Eu e o Id* (1923), numa nota do início do cap. III, Freud afirma que "só o sistema *Pcp-Cs* pode ser visto como núcleo do Eu".

perguntar, então, se é lícito concebermos deslocamentos assim amplos de uma instância da psique para outra. Parece tratar-se de uma nova hipótese feita *ad hoc*, mas devemos nos lembrar que algumas vezes, embora não com suficiente frequência, levamos em conta um fator assim, em nossas tentativas de uma representação metapsicológica do funcionamento psíquico. Imaginamos, por exemplo, que a diferença entre um investimento objetal erótico habitual e o estado de paixão consiste em que, neste último caso, um investimento incomparavelmente maior vai para o objeto, o Eu como que se esvazia em prol do objeto. Estudando alguns casos de paranoia, pude constatar que as ideias persecutórias são formadas bem cedo e subsistem por longo tempo sem produzir efeito notável, até que determinado ensejo as faz receber as magnitudes de investimento que as levam a se tornar dominantes. Também a cura de tais acessos de paranoia não consistiria tanto em dissolver e corrigir as ideias delirantes, mas em subtrair-lhes o investimento que lhes foi dado. A alternância de melancolia e mania, de cruel supressão do Eu pelo Super-eu e de liberação do Eu após essa pressão, nos pareceu indicar tal mudança do investimento, à qual também seria preciso recorrer para explicar toda uma série de manifestações da vida psíquica normal. Se até agora isso ocorreu em grau muito pequeno, o motivo se acha na cautela que exercemos, que é louvável, no fundo. O terreno em que nos sentimos seguros é o da patologia da vida psíquica; nele fazemos nossas observações e adquirimos nossas convicções. No momento, só nos arriscamos a fazer um julgamento sobre o normal na medida em que o discernimos nos isolamentos e distorções do patológico. Uma vez superada essa reserva, perceberemos o grande papel que têm, para a compreensão dos processos psíquicos, tanto as condições estáticas como a alteração dinâmica na quantidade do investimento energético.

Portanto, acho que devemos reter a possibilidade aqui sugerida de que em determinada situação a pessoa sobreinveste repentinamente seu Super-eu e, a partir dele, modifica as reações do Eu. Aquilo que suponho para o humor tem uma analogia digna de nota no aparentado âmbito do chiste. Tive de conjecturar, em relação à origem do chiste, que por um instante um pensamento pré-consciente é deixado à elaboração inconsciente, que o chiste seria, desse modo, a contribuição ao cômico fornecida pelo inconsciente. De forma semelhante, o humor seria *a contribuição ao cômico por intermédio do Super-eu*.

Normalmente conhecemos o Super-eu como um senhor severo. Talvez se diga que não harmoniza muito bem com isso o fato de ele consentir em possibilitar um pequeno ganho de prazer ao Eu. É certo que o prazer humorístico jamais alcança a intensidade do prazer no cômico ou no chiste, jamais se expressa em riso aberto; também é verdadeiro que o Super-eu, ao provocar a atitude humorística, está efetivamente rejeitando a realidade e servindo a uma ilusão. Mas atribuímos — sem saber exatamente por quê — um alto valor a esse prazer não tão intenso, sentimo-lo como particularmente liberador e exaltador. E o gracejo que o humor produz não é o essencial, tem apenas o valor de uma amostra; o principal é a intenção que o humor realiza, seja atuando sobre a pessoa mesma ou sobre uma outra. Ele quer dizer: "Vejam, isso é o mundo que parece tão perigoso. É uma brincadeira de crianças, é bom para um gracejo!".

Se é realmente o Super-eu que, no humor, fala de modo assim carinhoso e consolador ao Eu amedrontado, isso nos mostra que ainda temos muito a aprender sobre a natureza do Super-eu. Além do mais, nem todas as pessoas são capazes de adotar a atitude humorística, ela é um dom precioso e raro, e a muitas falta inclusive a capacidade de fruir o prazer humorístico que se lhes oferece. E, por fim, se o Super-eu busca, através do humor, consolar e proteger do sofrimento o Eu, não contradiz, dessa forma, sua procedência da instância parental.

UMA EXPERIÊNCIA RELIGIOSA (1928)

TÍTULO ORIGINAL: "EIN RELIGIÖSES ERLEBNIS".
PUBLICADO PRIMEIRAMENTE EM
ALMANACH 1929, PP. 9-12. TRADUZIDO
DE *GESAMMELTE WERKE* XIV, PP. 393-6.

UMA EXPERIÊNCIA RELIGIOSA

No outono de 1927, um jornalista teuto-americano que eu tivera gosto em receber, G. S. Viereck, publicou uma conversa comigo, em que também mencionava minha falta de fé religiosa e minha indiferença à questão da sobrevivência após a morte. Essa "entrevista", como se diz, foi bastante lida* e deu origem a algumas cartas que me chegaram, entre elas a seguinte, de um médico americano:

"[...] O que mais me impressionou foi sua resposta quando perguntado se acredita numa sobrevivência da personalidade após a morte. Consta que respondeu: 'Não penso nisso'.

"Escrevo para lhe relatar uma experiência que tive no ano em que me graduei na Universidade de X. Uma tarde, ao passar pela sala de dissecção, chamou minha atenção uma velha senhora de rosto amável (*sweet-faced dear old woman*) que estava sendo carregada para uma mesa de dissecção. Esta *sweet-faced woman* me causou tal impressão que me veio o seguinte pensamento: 'Não existe Deus; se existisse um Deus, ele não teria permitido que essa *dear old woman* fosse levada para a sala de dissecção'.

"Quando cheguei em casa, naquela dia, o sentimento que tive ante aquela visão na sala de dissecção me fez decidir não mais frequentar a igreja. Antes disso, as doutrinas do cristianismo já eram objeto de dúvida em meu espírito.

---

* A edição brasileira dessa entrevista foi publicada em Paulo César de Souza (org.), *Sigmund Freud & o gabinete do dr. Lacan*, São Paulo: Brasiliense, 2ª ed., 1990, pp. 117-28.

"Enquanto pensava sobre isso, uma voz falou à minha alma que eu devia 'considerar o passo que ia dar'. Meu espírito respondeu a esta voz, dizendo: 'Se eu soubesse com certeza que o cristianismo é a verdade e que a Bíblia é a palavra de Deus, eu o aceitaria'.
"Durante os dias seguintes, Deus tornou claro para minha alma que a Bíblia é sua palavra, que os ensinamentos sobre Jesus Cristo são verdadeiros e que Jesus é nossa única esperança. Após uma revelação tão clara, eu aceitei a Bíblia como a palavra de Deus e Jesus Cristo como meu Salvador pessoal. Desde então, Deus se revelou para mim através de muitas provas infalíveis.
"Peço-lhe, como irmão médico (*brother physician*), para refletir sobre essa importante questão, e asseguro-lhe que, se olhar para esse tema com o espírito aberto, Deus revelará a *verdade* à sua alma, assim como fez comigo e tantos outros [...]."
Eu respondi, educadamente, que me causava satisfação saber que tal experiência lhe havia permitido conservar a fé. Deus não fizera tanto por mim, não me fizera ouvir tal voz interior, e se não se apressasse — considerando minha idade —, não seria minha culpa se eu continuasse sendo, até o fim da vida, o que era então — um *infidel Jew* [judeu ateu].
Numa réplica gentil, o colega assegurou que meu judaísmo não era um obstáculo no caminho da verdadeira fé, assinalando vários exemplos. E culminava com a informação de que rezava fervorosamente por mim, para que me fosse dada *faith to believe* [fé para crer].

Até agora esse pedido não surtiu efeito. Enquanto isso, a experiência religiosa do colega dá o que pensar. Eu diria que ela requer uma tentativa de interpretação baseada em motivos afetivos, pois é surpreendente, e fundamentada numa lógica particularmente ruim. Como se sabe, Deus permite que aconteçam outros horrores, muito diferentes da remoção do cadáver de uma senhora de traços simpáticos para uma mesa de dissecção. Sempre foi assim, e não terá sido diferente na época em que meu colega americano concluiu seus estudos. E nem podia ele, como estudante de medicina, ficar tão alheio ao mundo a ponto de nada saber desses males. Por que, então, sua indignação para com Deus tinha de irromper justamente ao lhe vir aquela impressão na sala de dissecção?

Para quem está habituado a considerar analiticamente as vivências interiores e os atos dos humanos, a explicação é óbvia, tão óbvia que se misturou realmente à lembrança que eu tinha do fato. Quando, certa vez, mencionei a carta do piedoso colega numa discussão, disse que ele escrevera que o rosto da mulher lhe lembrara sua própria mãe. Ora, isso não estava na carta — e um momento de reflexão nos diz que não poderia estar —, mas é a explicação que inevitavelmente se oferece, ante as palavras ternas com que a velha senhora é descrita (*sweet-faced dear old woman*). Podemos imputar a fraqueza de julgamento do jovem médico ao afeto provocado pela lembrança da mãe. E, sendo difícil nos livrarmos do mau hábito psicanalítico de apresentar como provas miudezas que também admitem outra explicação, menos profunda,

UMA EXPERIÊNCIA RELIGIOSA

recordemos que depois o colega me trata de *brother physician*, algo que em minha tradução não pude reproduzir satisfatoriamente.*

Podemos imaginar o acontecido da seguinte maneira. A visão do cadáver nu (ou quase a ser desnudado) de uma mulher, que lembra ao jovem sua mãe, desperta nele a saudade da mãe procedente do complexo de Édipo, à qual logo se junta a indignação contra o pai. Pai e Deus ainda não se diferenciaram bastante para ele, a vontade de aniquilar o pai pode se tornar consciente como dúvida da existência de Deus e pretender legitimar-se, ante a razão, como irritação pelos maus-tratos do objeto materno. Tipicamente, a criança vê como maus-tratos aquilo que o pai faz à mãe no intercurso sexual. O novo impulso, deslocado para o âmbito religioso, é apenas uma repetição da situação edípica, e por isso tem o mesmo destino, pouco depois. Sucumbe a uma poderosa contracorrente. Durante o conflito, o nível de deslocamento não é mantido, não há argumentos para justificar Deus, nem se diz quais foram os sinais infalíveis com que Deus provou sua existência àquele que duvidava. O conflito parece ter se desenrolado na forma de uma psicose alucinatória, vozes interiores se fizeram ouvir, para dissuadi-lo da resistência a Deus. O desfecho da luta se dá novamente na esfera religiosa; é

---

* Freud se refere à sua versão alemã da carta, mas aqui ela foi traduzida do original inglês; a expressão por ele usada para *brother psysician*, conservando entre parênteses a original, é *wohlwollender Kollege*, que significa algo como "benevolente colega".

aquele já determinado pelo destino do complexo de Édipo: total submissão à vontade do Deus-Pai, o jovem se torna crente, aceita tudo o que desde a infância lhe ensinaram sobre Deus e Jesus Cristo. Tem uma experiência religiosa, passa por uma conversão.

Tudo isso é tão simples e transparente que não podemos deixar de nos perguntar se a compreensão desse caso não traria alguma contribuição para a psicologia da conversão em geral. Remeto o leitor a um excelente livro de Sante de Sanctis (*La conversione religiosa*, Bolonha, 1924), em que também são utilizadas todas as descobertas da psicanálise. A leitura desse volume confirma nossa expectativa de que nem todos os casos de conversão podem absolutamente ser entendidos de maneira tão fácil como o que aqui relatamos, mas que em nenhum aspecto este nosso caso contraria o que a pesquisa moderna veio a concluir sobre o tema. O que distingue nossa presente observação é o vínculo com um ensejo especial, que faz a descrença reavivar-se ainda uma vez, antes de ser definitivamente superada.

DOSTOIÉVSKI E O PARRICÍDIO (1928)

TÍTULO ORIGINAL: "DOSTOJEWSKI UND DIE VATERTÖTUNG". PUBLICADO PRIMEIRAMENTE EM R. FÜLÖP-MILLER E F. ECKSTEIN (ORGS.), *DIE URGESTALT DER BRÜDER KARAMASOFF* [A FORMA ORIGINAL DOS IRMÃOS KARAMÁZOV]. MUNIQUE, PP. XI-XXXVI. TRADUZIDO DE *GESAMMELTE WERKE* XIV, PP. 399-418. TAMBÉM SE ACHA EM *STUDIENAUSGABE* X, PP. 267-86.

Na rica personalidade de Dostoiévski podemos distinguir quatro facetas: o escritor, o neurótico, o moralista e o pecador. Como devemos nos orientar nessa desconcertante complexidade?

Quanto ao escritor, há poucas dúvidas: ele ocupa um lugar não muito atrás de Shakespeare. *Os irmãos Karamázov* é o mais formidável romance jamais escrito, o episódio do Grande Inquisidor é um dos cumes da literatura universal, de valor incomparável. Mas ante o problema do escritor a psicanálise tem que depor as armas, infelizmente.

O mais prontamente questionável, em Dostoiévski, é o moralista. Querendo-se exaltá-lo como ser moral, com o argumento de que só atinge o mais alto nível da moralidade quem esteve nas profundezas do pecado, ignora-se uma consideração. Moral é aquele que já reage à tentação sentida interiormente, não cedendo a ela. Quem alternadamente peca e, arrependido, formula elevadas exigências éticas, expõe-se à objeção de facilitar as coisas para si. Não realiza o essencial da moralidade, a renúncia, pois a condução ética da vida é um interesse prático da humanidade. Lembra os bárbaros do tempo das migrações,* que matavam e logo expiavam o ato, no que a expiação se tornou uma técnica para possibilitar o assassínio. Ivan, o Terrível, comportava-se da mesma forma; esse ajeitar-se com a moralidade é um traço ca-

---

* "Tempo das migrações": no original, *Völkerwanderung*, literalmente "migração dos povos", que é como em alemão se designa o que os demais europeus chamam "invasões bárbaras".

racterístico russo. Tampouco o resultado do empenho moral de Dostoiévski é muito louvável. Após violentas lutas para conciliar as exigências instintuais do indivíduo com as reivindicações da sociedade humana, ele cai, de maneira retrógrada, na submissão tanto à autoridade secular como à espiritual, na veneração ao czar e ao deus cristão, e num estreito nacionalismo russo, uma posição a que chegaram, com menos esforço, espíritos menores. Eis o ponto fraco dessa grande personalidade. Dostoiévski jogou fora a oportunidade de se tornar um mestre e libertador dos homens, filiou-se aos carcereiros destes; o futuro da civilização humana não terá muito a lhe agradecer. Foi condenado a esse fracasso por sua neurose, provavelmente. A altura de sua inteligência e a intensidade de seu amor aos homens lhe teriam aberto um outro caminho na vida, um caminho apostólico.

Considerar Dostoiévski como um pecador ou um criminoso desperta uma veemente oposição, que não se baseia necessariamente na avaliação vulgar do criminoso. Logo nos apercebemos do verdadeiro motivo para ela; dois traços são essenciais num criminoso, o ilimitado egoísmo e a forte tendência destrutiva; comum a ambos, e um pressuposto para suas manifestações, é a ausência de amor, a falta de apreciação afetiva dos objetos (humanos). De imediato nos lembramos do contraste que nisso apresenta Dostoiévski, de sua grande necessidade e enorme capacidade de amor, que se expressa em manifestações de bondade excessiva e o faz amar e ajudar, mesmo quando teria direito ao ódio e à vingança, como nas relações com a primeira mulher e o amante desta. Então é preciso perguntar de onde vem a tentação de incluir Dostoiévski entre os criminosos. A resposta: vem da sua escolha do material; ele prefere caracteres violentos, assassinos e egoístas a todos os demais, o que aponta para a existência de tais inclinações no seu interior; e também alguns fatos de sua vida, como seu vício de jogar e talvez o abuso sexual de uma garota ainda imatura (possível confissão).[1] A contradição se resolve ao percebermos que o fortíssimo impulso destrutivo [*Destruktionstrieb*] de Dostoiévski, que facilmente o teria tornado um criminoso, foi orientado, na vida real, principalmente contra sua própria pessoa (para dentro, em vez de para fora), expressando-se como masoquismo e sentimento de culpa. No entanto, sua personalidade conserva bastantes traços sádicos, que se manifestam em sua irritabilidade, seu gosto em atormentar e sua intolerância, também para com pessoas amadas, e ainda transparecem na forma como o autor Dostoiévski trata seus leitores; ou seja, nas pequenas coisas, sádico para fora, nas grandes, sádico para dentro, isto é, masoquista, a pessoa mais branda, mais bondosa e solícita.

[1] Ver a discussão a respeito em "Der unbekannte Dostojewski" [O Dostoiévski desconhecido], de Stefan Zweig (1926): "Ele não se detém ante os muros da moral burguesa, e ninguém sabe dizer exatamente até onde ele ultrapassou a barreira jurídica em sua vida, o quanto dos instintos criminosos de seus heróis nele se converteu em ato" (*Drei Meister* [Três mestres], 1920). Sobre as relações íntimas entre as figuras de Dostoiévski e suas próprias vivências, ver as observações de René Fülöp-Miller na seção introdutória de *Dostojewski am Roulette* [Dostoiévski na roleta] (1925), que retomam as de Nikolai Strakhov.

Da complexa personalidade de Dostoiévski selecionamos três fatores, um quantitativo e dois qualitativos: seu extraordinário grau de afetividade, a disposição instintual perversa, que faria dele um sadomasoquista ou um criminoso, e seu dom artístico, insuscetível de análise. Esse conjunto poderia muito bem existir sem neurose; afinal, há masoquistas plenos não neuróticos. Segundo a relação de forças entre as exigências instintuais e as inibições que lhes são contrárias (mais as vias de sublimação disponíveis), Dostoiévski deve ser classificado como o que se chama de "caráter dominado pelos instintos".* Mas a situação é obscurecida pela presença simultânea da neurose, que, como foi dito, não seria inevitável nas circunstâncias, mas surge tanto mais facilmente quanto mais substancial é a complicação com que o Eu tem de lidar. Pois a neurose é apenas um sinal de que o Eu não conseguiu fazer tal síntese, de que perdeu sua unidade ao tentar fazê-la.

Mas como se prova a existência da neurose, estritamente falando? Dostoiévski se definiu e era tido como epiléptico, com base em sérios ataques que envolviam perda da consciência, convulsões musculares e subsequente mau humor. É bastante provável que o que chamamos de epilepsia fosse apenas um sintoma de sua neurose, que, então, deveria ser classificada de histeroepilepsia, ou seja, de histeria grave. Por dois motivos a

---

* No original, *triebhafter Charakter*; nas versões estrangeiras consultadas: *caracteres instintivos*, [*uno de esos*] *caracteres "apasionados"*, *carattere pulsionale*, *instinctual character*.

certeza completa não pode ser alcançada: primeiro, porque são insuficientes os dados anamnésicos sobre a assim chamada epilepsia de Dostoiévski; segundo, porque não há uma compreensão clara dos estados patológicos associados a ataques epileptoides.

Vejamos inicialmente o segundo ponto. É desnecessário reproduzir aqui a inteira patologia da epilepsia, que nada traz de decisivo, mas podemos dizer que continua sobressaindo, como aparente unidade clínica, o velho *morbus sacer*, a inquietante enfermidade com suas imprevisíveis convulsões aparentemente não provocadas, com sua alteração do caráter, que se torna irritadiço e agressivo, e a progressiva degradação das atividades intelectuais. Mas por todos os lados esse quadro se desfaz na imprecisão. Os ataques que aparecem brutalmente, com mordidas na língua e esvaziamento da bexiga, que se acumulam em perigoso *status epilepticus*, conducente a graves injúrias de si próprio, podem se reduzir a curtas ausências, a simples vertigens passageiras, podem ser trocados por breves períodos em que o doente, como sob o domínio do inconsciente, faz alguma coisa que lhe é alheia. Ordinariamente determinadas, de modo incompreensível, por causas tão somente físicas, eles podem dever seu primeiro surgimento, no entanto, a um influxo puramente psíquico (um pavor), ou passar a reagir a excitações psíquicas. Embora a degradação intelectual seja característica da imensa maioria dos casos, sabe-se pelo menos de *um* caso em que a doença não impediu a elevada realização intelectual (o de Helmholtz). (Outros casos de que se disse o mesmo não são seguros, ou estão sujeitos às mesmas dúvidas relativas a Dostoiévski.)

As vítimas da epilepsia podem dar a impressão de obtusidade, de desenvolvimento retardado, pois muitas vezes a enfermidade acompanha uma evidente idiotia e graves defeitos cerebrais, embora não como um componente necessário do quadro da doença. Mas esses ataques também se acham, com todas as suas variantes, em pessoas que mostram completo desenvolvimento psíquico e uma afetividade extraordinária, em geral insuficientemente controlada. Não é de estranhar que nessas circunstâncias se considere impossível manter a unidade de uma afecção clínica chamada "epilepsia". A similaridade que se vê nos sintomas manifestos parece requerer uma concepção funcional, como se fosse organicamente pré-formado um mecanismo de descarga instintual anormal que é utilizado em situações muito diferentes, tanto em distúrbios da atividade cerebral causados por grave doença tóxica e dos tecidos como no controle insuficiente da economia psíquica, no funcionamento crítico da energia atuante na psique. Por trás dessa bipartição vislumbramos a identidade do mecanismo de descarga instintual subjacente. Ele também não deve estar longe dos processos sexuais, que no fundo são de origem tóxica; já os mais antigos médicos chamavam o coito de uma pequena epilepsia, ou seja, viam no ato sexual uma atenuação e adaptação da descarga epiléptica de estímulos.

A "reação epiléptica", como podemos denominar esse conjunto, certamente se coloca também à disposição da neurose, cuja essência consiste em eliminar pela via somática massas de excitação com que não pode lidar psiquicamente. Assim, o ataque epiléptico vem a ser um sintoma da histeria, por ela adaptado e modificado, de modo semelhante à descarga sexual normal. É perfeitamente lícito, então, distinguir entre uma epilepsia orgânica e uma "afetiva". A significação prática é: quem tem aquela é um doente do cérebro, quem tem esta, um neurótico. No primeiro caso, a vida psíquica está sujeita a um distúrbio vindo de fora; no segundo, o distúrbio é expressão da vida psíquica mesma.

É bastante provável que a epilepsia de Dostoiévski seja do segundo tipo. Isso não pode ser provado rigorosamente, seria preciso estar em condição de situar o primeiro surgimento e posteriores flutuações dos ataques no contexto de sua vida psíquica, e para tanto sabe-se muito pouco. As descrições dos ataques nada ensinam, as informações sobre nexos entre ataques e vivências são incompletas e frequentemente contraditórias. A suposição mais provável é que os ataques remontem bem atrás na infância de Dostoiévski, que fossem primeiramente representados por sintomas mais brandos e tomassem a forma epiléptica somente após a perturbadora vivência dos dezoito anos, o assassinato do pai.[2] Estaria

---

2 Cf. o ensaio "Dostojewskis heilige Krankheit" [A doença sagrada de Dostoiévski], de René Fülöp-Miller, em *Wissen und Leben* [Ciência e vida], 1924, n. 19-20. Desperta especial interesse a informação de que na infância do escritor teria ocorrido "algo terrível, inesquecível e doloroso", a que estariam relacionados os primeiros sinais de sua doença (Suworin, num artigo da *Nowoje*

bem de acordo com isso se ficasse provado que eles cessaram totalmente durante a prisão na Sibéria, mas outras informações contrariam isso.[3]

A inegável relação entre o assassinato do pai nos *Irmãos Karamázov* e o destino do pai de Dostoiévski foi percebida por mais de um biógrafo, levando-os a mencionar "uma certa corrente psicológica moderna". A abordagem psicanalítica — pois é a ela que aí se alude — inclina-se a ver nesse acontecimento o mais sério trauma, e na reação de Dostoiévski o ponto central de sua neurose. Mas, se trato de fundamentar psicanaliticamente essa colocação, temo não ser compreendido por

---

Wremja, 1881, conforme citado na introdução a *Dostojewski am Roulette*, p. XLV). E também Orest Miller, em *Dostojewskis autobiographische Schriften* [Os escritos autobiográficos de Dostoiévski, Munique, 1921]: "Sobre a enfermidade de Fiódor Mikhailovitch há outra declaração especial, que se refere à sua mais tenra infância e que relaciona a doença a um evento trágico na vida familiar dos pais de Dostoiévski. Mas, embora essa declaração me tenha sido feita pessoalmente por alguém bastante próximo a Fiódor Mikhailovitch, não posso me decidir a aqui apresentá-la em detalhes e com precisão, pois de nenhuma outra parte obtive confirmação desse rumor". Os biógrafos e os especialistas em neuroses não podem sentir-se gratos por essa discrição.

3 A maioria das declarações, inclusive a do próprio Dostoiévski, informa que a doença tomou seu caráter definitivo, epiléptico, somente durante a pena siberiana. Infelizmente há motivos para se duvidar das comunicações autobiográficas dos neuróticos. A experiência mostra que a sua memória realiza falsificações, destinadas a romper um nexo causal desagradável. Parece mesmo fora de dúvida, no entanto, que o período no cárcere siberiano influiu profundamente na doença de Dostoiévski. Cf., a propósito, "A doença sagrada de Dostoiévski", p. 1186.

aqueles não familiarizados com a linguagem e a teoria da psicanálise.

Temos um ponto de partida seguro. Sabemos o sentido dos primeiros ataques de Dostoiévski no período da infância, muito antes do surgimento da "epilepsia". Tinham o significado de morte, eram anunciados por um medo da morte e consistiam em estados de sono, letárgicos. A doença lhe veio primeiramente, quando ainda era um garoto, em forma de súbita e injustificada melancolia; uma sensação, como depois relatou ao amigo Soloviov, de que morreria imediatamente; e, de fato, seguia-se um estado inteiramente similar à morte verdadeira... Seu irmão Andrei conta que, já quando menino, Fiódor costumava deixar pequenas mensagens antes de dormir, ele receava cair no sono semelhante à morte, durante a noite, e pedia que o enterrassem apenas depois de cinco dias (*Dostojewski am Roulette*, Introdução, p. LX).

Conhecemos o significado e a intenção desses ataques que semelham a morte. Eles significam uma identificação com um morto, com uma pessoa que realmente morreu, ou que ainda vive e a quem se deseja a morte. O último caso é o mais significativo. O ataque tem, então, o valor de um castigo. O indivíduo desejou a morte de outro, e agora é esse outro e está morto. Aqui a teoria psicanalítica traz a afirmação de que esse outro, para o menino, via de regra é o pai, e o ataque — denominado histérico — é, então, uma autopunição pelo desejo de morte relativo ao pai odiado.

O parricídio é, segundo uma visão que já se conhece, o crime principal e primordial, tanto da humanidade como do indivíduo.[4] É, de todo modo, a fonte principal do sentimento de culpa, não sabemos se a única; as investigações ainda não puderam estabelecer com segurança a origem psíquica da culpa e da necessidade de expiação. Mas não precisa ser a única. A situação psicológica é complicada e requer elucidação. A relação do menino com o pai é, como dizemos, ambivalente. Além do ódio, que o leva a querer eliminar o pai, enquanto rival, normalmente há ternura por ele. As duas atitudes se combinam na identificação com o pai, o garoto quer estar no lugar do pai porque o admira, gostaria de ser como ele, e porque quer afastá-lo. Todo esse desenvolvimento depara com um obstáculo poderoso. Em certo momento, o menino compreende que a tentativa de eliminar o pai como rival pode ser punida com a castração. Por medo dela, isto é, no interesse de conservar sua masculinidade, abandona o desejo de possuir a mãe e liquidar o pai. Na medida em que permanece no inconsciente, esse desejo constitui a base do sentimento de culpa. Nisso acreditamos descrever processos normais, o destino habitual do chamado complexo de Édipo; mas temos um importante acréscimo a fazer.

Outra complicação surge quando o fator constitucional que denominamos bissexualidade é mais fortemente desenvolvido no garoto. Então, com a masculinidade ameaçada pela castração, é fortalecida a tendência a enveredar pela feminilidade, colocar-se antes no lugar da mãe e assumir o papel desta como objeto de amor do pai.

4 Cf. *Totem e tabu* (1912-1913).

Mas o medo da castração torna impossível também esta solução. O menino compreende que tem de admitir sua castração, se quiser ser amado pelo pai como uma mulher. Assim, ambos os movimentos, o ódio e a paixão pelo pai, sucumbem à repressão. Uma certa diferença psicológica consiste no fato de que o ódio é abandonado devido ao medo de um perigo externo (a castração), e a paixão é tratada como perigo instintual interno, mas remontando, no fundo, ao mesmo perigo externo.

O que faz inaceitável o ódio ao pai é o medo do pai; a castração é terrível, seja como castigo, seja como preço do amor. Dos dois fatores que reprimem o ódio ao pai, o primeiro, o medo direto à punição e à castração, pode ser chamado o normal; o fortalecimento patogênico parece vir apenas com o outro fator, o medo da atitude feminina. Assim, uma disposição fortemente bissexual torna-se uma das condições ou intensificações da neurose. Tal disposição é certamente admissível no caso de Dostoiévski, mostrando-se de forma possível (homossexualidade latente) na importância de amizades masculinas em sua vida, em sua conduta peculiarmente terna em relação aos rivais no amor e em sua notável compreensão de situações que se explicam apenas pela homossexualidade reprimida, como mostram muitos exemplos de suas novelas.

Eu lamento, mas nada posso fazer se esta exposição sobre as atitudes de ódio e amor para com o pai, e suas transformações por influência da ameaça de castração, parecer incrível e de mau gosto para o leitor que não conhece a psicanálise. E sei que justamente o complexo de castração deve provocar a rejeição mais ampla. Mas devo assegurar que a experiência psicanalítica põe justamente essa questão acima de qualquer dúvida, convidando-nos a nela enxergar a chave de toda neurose. Devemos aplicar essa chave, então, à assim chamada epilepsia do nosso autor. Tão alheias à nossa consciência são as coisas que governam a nossa vida psíquica inconsciente! As consequências da repressão do ódio ao pai no complexo de Édipo não se esgotam com o que foi dito até agora. Há o elemento novo de que a identificação com o pai termina obtendo um lugar duradouro no Eu. Ela é acolhida no Eu, mas ali se estabelece como uma instância especial, oposta ao conteúdo restante do Eu. Nós a chamamos de Super-eu e lhe atribuímos, como herdeira da influência dos pais, importantíssimas funções.

Se o pai era duro, violento, cruel, o Super-eu toma dele esses atributos e é restabelecida, na sua relação com o Eu, a passividade que seria reprimida. O Super-eu tornou-se sádico, o Eu se torna masoquista, ou seja, femininamente passivo, no fundo. Surge uma grande necessidade de punição no Eu, que, em parte, assim permanece à disposição do destino, e em parte encontra satisfação nos maus-tratos por parte do Super-eu (consciência de culpa). Todo castigo é, no fundo, a castração, e, como tal, realização da velha atitude passiva para com o pai. Também o destino é, afinal, apenas uma projeção posterior do pai.

Os processos normais da formação da consciência moral devem ser semelhantes aos anormais que aqui apresentamos. Ainda não conseguimos fazer a delimitação entre aqueles e estes. Nota-se que aqui se atribui a máxima participação, no desenlace [do processo], ao componente passivo da feminilidade reprimida. E deve ser importante, como fator acidental, que o pai, de toda forma temido, tenha sido particularmente violento na realidade. É o caso de Dostoiévski, e o fato de seu extraordinário sentimento de culpa, assim como sua conduta masoquista, nós relacionamos a um componente feminino particularmente forte. Esta seria a fórmula para Dostoiévski: alguém com disposição bissexual muito forte, que sabe defender-se com grande intensidade da dependência de um pai especialmente duro. Essa característica da bissexualidade junta-se aos componentes de sua natureza que já identificamos. O sintoma dos "ataques que semelham a morte", que aparece já na infância, pode ser compreendido como uma identificação com o pai por parte do Eu, admitida pelo Super-eu como punição. "Você quis matar o pai, para se tornar o pai você mesmo. Agora é o pai, mas o pai morto" — o mecanismo habitual dos sintomas histéricos. E, além disso: "Agora é o pai que mata você". Para o Eu, o sintoma da morte é, ao mesmo tempo, satisfação imaginosa do desejo masculino e satisfação masoquista; para o Super-eu, satisfação de castigo, isto é, sádica. Ambos, Eu e Super-eu, continuam a desempenhar o papel do pai.

No conjunto, a relação entre a pessoa e o objeto-pai se transformou, mantendo seu conteúdo, numa relação entre Eu e Super-eu, uma nova encenação num segundo palco. Tais reações infantis oriundas do complexo de

Édipo podem se extinguir quando a realidade não mais lhes fornece alimento. Mas o caráter do pai continuou o mesmo, não, piorou com o tempo, e assim o ódio de Dostoiévski ao pai foi mantido, seu desejo de morte para esse pai ruim. Ora, é perigoso quando a realidade satisfaz esses desejos reprimidos. A fantasia tornou-se realidade, todas as medidas de defesa foram então reforçadas. Os ataques de Dostoiévski assumiram caráter epiléptico, certamente ainda significavam a identificação com o pai a título de punição, mas tornaram-se terríveis, como a própria morte pavorosa do pai. Outros conteúdos, sobretudo sexuais, que eles tenham assumido, são algo que escapa a nossas conjecturas.

Uma coisa é notável: na aura do ataque* experimenta-se um instante de suprema beatitude, que pode muito bem haver fixado o triunfo e a libertação ante a notícia da morte do pai, a que logo se seguiu a punição, tanto mais cruel. Uma tal sucessão de triunfo e tristeza, alegria festiva e luto, percebemos também nos irmãos da horda primitiva, que mataram o pai, e a encontramos repetida na cerimônia da refeição totêmica. Se for verdadeiro que Dostoiévski não sofria de ataques na Sibéria, isso apenas confirmará que os ataques eram seu castigo. Ele não precisava deles quando era castigado de outra forma. No entanto, não há como provar isso. A necessidade de castigo na economia psíquica de Dostoiévski explica, isto sim, que ele tenha suportado aqueles anos de miséria e

---

* Aura é o nome dado às sensações que prenunciam o ataque epiléptico.

humilhações. Sua condenação como criminoso político era injusta, ele certamente o sabia, mas aceitou o castigo não merecido do pai czar, como substituto para a punição que merecia pelo pecado contra o pai verdadeiro. Em lugar da autopunição, deixou-se punir pelo representante do pai. Nisso vislumbramos algo da justificação psicológica dos castigos impostos pela sociedade. É fato que muitos criminosos anseiam pelo castigo. Seu Super-eu o requer, assim evitando infligi-lo ele mesmo.

Quem sabe das complexas mudanças de significado dos sintomas histéricos compreenderá que não tentamos, aqui, verificar o sentido dos ataques de Dostoiévski além desse começo.[5] Basta podermos supor que o seu sentido original permaneceu inalterado por trás de todas as sobreposições ulteriores. Pode-se dizer que Dostoiévski nunca se livrou do fardo de consciência da intenção parricida. Isso também determinou seu comportamento nas duas outras áreas em que a relação com o pai é decisiva, a autoridade estatal e a fé em Deus. Na primeira, chegou à plena submissão ao papai czar, que representara com ele, na vida real, a comédia da mor-

---

[5] A melhor informação sobre o sentido e o teor de seus ataques é dada pelo próprio Dostoiévski, quando diz a seu amigo Strakhov que sua irritabilidade e depressão, após um ataque epiléptico, deviam-se ao fato de ele se ver como um criminoso e não conseguir afastar o sentimento de ter uma culpa desconhecida, de haver cometido um grande malfeito que o oprimia ("A doença sagrada de Dostoiévski", p. 1188). Nessas autoacusações a psicanálise vê algum reconhecimento da "realidade psíquica", e se empenha em tornar conhecida, para a consciência, a culpa desconhecida.

te que os seus ataques lhe costumavam encenar. Nisso preponderou a penitência. No âmbito religioso ficou-lhe uma maior liberdade; segundo relatos aparentemente confiáveis, até o último instante de sua vida ele teria oscilado entre a fé e o ateísmo. Sua grande inteligência lhe tornava impossível ignorar as dificuldades intelectuais a que conduz a fé. Em repetição individual de um desenvolvimento histórico universal, ele esperou encontrar no ideal de Cristo uma saída e uma libertação da culpa, e usar seu próprio sofrimento como título para reivindicar um papel de Cristo. Se ele, tudo somado, não chegou à liberdade e se tornou reacionário, foi porque nele a culpa filial universalmente humana, em que se baseia o sentimento religioso, alcançou intensidade superindividual e permaneceu inexpugnável até para seu enorme intelecto. Neste ponto incorremos na recriminação de que abandonamos a imparcialidade da análise e submetemos Dostoiévski a avaliações que se justificam apenas do ponto de vista de uma determinada concepção do mundo. Um conservador tomaria o partido do Grande Inquisidor e julgaria Dostoiévski de outra forma. A objeção se justifica; como atenuante, podemos apenas dizer que a decisão de Dostoiévski parece comandada pela inibição do pensamento causada pela neurose.

Não será um acaso que três obras-primas da literatura de todos os tempos — *Édipo Rei*, de Sófocles, *Hamlet*, de Shakespeare, e *Os irmãos Karamázov*, de Dostoiévski — tratem do mesmo tema, o parricídio. Em todas três também se evidencia o motivo do ato, a rivalidade sexual em torno da fêmea. A exposição mais direta, sem dúvida, ocorre no drama relacionado à lenda grega. Nele é ainda o herói que comete o crime. Mas sem atenuação e ocultamento não é possível a elaboração poética. A admissão crua da intenção do parricídio, tal como a obtemos na análise, parece intolerável sem preparação analítica. No drama grego, a necessária mitigação é magistralmente produzida, mantendo-se as circunstâncias do crime, ao se projetar na realidade o motivo inconsciente do herói, como coação do destino que lhe é alheia. O herói realiza o ato sem intenção, e aparentemente não influenciado pela mulher, mas esse nexo é considerado quando, após repetir o ato com o monstro, que simboliza o pai, ele consegue obter a mãe rainha. Depois que sua culpa é descoberta, tornada consciente, não há tentativa de afastá-la de si, invocando a construção auxiliar da compulsão do destino; ela é, isto sim, reconhecida e castigada como uma plena culpa consciente, o que deve parecer injusto à reflexão, mas é perfeitamente correto em termos psicológicos.

No drama inglês a representação é mais indireta, não foi o herói mesmo quem cometeu o ato, mas outro, para quem esse não constitui parricídio. O chocante motivo da rivalidade sexual em torno da mulher não precisa ser maquiado, portanto. Também o complexo edípico do herói nós vemos como que em luz refletida, ao nos inteirarmos do efeito que o ato do outro tem sobre ele. Ele deveria vingar o crime, e se acha estranhamente incapaz de fazê-lo. Sabemos que é seu sentimento de culpa que o paralisa; de maneira inteiramente conforme aos processos neuróticos, o sentimento de culpa é deslocado para a percepção de sua inaptidão para cumprir essa tarefa. Surgem indícios de que o herói vê essa culpa como supraindividual. Ele não despreza os outros menos que a si mesmo. "Tratem cada homem segundo seu mérito, e quem escapará do açoite?"*

O romance do russo vai um passo adiante nessa direção. Também nele foi outro que cometeu o assassinato, mas alguém que tinha com a vítima a mesma relação filial do herói Dmitri, e no qual o motivo da rivalidade sexual é claramente admitido, outro irmão, a quem Dostoiévski, notavelmente, atribui sua própria doença, a suposta epilepsia, como se quisesse confessar que "o epiléptico, o neurótico em mim é um parricida". Depois, na defesa ante o tribunal, há a famosa caçoada da psicologia, dizendo que ela seria um bastão com duas pontas.** Um formidável mascaramento, pois basta invertê-lo para achar o sentido mais profundo da concepção de Dostoiévski. Não é a psicologia que merece a zombaria, mas o procedimento judicial. Não importa quem cometeu realmente o crime, à psicologia interessa apenas quem o desejou em seu íntimo e, uma vez

---

* *Hamlet*, ato II, cena 2: "*Use every man after his desert, and who should scape whipping?*" (versos 552-3 da edição Oxford, 1988).
** Cf. *Os irmãos Karamázov*, livro XII, capítulo 10. "Bastão com duas pontas" é a expressão usada no texto de Freud; numa edição brasileira do romance lê-se "arma de dois gumes" (Rio de Janeiro: Aguilar, 1968); em outra, mais recente, traduzida diretamente do russo, "faca de dois gumes" (São Paulo: Editora 34, 2008, trad. Paulo Bezerra).

acontecido, recebeu-o com satisfação; e por isso todos os irmãos, exceto Alióchá, figura de contraste, são culpados: o sensual impulsivo, o cínico cético e o criminoso epiléptico. Em *Os irmãos Karamázov* há uma cena bastante emblemática de Dostoiévski. O *stárets* [monge] percebe, ao conversar com Dmitri, que este tem predisposição para o parricídio, e prostra-se diante dele.* Isso não pode ser expressão de admiração, deve significar que o homem santo afasta de si a tentação de desprezar ou abominar o assassino e, portanto, humilha-se perante ele. A simpatia de Dostoiévski pelo criminoso é realmente sem limites, vai muito além da compaixão a que tem direito o infeliz, lembra o temor sagrado com que a Antiguidade via o epiléptico e o doente mental. O criminoso, para ele, é quase um redentor que assumiu a culpa que outros deveriam carregar. Não se necessita mais matar, depois que ele matou, mas é preciso ser-lhe grato por isso, de outro modo teríamos nós mesmos que matar. Isso não é apenas bondosa compaixão, é identificação com base nos mesmos impulsos homicidas; na verdade, um narcisismo ligeiramente deslocado. Com isso não questionamos o valor ético dessa bondade. Talvez seja este o mecanismo do bondoso interesse por outro ser humano, que podemos distinguir com facilidade no caso extremo do romancista dominado pelo sentimento de culpa. Não há dúvida de que essa simpatia por identificação influiu decisivamente na escolha do tema por Dostoiévski. Mas ele tratou inicialmente do crimino-

---

* Livro II, cap. 6.

so comum — motivado pelo egoísmo —, do criminoso político e do religioso, antes de, no final da vida, voltar ao criminoso primordial, o parricida, e com ele fazer sua confissão poética.

A publicação de seu espólio literário e do diário de sua mulher lançou viva luz sobre o tempo em que Dostoiévski, vivendo na Alemanha, era tomado pelo vício do jogo (*Dostojewski am Roulette*). Um inconfundível acesso de paixão patológica, que não se poderia julgar de outra forma. Não faltaram racionalizações para essa curiosa e indigna atividade. Como não é raro nos neuróticos, o sentimento de culpa criou uma representação palpável como fardo de dívidas, e Dostoiévski podia alegar que ganhando no jogo teria a possibilidade de voltar para a Rússia sem que os credores o lançassem na prisão. Mas isso seria apenas pretexto, ele era perspicaz o bastante para percebê-lo e honesto o bastante para confessá-lo. Sabia que o importante era o jogo em si, *le jeu pour le jeu* [o jogo pelo jogo].[6] Todas as particularidades de seu comportamento impulsivo e insensato provam isso e ainda mais. Ele não descansava enquanto não perdia tudo. O jogo também era um meio de castigar a si próprio. Inúmeras vezes deu a sua jovem esposa a palavra de honra de que nunca mais jogaria, ou não mais jogaria em determinado dia, e, como diz ela, quase sempre quebrou a palavra. Quando as perdas levavam os dois

---

6 "O principal é o jogo mesmo", escreveu numa carta. "Juro-lhe que não se trata de cobiça, embora eu necessite de dinheiro mais do que tudo."

à miséria extrema, ele tirava disso uma outra satisfação patológica. Podia xingar a si mesmo, humilhar-se diante dela, incitando-a a desprezá-lo, a lamentar haver casado com um velho pecador como ele, e, após esse desafogo da consciência, retomava o jogo no dia seguinte. E a esposa habituou-se a este ciclo, pois percebera que a única coisa da qual podia esperar a salvação, ou seja, a produção literária, nunca ia melhor do que quando haviam tudo perdido e penhorado seus últimos haveres. Naturalmente ela não entendia a relação entre uma coisa e outra. Quando o sentimento de culpa do marido era satisfeito pelas punições que ele próprio havia se imposto, diminuía a sua inibição para o trabalho, ele se permitia dar alguns passos no caminho do sucesso.[7]

Não é difícil notar, baseando-se na obra de um escritor mais recente, que traço da infância, há muito soterrado, logra repetir-se na compulsão de jogar. Stefan Zweig, que, aliás, consagrou ele mesmo um estudo a Dostoiévski (em *Três mestres*), narra, numa coletânea de três novelas, *Die Verwirrung der Gefühle* [A confusão dos sentimentos], uma história intitulada "Vinte e quatro horas na vida de uma mulher". Essa pequena obra-prima quer apenas mostrar, supostamente, que ser irresponsável é a mulher, a que excessos, surpreendentes para ela mesma, pode ser levada por uma experiência imprevista.

---

[7] "Ele sempre permanecia na mesa de jogo até perder tudo, até ficar totalmente arruinado. Apenas quando o infortúnio se cumpria inteiramente o demônio abandonava sua alma, dando lugar ao gênio criador" (René Fülöp-Miller, *Dostojewski am Roulette*, p. LXXXVI).

Ocorre que essa novela diz muito mais do que isso; ela apresenta, sem qualquer intenção exculpatória, algo muito diferente, universalmente humano, ou melhor, masculino, quando a submetemos a uma interpretação analítica, e tal interpretação se oferece com tamanha insistência que não podemos rejeitá-la. É típico da natureza do fazer artístico que o autor, quando lhe perguntei a respeito disso (pois somos amigos), tenha me assegurado que a mencionada interpretação lhe era totalmente estranha, embora alguns detalhes da história pareçam calculados justamente para deixar uma pista secreta.

Na novela de Zweig, uma senhora distinta, já idosa, relata ao escritor uma experiência que teve mais de vinte anos atrás. Tendo enviuvado cedo, mãe de dois filhos que já não a solicitavam, e não mais esperando muito da vida, aos quarenta e dois anos de idade, numa de suas viagens sem propósito, entrou no salão de jogos do cassino de Monte Carlo e, entre todas as notáveis impressões do lugar, viu-se fascinada por duas mãos que pareciam revelar todos os sentimentos de um jogador infeliz, com franqueza e intensidade assombrosas. Essas mãos pertencem a um belo jovem — o autor lhe atribui, como que por acaso, a mesma idade do primeiro filho da espectadora —, que, após tudo perder, abandona a sala no mais fundo desespero, provavelmente para dar fim, no parque adjacente, à sua vida desesperançada. Uma inexplicável simpatia faz com que ela o siga e empreenda todos os esforços para salvá-lo. Ele a toma por uma das várias mulheres importunas que há no local e procura afastá-la, mas ela permanece com ele e é levada, do modo mais natural, a partilhar seus aposentos no hotel e, enfim, sua cama. Após essa inesperada noite de amor, ela extrai do jovem, então aparentemente tranquilo, a solene promessa de que nunca mais jogará, fornece-lhe dinheiro para o retorno a casa e diz que vai encontrá--lo na estação, antes da partida do trem. Mas logo é tomada de grande ternura por ele, quer tudo sacrificar para tê-lo e decide partir com ele, em vez de despedir--se. Alguns contratempos a retardam, de modo que ela perde o trem. No anseio pelo ausente, volta ao salão de jogos e lá enxerga novamente, horrorizada, as mãos que lhe haviam despertado a simpatia; esquecido da promessa, o jovem reincide no jogo. Ela lhe lembra o que jurou, mas, tomado por aquela paixão, ele a chama de estraga-prazeres e a manda embora, arremessando-lhe o dinheiro com que ela pretendia resgatá-lo. Profundamente envergonhada, ela sai, vindo a saber, depois, que fracassou em impedir seu suicídio.

Essa história brilhantemente narrada, sem lacunas nas motivações, certamente é completa em si mesma e capaz de ter grande efeito sobre o leitor. Mas a análise mostra que sua invenção se baseia primordialmente numa fantasia envolvendo desejo da época da puberdade, que várias pessoas, inclusive, recordam como uma lembrança consciente. Segundo essa fantasia, a própria mãe inicia o jovem na vida sexual, para salvá-lo dos temíveis danos causados pela masturbação. As inúmeras obras literárias que envolvem a salvação têm a mesma origem. O "vício" da masturbação é substituído pelo do jogo, a ênfase na apaixonada atividade das mãos é reveladora quanto a isso. De fato, a febre do jogo é um equivalente da antiga compulsão de masturbar-se, a palavra "brincadeira" [*Spielen*]* é justamente aquela usada para designar a manipulação dos genitais pela criança. Na substituição permanecem inalterados o caráter irresistível da tentação, a sagrada — mas nunca mantida — intenção de não fazer novamente aquilo, o inebriante prazer e a má consciência de estar se arruinando (o suicídio). É certo que a novela de Zweig é contada pela mãe, não pelo filho. Deve ser lisonjeiro, para o filho, pensar: "se minha mãe soubesse dos perigos que a masturbação me traz, sem dúvida me salvaria deles, permitindo-me fazer todas as carícias em seu corpo". A equiparação da mãe à prostituta, realizada pelo jovem na novela de Zweig, relaciona-se com a mesma fantasia. Torna palpável a mulher inatingível; a má consciência que acompanha essa fantasia provoca o desfecho ruim da história. Também é interessante notar como a fachada que o autor dá à sua novela procura encobrir-lhe o sentido analítico. Pois é muito discutível que a vida amorosa da mulher seja governada por impulsos repentinos e misteriosos. A análise revela, isto sim, uma motivação suficiente para a surpreendente conduta dessa mulher até então afastada do amor. Fiel à memória do marido que perdera, ela se protegia de todas as solicitações como as dele, mas — nisso a fantasia do filho está

---

* O verbo *spielen* — tal como seu equivalente inglês, *play* — significa tanto "jogar" como "brincar" ou "tocar" (um instrumento); no texto original ele é substantivado, por isso tem a inicial maiúscula.

certa — não escapou, como mãe, de uma inconsciente transferência amorosa para o filho, e nesse ponto desguarnecido é que o destino pôde apanhá-la. Se o vício de jogar, com os vãos esforços para superá-lo e os ensejos de autopunição, for uma repetição da compulsão de se masturbar, não nos surpreenderá que tenha tido um espaço tão grande na vida de Dostoiévski. Pois não encontramos casos de neurose severa em que a satisfação autoerótica na infância e na puberdade não tenha desempenhado um papel, e os laços entre o empenho de suprimi-la e o medo do pai são por demais conhecidos para requerer mais que uma simples menção.[8]

---

8 A maioria das opiniões aqui expostas se acha também na excelente obra de Jolan Neufeld, *Dostojewski, Skizze zu seiner Psychoanalyse* [Dostoiévski, esboço para a sua psicanálise], publicada em 1923 (Imago-Bücher, n. IV). [Várias afirmações de Freud neste ensaio foram questionadas por especialistas em literatura russa e da área médica, que chamaram a atenção, entre outras coisas, para a fragilidade das informações biográficas em que ele se baseou; cf., por exemplo, o primeiro dos cinco volumes da biografia de Joseph Frank, *Dostoiévski: As sementes da revolta, 1821 a 1849* (São Paulo, Edusp, 1999, trad. Vera Ribeiro).]

APÊNDICE:
CARTA A THEODOR REIK*

14 de abril de 1929

[...] Li com grande prazer sua resenha crítica de meu estudo sobre Dostoiévski. Tudo o que você critica merece atenção e deve ser visto como pertinente em certo sentido. Mas posso apresentar algumas coisas em defesa de minha posição. Naturalmente, não se trata de saber quem está certo ou errado.

Acho que você está exigindo demais desse pequeno texto. Ele foi escrito como favor a uma pessoa, e escrito relutantemente. Agora só escrevo com relutância. Certamente você notou essa característica. Claro que isso não pretende justificar opiniões superficiais ou duvidosas, apenas a descuidada arquitetura do conjunto. Não há como negar que o acréscimo da análise de Zweig produz um efeito dissonante. Um exame detido talvez a justifique. Se não tivesse de levar em conta o local de publicação, eu certamente teria escrito: "É de esperar que a luta contra a masturbação tenha um papel especial na história de uma neurose com tão forte sentimento de culpa. Essa expectativa é plenamente confirmada pela patológica mania de jogar de Dostoiévski. Pois, como

---

* Traduzida de *Gesammelte Werke. Nachtragsband*, pp. 668-9. Pelo que se depreende da pergunta no último parágrafo, Freud leu a crítica de Reik antes de ela ser publicada na revista *Imago* em 1929 (v. 15, pp. 232-42).

nos mostra uma novela de Zweig etc.". Ou seja, o espaço dado a essa novela não corresponde à relação Zweig-Dostoiévski, mas a outra, à relação masturbação-neurose. Mas isso não foi expresso de forma adequada.

Atenho-me a uma deliberada avaliação social e objetiva da ética, e por isso também não negaria a um pacato filisteu o certificado de boa conduta ética, ainda que este não lhe custasse grande superação de si. Ao mesmo tempo, admito a visão subjetiva e psicológica da ética, que você defende. Embora concorde com seu juízo sobre o mundo e a humanidade de hoje, não posso considerar justificada, como sabe, sua rejeição pessimista de um futuro melhor.

Certamente incluí o Dostoiévski psicólogo no escritor. Também lhe criticaria o fato de sua percepção limitar-se muito à vida psíquica anormal. Considere sua espantosa perplexidade ante os fenômenos do amor; na verdade, ele só conhece o desejo cru e instintual, a submissão masoquista e o amor por compaixão. Você também está certo ao supor que, com toda a minha admiração pela intensidade e superioridade, eu não gosto de Dostoiévski, na verdade. Isso porque minha paciência com naturezas patológicas se esgota na análise. Na arte e na vida não sou tolerante com elas. Estes são traços de caráter pessoais, outros indivíduos não precisam tê-los.

Onde você pretende publicar seu trabalho? Acho-o muito bom. Apenas a pesquisa científica deve ser isenta de pressupostos. Nos outros tipos de reflexão não se pode evitar a escolha de um ponto de vista, e existem vários deles, naturalmente [...].

TEXTOS BREVES
(1926-1929)

TEXTOS BREVES

KARL ABRAHAM
[1877-1925]*

No dia 25 de dezembro morreu, em Berlim, o dr. Karl Abraham, fundador e diretor da sociedade de Berlim e atual presidente da Associação Psicanalítica Internacional. Ainda não tinha cinquenta anos de idade e sucumbiu a uma doença interna, contra a qual seu corpo robusto vinha lutando desde a primavera de 1925. No último congresso, em Homburg, ele parecia recuperado, para alegria de todos nós; mas uma recidiva trouxe a dolorosa desilusão.

Com esse homem — *integer vitae scelerisque purus*** — enterramos uma das maiores esperanças da nossa ciência jovem e ainda tão combatida, e talvez também uma parte de seu futuro, que permanecerá não realizada. Entre todos os que me acompanharam pelos sombrios caminhos do trabalho psicanalítico, ele conquistou uma posição tão destacada que somente um nome poderia ser mencionado ao lado do seu.*** A confiança dos colaboradores e discípulos, que ele possuía de modo irrestrito, provavelmente o destinaria à liderança, e certamente ele se tornaria um líder exemplar na pesquisa da verdade, que não seria perturbado pelos elogios ou censuras da multidão nem pelo brilho sedutor das próprias fantasias.

* Publicado primeiramente em *Internationale Zeitschrift für Psychoanalyse*, v. 12, n. 1 (1926), assinado "O Editor"; traduzido de *Gesammelte Werke* XIV, p. 564.
** "Íntegro na vida e isento de culpas", Horácio, *Odes*, I, XXII, 1.
*** Provavelmente o nome de Sándor Ferenczi.

Escrevo estas linhas para os amigos e colegas que conheceram e estimaram Abraham como eu. Eles compreenderão o que significa para mim a perda desse amigo tão mais jovem, e perdoarão que eu não me esforce ainda mais em dar expressão ao que dificilmente se exprime. Outro colega fará, nesta revista, uma caracterização da personalidade artística de Abraham e uma apreciação de seus trabalhos.

A ROMAIN ROLLAND NO 60º ANIVERSÁRIO*

Viena IX, Berggasse 19
29 de janeiro de 1926

Caro e inesquecível! Que esforços e sofrimentos o senhor deve ter superado para chegar a essas alturas de humanidade!

Muito antes de encontrá-lo, eu já o venerava como artista e apóstolo do amor humanitário. Também me tornei partidário deste último, não por razões de sentimentalidade ou de exigência ideal, mas por motivos sóbrios, econômicos, pois, considerando nossas disposições instintuais e o mundo que nos rodeia, tive de proclamá-lo tão indispensável para a conservação da espécie humana quanto a técnica.

---

* Publicado primeiramente em *Liber amicorum Romain Rolland*, Zurique: Rotapfel, 1926; traduzido de *Gesammelte Werke*, XIV, p. 553.

Quando finalmente vim a conhecê-lo, surpreendi-me ao ver que o sr. sabe estimar altamente a força e a energia e que sua própria pessoa encarna grande força de vontade.

Que a década vindoura lhe seja plena de realizações!
Afetuosamente,
Sigm. Freud, *aetat. 70.*

DISCURSO NA SOCIEDADE B'NAI B'RITH*

Ilustríssimo sr. presidente-maior, ilustres presidentes, caros irmãos,

Obrigado pelas homenagens que hoje me prestaram. Os srs. sabem por que não posso respondê-las com minha própria voz. Escutaram um de meus amigos e discípulos falar de meu trabalho científico, mas um julgamento sobre tais coisas é difícil, e talvez ainda requeira muito tempo para ser pronunciado com segurança. Permitam-me acrescentar algo ao que foi dito pelo outro orador, que é também meu amigo e meu médico atencioso.** Gostaria de lhes relatar brevemente como me tornei B.B. e o que busquei junto aos senhores.

* Lido em nome de Freud numa reunião da Sociedade B'nai B'rith [Filhos da Aliança], feita em homenagem aos seus setenta anos, em 6 de maio de 1926. Traduzido de *Gesammelte Werke* XVII, pp. 51-3.
** O doutor e professor Ludwig Braun (1861-1936), que fez o discurso de louvor.

Aconteceu que, nos anos após 1895, duas fortes impressões em mim se produziram, tendo o mesmo efeito. Por um lado, tive as primeiras percepções das profundezas da vida instintual humana, vi coisas que podiam desencantar e, inicialmente, até mesmo assustar; por outro lado, a comunicação de meus desagradáveis achados fez com que eu perdesse a maioria das relações pessoais que tinha na época; sentia-me como um proscrito que era evitado por todos. Aquele isolamento gerou em mim o anseio por um grupo de homens seletos, de espírito elevado, que pudesse me acolher amigavelmente, não obstante minha temeridade. Foi-me dito que na sua sociedade eu encontraria homens assim.

O fato de serem judeus só podia me agradar, sendo eu próprio judeu e parecendo-me não apenas indigno, mas simplesmente absurdo negá-lo. O que me ligava à condição judaica não era — devo confessá-lo — a fé, e tampouco o orgulho nacional, pois sempre fui um descrente, tendo sido educado sem religião, embora não sem respeito pelas exigências denominadas "éticas" da cultura humana. Esforcei-me por suprimir o entusiasmo nacionalista (quando me inclinava a tê--lo) como algo injusto e nefasto, assustado que sempre fui pelos exemplos admoestadores dos povos entre os quais nós, judeus, vivemos. Mas restavam coisas bastantes que tornavam irresistível a atração do judaísmo e dos judeus, muitas forças afetivas obscuras, tanto mais poderosas por mal admitirem a expressão em palavras, assim como a clara consciência da identidade interior, a "cumplicidade" da mesma construção psíquica. A isso logo se juntou a percepção de que apenas à minha natureza judaica eu devia as duas características que haviam se tornado indispensáveis em meu difícil trajeto de vida. Por ser judeu, vi-me isento de muitos preconceitos que atrapalham outros na utilização de seu intelecto; como judeu, estava preparado para ficar na oposição e renunciar ao entendimento com a "maioria compacta".

Assim me tornei um dos seus, partilhei seus interesses humanitários e nacionais, ganhei amigos aqui e persuadi os poucos amigos que me restavam a ingressar em nossa sociedade. A questão, para mim, não era absolutamente convencê-los de minhas novas teorias; mas, numa época em que ninguém me escutava na Europa e eu não tinha discípulos nem sequer em Viena, os srs. me brindaram com uma benévola atenção. Os srs. foram minha primeira plateia.

Durante uns dois terços do tempo transcorrido desde o meu ingresso, permaneci conscienciosamente ao seu lado, e achei distração e estímulo no trato com os senhores. Hoje foram bastante gentis ao não me censurar a ausência durante esse terceiro período. O trabalho me assoberbava então, solicitações a ele vinculadas eram prementes, o dia já não era longo o suficiente para que eu frequentasse as reuniões, e logo o corpo também não tolerava o adiamento da hora da refeição. Por fim chegaram os anos de enfermidade, o que também agora me impede de estar com os srs.

Não sei se fui um autêntico B.B., no sentido que os srs. o entendem. Talvez não, houve muitas condições particulares em meu caso. Mas posso lhes garantir que os srs. significaram muito e muito fizeram por mim, nos anos em que fui um dos seus. Recebam, então, por aquele tempo e por hoje, os meus calorosos agradecimentos.

Com W. B & E.*

Seu Sigm. Freud

APRESENTAÇÃO DE UM ARTIGO DE E. PICKWORTH FARROW**

Conheço o autor como um homem de inteligência vigorosa e independente, que, provavelmente devido a certa teimosia, não pôde entender-se com os dois analistas a que recorreu. Voltou-se então para uma aplicação coerente da autoanálise, de que eu próprio me servi para analisar meus sonhos no passado. Seus resultados são merecedores de atenção justamente pela particularidade de sua pessoa e de sua técnica.

---

* Abreviatura de "*Wohlwollen, Bruderliebe und Eintracht*", o lema da sociedade, que significa "Benevolência, Amor Fraterno e Harmonia".
** Publicada primeiramente acompanhando o artigo "Eine Kindheitserinnerung aus dem 6. Lebensmonat" [Uma recordação de infância do sexto mês de vida], em *Internationale Zeitschrift für Psychoanalyse*, v. 12, n. 1 (1926); traduzido de *Gesammelte Werke* XIV, p. 568.

TEXTOS BREVES

A ERNEST JONES
NO 50º ANIVERSÁRIO*

A primeira tarefa que coube à psicanálise foi desvelar os impulsos instintuais comuns a todos os seres humanos de hoje; mais ainda, que os seres humanos de hoje têm em comum com os humanos dos tempos antigos e pré--históricos. Não lhe custou muito, portanto, colocar-se acima das diferenças que foram geradas, entre os habitantes da Terra, pela multiplicidade de raças, línguas e países. Desde o começo ela foi *internacional*, e é notório que os seus seguidores superaram antes que todos os demais os antagonismos suscitados pela Grande Guerra.

Entre os homens que se reuniram em Salzburgo na primavera de 1908 para o primeiro congresso psicanalítico, destacou-se um jovem médico inglês que apresentou um pequeno ensaio intitulado "Rationalisation in everyday life". O teor desse trabalho de iniciante é válido ainda hoje; ele enriqueceu nossa jovem ciência com um importante conceito e um termo indispensável.

---

* Publicada primeiramente em *Internationale Zeitschrift für Psychoanalyse*, v. 15, n. 2-3 (1929); traduzida de *Gesammelte Werke* XIV, pp. 554-5.

CARTA SOBRE ALGUNS SONHOS DE DESCARTES*

* Publicada primeiramente em versão francesa no livro de Maxime Leroy, *Descartes, le philosophe au masque*, Paris: Le Rider, 1929. Não se conhece o texto original dessa carta, por isso ela foi reproduzida em francês em *Gesammelte Werke* XIV, pp. 558-60, de onde foi traduzida.

Os sonhos de Descartes submetidos ao exame de Freud foram os seguintes, conforme o relato de Leroy em seu livro (pp. 81 ss.):

"Então, à noite, quando tudo é febre, tempestade, pânico, fantasmas se erguem diante do sonhador. Ele tenta se levantar para afastá-los. Mas cai de novo, envergonhado de si mesmo, sentindo uma grande fraqueza no lado direito. Bruscamente se abre uma janela do quarto. Espantado, ele se sente transportado nas rajadas de um vento impetuoso, que o faz rodopiar várias vezes sobre o pé esquerdo.

"Arrastando-se, hesitante, ele chega ante os edifícios do colégio onde foi educado. Faz um esforço desesperado de entrar na capela, para fazer suas devoções. Nesse momento chegam passantes. Ele quer parar e falar com eles; observa que um deles carrega um melão. Mas um vento violento o empurra de novo para a capela.

"Então ele abre os olhos, importunado por uma viva dor no lado esquerdo. Não sabe se dorme ou se está acordado. Semiacordado, acha que um gênio mau quis seduzi-lo e murmura uma oração para exorcizá-lo.

"Torna a adormecer. É despertado por uma trovoada, o quarto se enche de cintilações. Ele se pergunta uma vez mais se dorme ou está acordado, se é um sonho ou um devaneio, abrindo e fechando os olhos para ter alguma certeza; depois, tranquilizado, desvanece, vencido pelo cansaço.

"Com o cérebro em fogo, excitado por esses rumores e vagos sofrimentos, Descartes abre um dicionário, e depois uma coletânea de poemas. Esse intrépido viajante sonha com este verso: "*Quod vitae sectabor iter?*" [Que caminho seguirei na vida?]. Mais uma viagem ao país dos sonhos? De repente, então, surge um homem que ele não conhece, querendo fazer com que leia um trecho de Ausônio que começa assim: "*Est et Non*" [É e Não é]. Mas o homem

Ao tomar conhecimento da carta em que o sr. me pede para examinar alguns sonhos de Descartes, meu primeiro sentimento foi de apreensão, pois discutir sonhos sem poder obter do sonhador indicações sobre laços que os liguem uns aos outros ou os vinculem ao mundo exterior — o que evidentemente sucede quando se trata de sonhos de personalidades históricas — geralmente produz poucos resultados. Depois a tarefa se revelou mais fácil do que eu imaginara; mas certamente o fruto de minha investigação lhe parecerá bem menos importante do que o sr. podia esperar.

Os sonhos de nosso filósofo são o que denominamos "sonhos de cima", isto é, formulações de ideias que poderiam ter sido feitas tanto no estado de vigília como no estado onírico, e que apenas em certas partes extraíram sua substância de estados psíquicos um tanto profundos. Por isso, tais sonhos apresentam na maioria das vezes um conteúdo de forma abstrata, poética ou simbólica.

A análise desse tipo de sonho nos leva comumente ao seguinte: nós não podemos compreender o sonho; mas o sonhador — ou o paciente — sabe traduzi-lo de imediato e sem dificuldade, dado que o conteúdo do sonho é bastante próximo de seu pensamento consciente. Então restam algumas partes do sonho acerca das quais o sonhador não sabe o que dizer: são justamente as partes que pertencem ao inconsciente, que são, sob vários aspectos, as mais interessantes.

---

desaparece, surge outro. O livro some, por sua vez, depois retorna, ornado de retratos em talho-doce. A noite sossega, enfim."

Nos casos mais favoráveis, esses elementos inconscientes são explicados com base em ideias que o sonhador lhes acrescentou.

Esse modo de julgar os "sonhos do alto" (e deve-se compreender a expressão no sentido psicológico, não no sentido místico) é o que se há de seguir no caso dos sonhos de Descartes.

O filósofo os interpretou ele mesmo,* e, em conformi-

---

* Eis a interpretação do próprio Descartes, segundo Leroy (pp. 85 ss.):

"Ele achou que o *Dicionário* não podia significar outra coisa senão as Ciências todas reunidas; e que a coletânea de poesias intitulada *Corpus Poetarum* indicava, particularmente e de uma maneira mais distinta, a Filosofia e a Sabedoria combinadas. [...] O sr. Descartes, continuando a interpretar o sonho enquanto dormia, considerou que o Verso sobre a incerteza do tipo de vida que se deve escolher, que começa por *"Quod vitae sectabor iter"*, indicava o bom conselho de uma pessoa sábia, ou mesmo a Teologia Moral. [...]

"Nos Poetas reunidos na coletânea ele via a Revelação e o Entusiasmo, com os quais mantinha a esperança de ser favorecido. No trecho de verso *"Est et Non"*, que é o *Sim* e o *Não* de Pitágoras, ele enxergava a Verdade e a Falsidade no conhecimento humano, e as ciências profanas. Notando que a aplicação de todas essas coisas lhe saía tão bem, foi ousado o bastante para se convencer de que era o Espírito da Verdade que havia querido lhe abrir os tesouros de todas as ciências com este sonho. E, como só lhe restava a explicar os pequenos Retratos de talho-doce que havia encontrado no segundo livro, não buscou mais explicação para ele após a visita que um Pintor Italiano lhe prestou no dia seguinte.

"Esse último sonho, que tivera apenas coisas muito doces e agradáveis, marcava o futuro, segundo ele, e dizia respeito ao que deveria lhe acontecer no resto de sua vida. Mas tomou os dois sonhos precedentes como advertências ameaçadoras relativas a sua vida passada, que podia não ter sido tão inocente aos olhos de

dade com as regras da interpretação de sonhos, devemos aceitar sua explicação, mas é preciso acrescentar que não dispomos de uma via que nos conduza além dela.

Confirmando sua explicação, diremos que os obstáculos que o impedem de se mover com liberdade são nossos conhecidos: são a representação, pelo sonho, de um conflito interior. O lado esquerdo é a representação do mal e do pecado, e o vento, o "gênio mau" (*animus*).

As diferentes pessoas que se apresentam no sonho não podemos identificar, naturalmente, embora Descartes, se questionado, não teria deixado de fazê-lo. Quanto aos elementos bizarros, quase absurdos, pouco numerosos, aliás, como o "melão de um país estrangeiro", permanecem inexplicados, assim como os pequenos retratos.

No que toca ao melão, o sonhador teve a ideia (original) de figurar dessa maneira "os encantos da solidão,

---

Deus e dos homens. Ele acreditou que era essa a razão do terror e do medo que acompanhavam esses dois sonhos. O melão que quiseram lhe oferecer no primeiro sonho significava, dizia ele, os encantos da solidão, mas apresentados por solicitações puramente humanas. O vento que o empurrava em direção à Igreja do colégio, quando ele sentia dor no seu lado direito, não era senão o Gênio mau procurando lançá-lo à força num lugar onde ele pretendia ir voluntariamente. Por isso Deus não permitia que ele avançasse mais, e que não se deixasse levar nem mesmo a um lugar santo por um Espírito que não tinha enviado — embora ele estivesse convencido de que fora o Espírito de Deus que lhe fizera dar os primeiros passos rumo a essa Igreja. O assombro de que foi tomado no segundo sonho indica, para ele, sua sindérese, ou seja, o remorso de sua consciência quanto aos pecados que ele podia haver cometido em sua vida até então. O trovão que ele havia escutado era o sinal do espírito da verdade, que descia para dele se apoderar."

mas apresentados por solicitações puramente humanas". Certamente não é correto, mas poderia ser uma associação de ideias que levasse a uma explicação exata. Relacionada a seu estado de pecado, tal associação poderia figurar uma representação sexual que ocupou a imaginação do jovem solitário.

Sobre os retratos Descartes não fornece nenhum esclarecimento.

ÍNDICE REMISSIVO

AS INDICAÇÕES *NA* E *NT* DESIGNAM
AS NOTAS DO AUTOR E DO TRADUTOR,
RESPECTIVAMENTE.

ÍNDICE REMISSIVO

Abraham, 221, 366-7
abstinência, 45, 84
abstração, abstrações, 27, 32, 146, 270, 300
Acrópole, 260
Adler, 95, 225, 310, 321
adulto(s), 35, 66, 91-3, 155, 161, 165, 168-71, 205, 217, 230, 257-8, 286, 289, 294, 296, 304, 308, 319, 326-7
afeto(s), afetivo(s), afetiva(s), 19-20, 23, 35, 43, 47, 54, 59, 66, 70-6, 83, 91, 94, 96, 109-10, 114-5, 150, 182-3, 187, 223, 225, 284, 287-8, 294, 305, 312-3, 315, 323-4, 334, 339, 344, 369
agorafobia, 44, 66-7
agressividade, agressivo(s), agressiva(s), 37, 39-43, 53--4, 61, 63-4, 91, 138, 342
Além do bem e do mal (Nietzsche), 71NT
Além do princípio do prazer (Freud), 121
Alemanha, 125, 157, 196, 280NT, 303, 357
alimentação, 16-7, 207
alma(s), 140, 146, 165, 225, 248, 251, 263, 333, 358
alucinação, 46
ambivalência, 33-5, 48, 60, 65, 104, 258, 319
amência, 285
América, 125, 198, 252, 291, 320
amizades, 348
amnésia, 59, 112, 307

amor, amorosa(s), 18, 33, 38, 60, 82, 87, 89, 104, 121, 129, 147, 165, 167, 179, 183--6, 199, 258, 266, 297, 303, 339, 347-8, 360-2, 364, 367
amor-próprio, 30
anal, anais, 49, 51, 53, 63, 221
análise leiga, 124, 126, 147, 189, 195, 198, 200, 202, 209-10, 216, 218-9, 223, 226, 228-30
analogia(s), 28, 38, 77-8, 122, 141, 174, 225, 283-5, 287, 329
Ananke, 297
angústia, 15-7, 22-4, 26, 31-3, 35, 37, 43-4, 46, 62, 64-7, 69-4, 76-96, 108-9, 111, 114-21, 123, 128-9, 150, 163, 181, 248, 258, 266; *ver também* medo
animal, animais, 35-8, 41, 43-4, 62, 65-6, 77, 89, 92, 97, 101, 119, 158, 163, 233, 240, 256-7
ânsia de saber, 248, 255, 266-7
ansiedade, 97, 104, 281
Antiguidade, 250, 356
antropomorfização, 255
aparelho motor, 17
aparelho psíquico, 69, 81, 91, 93, 102, 109, 113, 117, 139--40, 142, 147, 179, 205, 207, 300, 308, 315-6; *ver também* psique
Aristóteles, 267
arte, artístico, artística, 175, 188, 215, 243-5, 341, 359, 364, 367
Ásia, 238

ÍNDICE REMISSIVO

assassinato, 241-2, 256, 280, 344--5, 355
associação livre, 313
ateísmo, 353
atos falhos, 317
Áustria, 126, 196-7, 200
autoconservação, 80
autoerótica, atividade, 38, 61, 362; *ver também* masturbação

bebê(s), 77, 79-80, 101, 120, 137, 286
beleza, 246
benefício da doença, 30, 108
bens, 233, 235, 239, 243, 245, 271, 280
bexiga, 342
Bíblia, 333
biologia, 74, 172, 192, 212, 220
bissexualidade, bissexual, 165, 347-8, 350
Bleuler, 320
Bodensee, 259
Bonifácio, são, 280
Braun, L., 368NT
Breuer, 312, 320-1
brincadeira(s), 37, 116, 120, 155, 330, 361
Brücke, 222

canibalismo, 240
castigo(s), 29, 55, 68, 82, 92, 108, 252, 280, 289, 346, 348-52
castração, 42, 44, 62, 64-6, 68--70, 78, 81-2, 85-6, 89, 91--3, 163, 306, 308-9, 347-9
católicos, 225

cavalo(s), 32-7, 42, 64-5
Celso, A. C., 314NT
cérebro, 138, 143, 204, 212, 344, 373NT
cerimonial obsessivo, 52, 58, 60
ceticismo, 293
Charcot, 312
charlatanismo, 216, 218, 229-30
Chiste e sua relação com o inconsciente, O (Freud), 323
chiste(s), 165, 323-6, 329
"Christian Science", 198
ciência, 26, 135-6, 138, 141, 144, 188, 191, 199, 209, 214, 221, 223-4, 234, 241, 249, 269, 273, 276, 292, 295, 298-9, 301, 313-4, 366, 372
ciências humanas, 215, 220, 228, 319, 321
Cinco lições de psicanálise (Freud), 23NT, 321
ciúmes, 184
civilização, 92, 162, 171, 212, 215, 217, 220, 233-4, 236-7, 239, 242, 247, 250, 254, 267, 273, 276, 278, 293, 298, 319, 339
Clark University, 320
Cleópatra, 166
clitóris, 310
coação, 82, 234-9, 241, 247, 279, 326, 354
coerção, 25
coito, 18, 45, 81, 343
coitus interruptus, 45
Colombo, 267
comicidade, cômico, cômica, 186, 227, 325, 329; *ver tam-*

ÍNDICE REMISSIVO

bém humor, humorístico, humorística
compaixão, 51, 104, 356, 364
"Complemento metapsicológico à teoria dos sonhos" (Freud), 285NT
complexo da castração, 42, 50, 62, 86, 307; *ver também* castração
complexo de Édipo, 34, 40-1, 49-50, 62, 86, 165-6, 180, 284, 318-9, 335, 347, 349, 351
compulsão, compulsivo, 16, 28, 33, 58, 60, 99-100, 107, 183, 315, 354, 358, 361-2
condensação, 252
conflito(s), 18, 27, 33-6, 53, 56, 65, 91, 104, 112, 143, 152-4, 225, 263, 267, 305, 318, 335, 376
consciência, 20-1, 25, 33, 53-5, 57, 68, 82, 85, 90-1, 108, 112, 114, 135, 144-5, 148, 152, 155, 158, 180, 316, 341, 349, 358, 361, 369, 375NT
conscientes, atos e processos, 53-4, 66, 106, 112, 122, 143-5, 163, 170, 180, 313-4, 316-7, 335, 354, 360, 374
contrainvestimento, 103-5, 113
"Contribuição à história do movimento psicanalítico" (Freud), 160NT
Conversione religiosa, La (Sanctis), 336
Credo quia absurdum, 263-5

crença, 138, 259-60, 267, 288, 299, 305
criança(s), 36, 38, 42, 67, 71, 76-8, 80-1, 92, 97-8, 105, 116-8, 121-2, 128, 137, 155, 160-71, 182, 216-7, 230, 240-1, 257-8, 265-7, 283-4, 286, 288-9, 292, 294, 296, 305, 308, 318, 326-7, 330, 335, 361; *ver também* infância, infantil, infantis
cristianismo, cristão, 198, 332-3, 339
Cristo, 264, 333, 336, 353
Cronos, 38, 163
crueldade, 250, 273, 291
culpa, 54, 108, 128, 134-5, 180-1, 289, 333, 340, 347, 349-50, 352, 354, 356-7, 363
cultura, cultural, culturais, 131, 160, 164, 172, 205, 215, 217, 232-248, 251-4, 258, 262, 266, 271-2, 274, 276-88, 290, 294-5, 317, 369
cura, 108, 126, 173, 181, 184, 193-4, 210, 226, 313, 328
curandeiro(s), 125, 189-90, 193-4, 196-7, 202

Dayton, 278
De medicina (Celso), 314NT
defesa, 16, 21, 31, 47-8, 50, 52-3, 58, 62-4, 67, 90, 99, 102, 106, 111-2, 138, 258, 276, 351, 355, 363
delírio(s), delirante(s), 17, 30, 267-8, 296, 328

dementia praecox, 304NA, 314
demoníaco, 26
depressão, 19, 352NA
desamparo, 80, 84-5, 101, 115-8, 123, 249-50, 255-8, 266, 292
Descartes, 373-7
desejo(s), 34, 36, 42-3, 53, 58, 66, 83, 86, 125, 150, 162, 165, 167, 173, 186, 191, 196, 236, 240-1, 246, 249, 266--8, 273-4, 283, 285, 288, 291, 293, 295, 297-8, 305, 308, 346-7, 350-1, 360, 364
desenvolvimento psíquico, 78, 164, 343
deslocamento, 35, 47, 56, 89, 105, 117, 121, 271, 275, 283, 327, 335
desmaio, 17, 70
desprazer, desprazeroso(s), desprazerosa, 15, 20-2, 24, 31, 47, 64, 72-3, 76, 79, 81--2, 88, 108-10, 123, 148, 316
Deus, deuses, 60, 167, 249-50, 252, 256, 258, 270-2, 275, 277, 279-81, 283, 287, 289, 291, 295, 297, 332-6, 352, 375NT
Deutschland (Heine), 293NT
diagnóstico, 158, 204, 207, 224
diarreia, 133
dinheiro, 19, 217, 357, 360
dissuasão, 134
distração, 122, 134, 370
"Distúrbio de memória na Acrópole, Um" (Freud), 260NT

"Doença sagrada de Dostoiévski, A" *ver* "Dostojewskis heilige Krankheit" (Fülöp--Miller)
doença(s), doente(s), 14, 19, 30, 32, 48, 52, 61, 68, 93, 104, 108, 110, 126, 129-31, 134, 137, 147, 150, 152-4, 157-8, 169-70, 173, 177-82, 184-6, 188-92, 194, 199, 201, 203-5, 207, 209, 211, 214, 223-5, 247, 253, 303, 312-3, 317-9, 342-4, 346, 355-6, 366
dor(es), 46-7, 71-3, 91, 118-23, 128, 324, 373NT, 375NT
Dostoiévski, 338-9, 341, 343--6, 348, 350-3, 355, 357-8, 362-4
Dostojewski am Roulette (Fülöp--Miller), 340NA, 345NA, 346, 357, 358NA
Dostojewski, Skizze zu seiner Psychoanalyse (Neufeld), 362NA
Dostojewskis autobiographische Schriften (Miller), 345NA
"Dostojewskis heilige Krankheit" (Fülöp-Miller), 344NA, 352NA
doutrinas religiosas, 261-4, 268--73, 276, 283, 285-6, 289, 293, 295, 298

Édipo Rei (Sófocles), 353
educação, 165, 227, 245, 289--90, 292, 294, 298, 319
Egito, 166

ÍNDICE REMISSIVO

egoísmo, 339, 357
Eitingon, 187, 321
ejaculação, 15
elaboração, 107-8, 313, 329, 354
emocional, emocionais, 123, 129, 182, 245, 283, 319, 324
energia psíquica, 87
epilepsia, 341-4, 346, 349, 355
"erogenidade", 18
Eros, 61, 63, 315
erotismo, erótico(s), erótica(s), 38, 50, 53, 61, 63, 66, 271, 328
escolha de objeto, 166, 257, 303
escotomização, 105, 305
Esculápio, 314NA
espécie humana, 102, 167, 296, 319, 367
espíritas, 263
Estados Unidos, 291NT
estética, 51
estímulos externos, 24, 70, 315
Estudos sobre a histeria (Breuer & Freud), 28NT, 312, 320, 321NT
ética(s), 51, 53, 155, 338, 364, 369
Eu, 14, 17-22, 24-31, 33-4, 39, 44-56, 60-6, 68-70, 82-5, 88-90, 99-114, 116-8, 122, 132, 140-3, 145, 148-55, 159-60, 162, 170, 177, 179--83, 205-7, 226, 307, 315-6, 319, 325-30, 341, 349, 350
Eu e o Id, O (Freud), 25, 50NT, 102NT, 106, 109, 327NT
Europa, 217-8, 238, 320, 370

excitação, excitações, 21, 24, 37, 45-6, 60, 70, 73, 75, 84, 91, 93, 105, 108, 145, 315, 316, 342, 344
Exército da Salvação, 217

fadiga, 17, 19
família(s), 179, 280
fantasia(s), 19, 30, 38, 60, 81, 309, 351, 360-1, 366
Farrow, E. P., 371
Fausto (Goethe), 130NT
fé, 182, 190, 200, 225, 261, 273, 278, 281, 286, 288, 291, 299, 332-3, 352, 369
felicidade, 77, 199, 246, 277
feminino(s), feminina(s), 41, 63, 86, 118, 164, 306-7, 309, 348, 350
Ferenczi, 81, 366NT
fetichismo, fetiche, 285, 302-4, 306-7, 309-10
ficção, ficções, 140, 264
filha, 167, 230
filho(s), 37, 91, 104, 163, 165, 167, 180, 252, 254, 256, 265, 292, 359, 361-2
filosofia, filósofo(s), 26, 136, 140, 147, 210, 213, 264-5, 270, 272, 374-5
fisiologia, 23, 72, 136, 162, 221-2
fixação, fixações, 31, 100, 161, 318
fobia(s), 17, 32-3, 35-46, 61-8, 76-8, 87, 89, 92-3, 105-6, 118-9, 129, 213, 313
fome, 16, 257

ÍNDICE REMISSIVO

"Fragmento da análise de um caso de histeria" (Freud), 30NT
França, 126
Freud, Anna, 230
frustração, 55, 240
fuga, 21, 24, 65, 89-90, 99, 150-1, 154, 193
Fülöp-Miller, R., 340NA, 344NA, 358NA

genitalidade, genital, genitais, 38, 40, 42, 49-50, 53, 63-4, 81, 129, 156, 171, 306-7, 309, 318, 361
Geständniszwang und Strafbedürfnis (Reik), 55NA
Goethe, 130NT
gracejo, 329
guerra, 30, 69, 84, 142, 178-9, 320, 372

Hamlet (Shakespeare), 130, 353, 355
Hans *ver* pequeno Hans
Heine, 293
Helmholtz, 342
hipnose, hipnótico, hipnótica, 133-4, 183, 200, 214, 312-3
histeria, histérico(s), histérica, 16-7, 23, 28-9, 32, 46-7, 49-52, 56, 59, 61, 73-5, 87, 104-5, 111-3, 129, 312-3, 341, 344, 346, 350, 352
histologia, 222
Holanda, 320
Homem dos Lobos, 39, 41, 63

homem, homens, 15, 35, 38, 66, 81, 87, 97, 129, 193, 205, 211, 219, 227, 233, 237, 239, 245, 247-8, 250-2, 255, 260, 263, 270, 273-4, 276-7, 279-83, 286, 288, 290-1, 295, 297-8, 303, 306, 309--10, 339, 355-6, 366, 369, 371-2, 373NT, 375
homossexualidade, homossexual, homossexuais, 306, 348
Horácio, 366NT
horda primitiva, 351
humor, humorístico, humorística, 127, 323-7, 329-30, 341

Id, 18, 20-1, 26, 27, 39, 44, 52-3, 55, 60, 62, 64, 83-4, 88, 90, 99-102, 107, 109, 113, 140-5, 147-9, 151, 153-4, 179, 181, 205, 206-7, 308, 316
idealismo, 274
ilusão, ilusões, 30, 200, 245, 266-72, 285, 290-1, 293, 295-6, 298-9, 301, 329
imagem mnêmica, 23, 78
Imago, 320, 362NA, 363NT
impotência, 15, 26-7, 256, 258, 270
impulso(s), 20, 22, 24-5, 27-8, 31-41, 43-5, 51, 53-5, 63-4, 66, 85-6, 89, 99-100, 102-3, 105-6, 109, 111, 113, 129, 147, 149, 151-2, 160, 171, 174, 205-6, 225, 234, 254, 282, 316-7, 324, 335, 340, 356, 361, 372

ÍNDICE REMISSIVO

incesto, incestuoso(s), incestuosa, 166-7, 240-2, 256
inconsciente, 0, 52, 69, 85, 86, 99-100, 107, 144-5, 156, 188, 191, 215, 226, 314, 320, 329, 342, 347, 374
inconscientes, atos e processos, 20, 60, 66, 69, 100, 106-7, 122, 145, 175, 181, 186, 305, 329, 349, 354, 362, 375
Índia, 267
inervação somática, 313
infância, infantil, infantis, 32, 35, 37-8, 40, 50-1, 53, 62, 66-7, 77-8, 80-1, 85, 90, 92-3, 97, 101-2, 117-9, 151, 153-5, 159-61, 163-5, 167--71, 173, 186, 205-6, 217, 222, 237-8, 249, 251-2, 255, 257-8, 267, 284, 291, 293--6, 298, 303-4, 308-9, 318--9, 336, 344, 346, 350, 358, 362; *ver também* criança(s)
Inglaterra, 198, 280NT, 303
inibição, inibições, inibido, inibida(s), 14-9, 25, 32-3, 45, 47, 65-6, 81, 83, 85, 88, 136, 152, 161, 168, 206, 225, 272, 282, 290, 313, 316, 318, 341, 353, 358
instinto(s), instintual, instintuais, 20-2, 24-5, 27-8, 34, 36, 39-40, 43-5, 50-1, 54-5, 63-6, 69, 85, 88-90, 93, 98--100, 102-5, 107, 109, 111-5, 117-9, 121, 147-52, 160-1, 174, 181, 205-7, 233, 235-42, 245-6, 272-3, 276-7, 284, 287-9, 291, 293-4, 297, 315--9, 339-41, 343, 348, 364, 367, 372; *ver também* vida instintual
instituições sociais, 177
inteligência, 251, 269, 273, 287, 289-91, 293, 339, 353, 371
interdição, interdições, 48, 61, 202, 213
internalização, 118, 241, 243
International Journal of Psycho--Analysis, 321
Internationale Zeitschrift für Psychoanalyse, 105, 218, 320, 366, 371-2
interpretação dos sonhos, 138; *ver também* sonho(s)
Interpretação dos sonhos, A (Freud), 320-1
introspecção, 269
intuição, 269
inveja, 36, 164, 280
inveja do pênis, 164
investimento(s), 20-3, 29, 40, 43, 45-6, 50, 60, 62, 64, 69, 76, 78, 82, 86, 111, 121-3, 315, 327, 328-9
irmão(s), irmã, 65, 165-6, 333, 335, 346, 351, 355-6, 368
Irmãos Karamásov, Os (Dostoiévski), 338, 345, 353, 355NT, 356
isolamento, 29, 57-8, 60-1, 113, 203, 234, 369
Ivan, o Terrível, 338

Janet, 312
Jesus Cristo *ver* Cristo
jogo, 357-8, 360
Jones, 187, 321, 372
judaísmo, judeu(s), 333, 369-70
Júlio César, 166
Jung, 320, 321
justiça, 110, 160, 192, 198, 224, 252, 266, 277, 280

Laforgue, 105, 304
lascívia, 172
latência, 50, 52, 85, 92, 104, 162, 168, 318
Leroy, 373NT, 375NT
libido, libidinal, libidinais, 15-6, 38-40, 43-5, 49-53, 62-4, 69, 75, 81, 84, 101, 108-9, 111, 113, 161, 221, 236, 257, 315, 318
linguagem, 14, 38, 114, 122, 136, 150, 215, 346
lobo(s), 37, 41-3, 64-5, 89-90, 163
locomoção, 14, 17
Logos, 297, 299
Londres, 187, 320
luto, 19, 71, 73, 119, 123, 351
"Luto e melancolia" (Freud), 71NA, 119NA

mãe, 18, 33, 35, 40-1, 63-4, 70, 78-81, 91, 96, 98, 120-1, 164-5, 167, 249, 257-8, 304, 334-5, 347, 354, 359-60
Mal-estar na civilização, O (Freud), 68NT, 233NT, 238NT

mamíferos, 74, 97
mania, 197, 328, 363
mãos, 87, 359-60
masculino, masculina(s), 51, 163-4, 171, 306, 348, 350, 359
masoquismo, masoquista(s), 55, 118, 340-1, 349-50, 364
masturbação, 51, 360, 363
medicamentos, 130, 194, 198
medicina, 162, 172, 190-1, 193, 207-8, 210-4, 219-20, 222--3, 227, 230, 319-20, 334
médicos, 98, 125-6, 129-30, 145, 156, 160, 169, 172-3, 183, 188-90, 192-5, 198, 200-4, 207-16, 218, 220-5, 227, 229-30, 267, 312-4, 319-20, 332-5, 343, 368, 372
medo, 15-6, 26, 32, 35-6, 37, 42, 44, 51, 62, 64, 66, 68-9, 77--8, 81-2, 86, 91, 93, 114, 118, 120, 163, 284, 346-8, 362, 375; *ver também* angústia
Mefistófeles, 130
melancolia, 19, 328, 346
memória, 112, 154, 170, 307, 312, 361
menina, 86, 91, 164-5
menino(s), 33, 90-1, 163-5, 304, 307, 310, 346-8
menopausa, 193, 207
menstruação, 193, 207
Messias, 268
Mikhailovitch, F., 345
milagres, 133, 250
Miller, O., 345NA

ÍNDICE REMISSIVO

mitologia, 38, 162-3, 167, 212
Moebius, 290NT
Moira, 250
"Moral sexual 'civilizada' e o nervosismo moderno, A" (Freud), 290NT
moralidade, moral, morais, 157, 162, 180, 186, 241-3, 250-1, 256, 266, 271, 275-7, 319, 338-9, 349
morte, 69, 82, 193, 247-51, 271, 297, 308, 332, 346, 350-1, 353
mulher(es), 15, 42, 61-2, 86-7, 91, 104, 128-9, 137, 164, 193, 207, 210, 227, 245, 254, 290--1, 304-10, 334-5, 339, 348, 354, 357-9, 361
Multatuli, 297NT
mundo exterior, 25, 29, 101-2, 142, 145, 148, 150-3, 205, 258, 300, 316, 325-6, 374
mundo interior, 29

narcisismo, narcísico, narcísica(s), 26, 30, 69, 75, 81, 122-3, 243-5, 247, 257, 304, 325, 356
nascimento, ato do, 23, 70, 73--7, 79-81, 84-5, 88, 95-8, 109-10, 121, 307
natureza, 129, 166, 193, 233-5, 237, 246-51, 254-5, 260
natureza humana, 213, 251, 290, 293
negação, 198, 257, 275
"Negação, A" (Freud), 50NT

Nestroy, 139
Neufeld, 362NA
neurastenia, 44, 129
"Neurose e psicose" (Freud), 153NT, 308NA
neurose(s), neurótico(s), neurótica(s), 14, 17-8, 30-2, 35-7, 39-40, 44, 46, 48-53, 55-63, 66-70, 73, 78, 84-9, 91-4, 96-9, 101-6, 108, 111--5, 117, 126, 129-30, 132-3, 147, 149, 152-5, 157, 159, 162, 169, 172, 177-80, 182, 184-6, 188, 191-3, 197, 202--8, 212, 214-7, 222-4, 230, 240-1, 283-5, 287-8, 292, 296, 304, 307-9, 313, 317--9, 326, 338-9, 341, 344-5, 348-9, 353, 355, 357, 362-4
Nietzsche, 71NT
nojo, 16, 129, 162, 165
Novas conferências introdutórias à psicanálise (Freud), 221NT, 238NT, 310NT
Nowoje Wremja, 345NA

"Observações sobre o amor de transferência" (Freud), 156NT
"Observações sobre um caso de neurose obsessiva" (Freud), 54
obsessão, obsessivo(s), obsessiva(s), 16-7, 19, 30, 32, 39, 48-61, 67-8, 87, 89, 104-6, 112-3, 129, 284-5, 287, 309, 313

ÍNDICE REMISSIVO

ocultismo, 200
Odes (Horácio), 366NT
ódio, 33, 104, 339, 347, 348, 351
Odisseia (Homero), 172NT
odontologia, 212
oral, 38-9, 42, 63
organismo(s), 21, 74, 150
organização genital, 49, 53, 64
"Organização genital infantil, A" (Freud), 305NT
órgãos sensoriais, 145
orgasmo, 15
Oriente, 156

paciente(s), 26, 37-8, 40-1, 48, 54, 125, 127-8, 130-1, 133-5, 141, 146, 154, 156-7, 159, 174, 176-8, 181-6, 193-4, 203-4, 209-11, 221, 223, 226, 228, 230, 303, 314, 317, 319, 374
pai, 33-9, 41, 43, 63-4, 68, 91, 163, 165, 167, 180, 249-50, 252, 256, 258, 266, 283-4, 292, 308, 310, 312, 326-7, 335, 344-52, 354, 362
pai primitivo, 282, 351
pais, 165, 318-9, 327, 349
paixão, paixões, 149, 183-5, 237, 248, 287, 328, 348, 357, 360
Palavras de Freud, As (Paulo César de Souza), 15NT, 29NT, 141NT
paralisia(s), 17, 46-7, 56, 115
paranoia, 30, 32, 314, 328
parricídio, 337, 346, 353-4, 356

passividade, 116, 349
Pcp-Cs, sistema, 21, 327NT
pecado, 171, 277, 338, 352, 376-7
pelos púbicos, 307
pêndulo de Foucault, 260
pênis, 71, 81, 164, 303-4, 307, 310
pensamento(s), 54, 57, 59-61, 112, 128, 131-3, 136-8, 143-4, 153-4, 174, 197, 237, 253, 255-6, 260, 264-6, 271, 279, 290, 294-5, 305, 329, 332, 353, 374
pequeno Hans, 32, 34-7, 39, 41, 62, 64-5
"Perda da realidade na neurose e na psicose, A" (Freud), 153NT, 308NT
perigo, 21, 23, 43, 62, 64-70, 74-5, 79, 81, 83, 85-6, 88-90, 92-5, 98-103, 109, 111, 114-21, 150-1, 194, 199, 209, 220, 236, 258, 273, 279-80, 287, 304, 348
perigo(s), 22, 45, 65, 67, 70, 76, 80, 82, 84, 89, 91, 93-5, 98, 100-3, 110, 117-9, 139, 150, 199, 235, 246, 249, 251, 253, 258, 266, 361
personalidade, 175, 210, 214, 270, 332, 338-41, 367
perspicácia, 30
perversões, perversa, 15, 161, 341
pés, 18
Philosophie des Als ob (Vaihinger), 140NT, 265NA

piano, 18
"Por que a guerra?" (Freud), 238NT
prazer, prazeroso, 15, 17, 20-1, 25, 64, 82, 88, 110, 129, 148, 171, 240, 242, 291, 316, 323-6, 329-30, 361, 363; *ver também* princípio do prazer
pré-consciente, 22, 329
Primeira Guerra Mundial, 69NT, 142NT
princípio da realidade, 149, 316
princípio do prazer, 21, 88, 148-9, 151, 316, 325; *ver também* prazer, prazeroso
"Problema econômico do masoquismo, O" (Freud), 298
projeção, 65, 68, 82, 349; *ver também* transferência
protestantes, 225
Providência, 251, 266, 292
psicanálise, 30, 69, 76, 86, 95, 98-9, 125-6, 134, 138, 141-3, 146-7, 153, 155, 157, 159, 162-3, 166, 171, 174-5, 187-91, 193-5, 197, 200-2, 208, 210, 212-8, 220, 223, 226, 228-30, 257, 267, 275, 282, 302-3, 312-4, 316-7, 319-21, 336, 338, 346, 348, 352, 372
psicanalista(s), 158, 173, 188, 220
psicastenia, 129
psicologia, 23, 74, 119, 136-9, 141, 143, 152, 154-5, 164, 172, 175, 188, 212, 215, 220, 223, 225, 239, 249, 253, 296, 313-4, 317, 319, 336, 355

psicose, 153, 307, 309, 335
psique, 23, 110, 142, 144, 241, 267, 305, 317, 325, 328, 343; *ver também* aparelho psíquico; vida psíquica
psiquiatria, 191, 212, 214, 319
Ptolomeu, 166
puberdade, 53, 102, 160, 162, 166, 168, 317, 360
pulmões, 75, 79
punição, punições, 52, 66, 93, 180, 199, 296, 348-52, 358

química, 137, 190-2, 222, 268

racional, racionais, 26, 58, 90, 183, 266, 280, 282-4, 286-8
raiva, 19, 82
Rank, 76, 95-8, 109
rebeldia, 239, 286
reconciliação, 282
Recordação de infância de Leonardo da Vinci, Uma (Freud), 304NA, 310NT
recordações, 132, 174
Reddick, 22NT, 42NT
refeição totêmica, 351
regressão, regressivos, regressiva(s), 38-42, 49-53, 55, 61, 67, 86, 100, 106, 113, 206, 318, 325
Reik, 55NA, 218, 229, 230, 285, 363
religiosidade, religião, religiões, religioso(s), religiosa(s), 57, 186, 212, 215, 225, 245, 253-4, 256-9, 261, 263,

ÍNDICE REMISSIVO

265-6, 269-73, 275-9, 283--91, 294-6, 298-9, 319, 332, 334-6, 353, 357, 369
renúncia(s), 15, 32, 67, 108, 205, 235-6, 239, 241, 245, 274, 279, 284, 286, 338
repetição, repetições, 17, 52, 58, 79, 99-100, 107, 109, 116, 150, 315, 335, 353, 362
"Repressão, A" (Freud), 24NT, 235NT
repressão, repressões, reprimido(s), reprimida, 18, 20, 22--9, 31-2, 34-7, 39-6, 48, 50--1, 54-6, 58-9, 62-4, 66, 82-3, 85-6, 99-100, 102-7, 109, 111-3, 151-4, 159-60, 173, 175-7, 181, 205-6, 226, 228, 235, 284-5, 305-6, 317--9, 348-9, 351
resistência(s), 31, 103-4, 106-8, 154, 176, 181-2, 188, 194, 228, 248, 314, 317, 319, 335
Revolução Francesa, 287
Robespierre, 287
Rolland, 367
Roma, 244
Rússia, 238NT, 287, 357

sacerdotes, 276
sacrifício(s), 65, 177, 187, 203, 234, 236-7, 239, 245, 277, 314
sadismo, sádico(s), sádica, 38--40, 49-51, 63-4, 222, 340, 349, 350
salvação, 95, 358, 360
Sanctis, S. de, 336
santidade, 198, 281-2
satisfação, satisfações, 20, 25, 29-32, 45, 48, 51, 55-6, 61, 77, 108, 118, 121, 128, 148--51, 165, 180, 184, 186, 206, 233, 237, 241-6, 257, 273, 288, 306, 316-7, 323, 333, 349-50, 356, 358, 362
saúde, 96, 149, 180, 193, 318, 326
saxões, 280
Schiller, 147NT, 177NT
Scopes, 278NT
sensualidade, sensual, sensuais, 129, 165, 184-6, 356
sentimento(s), 54, 89, 119, 122, 128, 131, 134-5, 160, 166, 180-1, 198, 245, 253-4, 270, 332, 340, 347, 350, 353-9, 363, 374
ser humano, 23, 73-4, 101, 118, 140, 158, 162, 223, 238, 246, 248-50, 255-7, 270, 273, 287, 291-2, 299, 316-7, 356
sexualidade, sexual, sexuais, 14-6, 18-9, 37, 42, 45, 53, 61, 63, 69, 84, 91, 93, 98, 102, 108, 156-71, 205-6, 233, 242, 245, 267, 306, 313, 317-8, 320-1, 335, 340, 343--4, 351, 354-5, 377; *ver também* vida sexual
Shakespeare, 338, 353
Sibéria, 345, 351
Sigmund Freud & o gabinete do dr. Lacan (org. Paulo César de Souza), 332NT

ÍNDICE REMISSIVO

simbolismo, símbolo(s), 23, 57, 71, 73, 176, 319
Simplicissimus, 227
sintoma(s), 14-7, 19, 24-5, 28--33, 35-6, 40, 44, 46-9, 52, 55-8, 60-1, 63, 66-9, 84-9, 103-4, 108, 112, 129-30, 133--4, 152, 154, 182, 204-5, 208, 216, 224, 230, 303, 312-3, 317, 341, 343-4, 350, 352
sistema nervoso, 207, 222, 227
Sobre a debilidade mental fisiológica da mulher (Moebius), 290NT
Sociedade B'nai Brith, 368
sociedade humana, 158, 235, 251, 265, 272, 276, 339
sociologia, 220
Sófocles, 353
sofrimento(s), 103, 131, 247, 250, 252, 262, 297, 326, 330, 353, 367, 373NT
Soloviov, 346
sonambulismo, 312
sonho(s), 37, 39, 41-2, 138-9, 154, 174, 176, 249, 285, 317, 321, 371, 373-6; *ver também* interpretação dos sonhos
sono, 138, 346
Stanley Hall, G., 320
Strachey, 108NT, 146NT, 315NT, 321INT, 327NT
Strakhov, 340NA, 352NA
subconsciência, 144
sublimação, 53, 295, 319, 341
sugestão, 133, 214, 319
Suíça, 320

suicídio, 360-1
Super-eu, 18, 20, 24, 26-7, 29, 49, 51-4, 56, 60, 68, 70, 82--3, 85, 87, 89, 91, 93, 107, 113, 180-1, 241, 316, 319, 327-30, 349-50, 352
Suworin, 344NA

tabes dorsal, 267
tabu, 60
técnica psicanalítica, 134
tensão, 27, 60, 79, 81, 84, 148
terapia, 100, 133, 181, 188, 190, 193-4, 200, 203, 206, 215, 223, 314
ternura, 104, 310, 347, 360
Terra, 18, 253, 260, 274-5, 292--3, 372
terror(es), 250, 252, 375
Tertuliano, 264NT
Tolstói, 156NT
toque, 60, 157
Totem e tabu (Freud), 131INT, 256-8, 347NA
trabalho analítico, 33, 54, 154--5, 226
transferência, 107, 122, 185-6, 188, 209, 225, 317, 319, 362; *ver também* projeção
Trauma do nascimento, O (Rank), 76
trauma(s), traumático, traumática(s), 23, 58-9, 69-70, 73-4, 76-7, 80, 84, 93, 95-8, 109, 115-8, 120-1, 150-1, 168, 170, 194, 218, 307, 325, 345

"Unbekannte Dostojewski,
Der" (Zweig), 340NA
Urano, 163

Vaihinger, 140, 265NA
Verdrängung und Skotomisation
(Laforgue), 105NT
vermes, 267
vida após a morte, 252
vida humana, 233, 273, 294
vida instintual, 206-7, 369; *ver também* instinto(s), instintual, instintuais
vida intrauterina, 80, 101
vida psíquica, 86, 132, 136-8, 155, 163-4, 166, 175, 180-1, 217, 225, 257, 269, 308, 314, 316, 328, 344, 349, 364
vida real, 340, 352
vida sexual, 101, 129, 156-9, 161--4, 167, 170, 172, 188, 212, 290, 317-8, 360; *ver também* sexualidade, sexual, sexuais
Viereck, 332
vigília, 374
violência, 280, 284
vômito, 16-7, 129, 133, 216

"Weltweisen, Die" (Schiller), 147NT
Wilhelm Tell (Schiller), 177NT
Wissen und Leben, 344NA

Zeus, 163
zoofobia, 32
Zweig, 340NA, 358-9, 361, 363

**SIGMUND FREUD,
OBRAS COMPLETAS
EM 20 VOLUMES**

COORDENAÇÃO DE PAULO CÉSAR DE SOUZA

1. TEXTOS PRÉ-PSICANALÍTICOS (1886-1899)
2. ESTUDOS SOBRE A HISTERIA (1893-1895)
3. PRIMEIROS ESCRITOS PSICANALÍTICOS (1893-1899)
4. A INTERPRETAÇÃO DOS SONHOS (1900)
5. PSICOPATOLOGIA DA VIDA COTIDIANA E SOBRE OS SONHOS (1901)
6. TRÊS ENSAIOS SOBRE A TEORIA DA SEXUALIDADE, ANÁLISE FRAGMENTÁRIA DE UMA HISTERIA ("O CASO DORA") E OUTROS TEXTOS (1901-1905)
7. O CHISTE E SUA RELAÇÃO COM O INCONSCIENTE (1905)
8. O DELÍRIO E OS SONHOS NA GRADIVA, ANÁLISE DA FOBIA DE UM GAROTO DE CINCO ANOS ("O PEQUENO HANS") E OUTROS TEXTOS (1906-1909)
9. OBSERVAÇÕES SOBRE UM CASO DE NEUROSE OBSESSIVA ("O HOMEM DOS RATOS"), UMA RECORDAÇÃO DE INFÂNCIA DE LEONARDO DA VINCI E OUTROS TEXTOS (1909-1910)
10. OBSERVAÇÕES PSICANALÍTICAS SOBRE UM CASO DE PARANOIA RELATADO EM AUTOBIOGRAFIA ("O CASO SCHREBER"), ARTIGOS SOBRE TÉCNICA E OUTROS TEXTOS (1911-1913)
11. TOTEM E TABU, HISTÓRIA DO MOVIMENTO PSICANALÍTICO E OUTROS TEXTOS (1913-1914)
12. INTRODUÇÃO AO NARCISISMO, ENSAIOS DE METAPSICOLOGIA E OUTROS TEXTOS (1914-1916)
13. CONFERÊNCIAS INTRODUTÓRIAS À PSICANÁLISE (1916-1917)
14. HISTÓRIA DE UMA NEUROSE INFANTIL ("O HOMEM DOS LOBOS"), ALÉM DO PRINCÍPIO DO PRAZER E OUTROS TEXTOS (1917-1920)
15. PSICOLOGIA DAS MASSAS E ANÁLISE DO EU E OUTROS TEXTOS (1920-1923)
16. O EU E O ID, "AUTOBIOGRAFIA" E OUTROS TEXTOS (1923-1925)
17. INIBIÇÃO, SINTOMA E ANGÚSTIA, O FUTURO DE UMA ILUSÃO E OUTROS TEXTOS (1926-1929)
18. O MAL-ESTAR NA CIVILIZAÇÃO, NOVAS CONFERÊNCIAS INTRODUTÓRIAS E OUTROS TEXTOS (1930-1936)
19. MOISÉS E O MONOTEÍSMO, COMPÊNDIO DE PSICANÁLISE E OUTROS TEXTOS (1937-1939)
20. ÍNDICES E BIBLIOGRAFIA

PARA MAIS INFORMAÇÕES SOBRE OS VOLUMES PUBLICADOS, ACESSE:
www.companhiadasletras.com.br

ESTA OBRA FOI COMPOSTA
EM FOURNIER E CONDUIT
POR WARRAKLOUREIRO
E IMPRESSA EM OFSETE PELA
GEOGRÁFICA SOBRE PAPEL
PÓLEN DA SUZANO S.A.
PARA A EDITORA SCHWARCZ
EM JUNHO DE 2024

A marca FSC® é a garantia de que a madeira utilizada na fabricação do papel deste livro provém de florestas que foram gerenciadas de maneira ambientalmente correta, socialmente justa e economicamente viável, além de outras fontes de origem controlada.

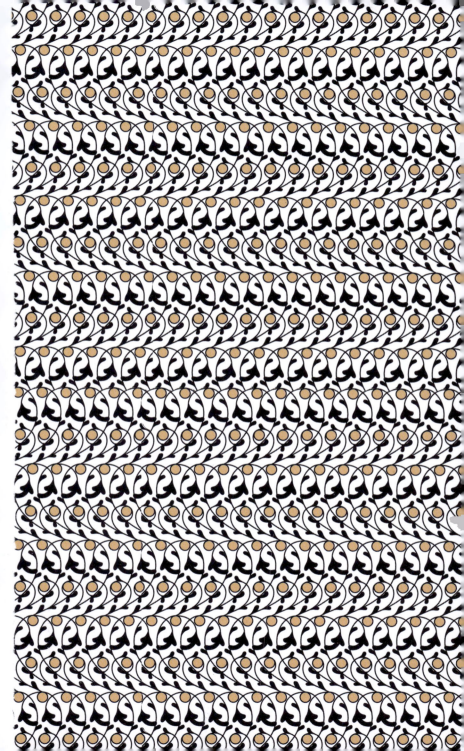

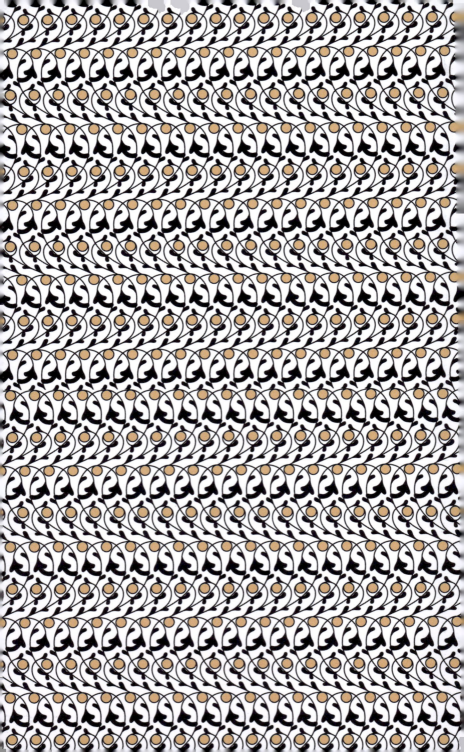